beck<sup>I</sup>sche reihe

b<sup>sr</sup>

Europaweit bleiben Frauen immer häufiger berufstätig, wenn sie Kinder haben. Allerdings variiert die Erwerbsquote von Frauen deutlich zwischen den europäischen Ländern. Wie lassen sich diese Unterschiede erklären? Liegt es an den unterschiedlichen Rahmenbedingungen und sozialen Leistungen, die eine Frau mit Kind zur Erwerbsarbeit ermutigen oder sie daran hindern? Oder sind es die vorherrschenden kulturellen Leitbilder und Geschlechterrollen, die die Erwerbstätigkeit von Frauen beeinflussen? Forscherinnen aus verschiedenen europäischen Ländern haben die europäischen Wohlfahrtssysteme verglichen und die Alltagspraxis von erwerbstätigen Müttern auf der Grundlage länderbezogener Fallstudien untersucht.
Eine umfassende Studie zu einem nach wie vor brisanten Thema.

*Ute Gerhard* ist Professorin für Soziologie mit dem Schwerpunkt Frauen- und Geschlechterforschung am Fachbereich Gesellschaftswissenschaften der Johann Wolfgang Goethe-Universität in Frankfurt am Main.
*Trudie Knijn* ist Professorin am Fachbereich Interdisziplinäre Sozialwissenschaften der Universität Utrecht.
*Anja Weckwert* ist wissenschaftliche Mitarbeiterin im Schwerpunkt Frauen- und Geschlechterforschung am Fachbereich Gesellschaftswissenschaften der Johann Wolfgang Goethe-Universität in Frankfurt am Main.

# Erwerbstätige Mütter

Ein europäischer Vergleich

*Herausgegeben von*
*Ute Gerhard, Trudie Knijn und Anja Weckwert*

Verlag C. H. Beck

Die englischen Texte wurden übersetzt von
Karin Wördemann (Erwerbsarbeit versus Betreuungsarbeit),
Pia Neumann (Betreuungspakete schnüren; Kinderbetreuung und
politische Handlungslogik; Die Beteiligung von Frauen an
europäischen Arbeitsmärkten),
Silvia Morawetz (Verwandtschaftsnetze und informelle Unterstützung;
Stategien, Alltagspraxis und sozialer Wandel)

Originalausgabe

© Verlag C. H. Beck oHG, München 2003
Gesamtherstellung: Druckerei C. H. Beck, Nördlingen
Umschlagabbildung: Business woman walking daughter to school;
getty images/Robin Davies
Umschlagentwurf: + malsy, Bremen
Printed in Germany
ISBN 3 406 49433 1

*www.beck.de*

# Inhalt

*Ute Gerhard, Trudie Knijn, Anja Weckwert*

# Einleitung:
## Sozialpolitik und soziale Praxis

Europaweit bleiben Frauen immer häufiger berufstätig, wenn sie Kinder haben. Ob dies finanziellen Gründen, ihrem höheren Ausbildungsstand oder veränderten Berufswünschen geschuldet ist, oder ob dieser Trend mit dem Ausbau des Dienstleistungssektors zusammenhängt, der Frauen mehr Berufsmöglichkeiten eröffnet – das Phänomen der berufstätigen Mutter ist zu einem Bestandteil unseres Alltags geworden. Allerdings variiert die Erwerbsquote von Frauen deutlich zwischen und in den europäischen Ländern. In Dänemark, Schweden und Finnland sind Frauen aller Altergruppen in einem weitaus größeren Umfang in den Arbeitsmarkt integriert, als dies in Irland, Italien und Luxemburg oder auch in Deutschland der Fall ist (vgl. Klammer und Daly in diesem Band). Doch auch in der Binnenperspektive geben die einzelnen Länder kein einheitliches Bild ab, da erhebliche Unterschiede vor allem zwischen Frauen mit höherem und niedrigerem Bildungsgrad bestehen (vgl. Rubery, Smith und Fagan 1999).

Die Sozialpolitikforschung tendiert dazu, die länderspezifischen Unterschiede durch die wohlfahrtsstaatlichen Rahmenbedingungen und Leistungen zu erklären, die je nach Art und Ausmaß die Vereinbarkeit von Beruf und Familie erleichtern oder erschweren. Insbesondere der Ausbau von Kinderbetreuungsangeboten, aber auch großzügige Regelungen zur Elternzeit und die Individualisierung von Steuersystemen gelten als Maßnahmen, um die Erwerbstätigkeit von Müttern zu fördern. Umgekehrt werden ein niedriges Unterstützungsniveau und eine hohe Besteuerung des zweiten Familieneinkommens als entmutigende Faktoren betrachtet. Auf den ersten Blick scheinen diese Schlussfolgerungen zutreffend zu sein. Die skandinavischen Länder sind, wenngleich auch hier Unterschiede bestehen, beispielhaft dafür, wie ein gut ausgebautes Versorgungsnetz für Kinder und Eltern mit einer hohen Frauenerwerbstätigkeit einhergeht. Doch eine solche Übereinstimmung von Leistungskatalog und Beschäftigungsquoten ist keineswegs in allen europäischen Ländern zu beobachten. Neuere Forschungsarbeiten verweisen deshalb auf den Stellenwert, der kulturellen Variablen bei der Erklärung von Frauenerwerbsquoten zukommt (vgl. Duncan und Edwards 1999; Pfau-Effinger 2000; Duncan und Pfau-Effinger 2000). Weder richten Frauen ihre Berufsentscheidungen allein an der Verfügbarkeit von Kinderbetreuungsplätzen oder anderen sozialpolitischen Leistungen aus, noch geben finanzielle Kalkulationen über Gehaltsvorteile, Betreuungskosten und Steuern unbedingt den Ausschlag. Vielmehr beeinflussen auch kulturelle Leitbilder und Normen das Erwerbsverhalten. Frauen mit Kindern haben kulturell geprägte Vorstellungen von den Bedürfnissen eines Kindes, von Geschlechterrollen, von Haushaltsführung und Mutterschaft. Sie müssen sich außerdem mit den Erwartungen ihres Partners oder den Wertvorstellungen ihrer Angehörigen und Kollegen auseinandersetzen und in diesem Kontext nach einem Weg suchen, Berufstätigkeit und Mutterschaft in einer für sie zufriedenstellenden Weise miteinander zu verbinden. Allerdings vermag auch der Verweis auf die vorherrschenden kulturellen Leitbilder nicht hinreichend zu erklären, warum es zu einem signifikanten Anstieg der Frauenerwerbstätigkeit kommt bzw. warum in ein und demselben Land erhebliche Unterschiede im Erwerbsverhalten zwischen verschiedenen Gruppen von Frauen bestehen. Studien zum Wertewandel in Europa zeigen, dass es zwischen Einstellungen und dem Erwerbsverhalten von Frauen keine eindeutige Beziehung gibt (vgl. Sociaal en Cultureel Planbureau 2000).

Anhand neuerer Untersuchungen zu allein erziehenden Müttern in Großbritannien und den Niederlanden lässt sich verdeutlichen, wie schwierig es ist, die Einflussfaktoren zu bestimmen und zueinander in Beziehung zu setzen. In diesen Ländern sollten neue sozialpolitische Regelungen allein erziehende Mütter motivieren, eine Berufstätigkeit aufzunehmen anstatt – wie bisher praktisch toleriert – von Sozialleistungen zu leben. Die entsprechenden Maßnahmen waren allerdings wenig erfolgreich. Sie gingen von der grundsätzlichen Annahme aus, dass es in jeder Familie zumindest einen Ernährer oder eine Ernährerin geben müsse, um Armut und sozialer Isolation zu entgehen. Viele allein erziehende Mütter in Großbritannien und den Niederlanden entschieden sich jedoch dafür, weiterhin den Sozialstaat in Anspruch zu nehmen; sie folgten einer anderen Maxime, nämlich der, dass sich eine Mutter vorrangig um ihre Kinder kümmern müsse. Angesichts der widersprüchlichen

Erwartungen, einerseits der neuen Verpflichtung zur Aufnahme einer Erwerbsarbeit und andererseits den nach wie vor gültigen geschlechtsspezifischen Verhaltensnormen nachzukommen (Duncan und Edwards, 1999; 2001), weigern sich bis heute vor allem sozialhilfeabhängige Mütter mit geringerer Bildung, eine Arbeit aufzunehmen. Hingegen versuchen allein erziehende Mütter mit höherer Bildung, die wenigen öffentlichen Betreuungsplätze zu nutzen, um berufstätig zu sein (Van Drenth, Knijn, Lewis 1999; Knijn und Van Wel 2001 a; Millar und Rowlingson 2001). Diese und andere qualitative Fallstudien zeigen, dass die Entscheidungen von Frauen auf ein ganzes Bündel von Handlungsmotiven und Rahmenbedingungen verweisen, die erst in ihrer Kombination erklären können, warum eine Frau in einem bestimmten Fall erwerbstätig ist oder nicht. Das vorliegende Buch verfolgt die Absicht, dieses Zusammenspiel von Handlungsmotiven und Rahmenbindungen näher zu beleuchten, indem es sowohl die Ebene der Sozialpolitik als auch die Ebene der sozialen Praxis berufstätiger Mütter berücksichtigt.

## Wohlfahrtsregime und Geschlechterarrangements

Die Überlegungen zum Verhältnis von Sozialpolitik und sozialer Praxis berühren eine grundsätzliche soziologische Fragestellung, nämlich die nach dem Verhältnis von Struktur und Handeln, die bis heute die Sozialwissenschaften in unterschiedliche Lager teilt. Anders ausgedrückt geht es um die alte Frage, inwieweit die Verhältnisse – Strukturen und Institutionen – das Verhalten der Menschen bestimmen oder welcher Raum für individuelles Handeln, soziale Praktiken und Strategien und für die Gestaltung der eigenen Lebensentwürfe bleibt. So wenig wir eine Antwort auf diese Kontroverse zu geben vermögen, so wenig wollen wir sie in der Sache umgehen, da unser Thema immer wieder Fragen aufwirft, die in einem direkten Zusammenhang mit dieser Diskussion stehen. Um einige dieser Fragen in sozialpolitische Problemstellungen zu übersetzen: Warum ist die Erwerbsquote der Frauen in Ostdeutschland nach wie vor wesentlich höher als die westdeutscher Frauen? Warum ist ihre Erwerbsorientierung auch angesichts hoher Arbeitslosenraten ungebrochen, obwohl sie nun seit mehr als 10 Jahren unter den gleichen rechtlichen wie sozialpolitischen Rahmenbedingungen leben? Warum arbeiten allein erziehende Mütter in der

Bundesrepublik häufiger und auch häufiger auf Vollzeitbasis, als es allein erziehende Mütter in England und den Niederlanden tun? Oder warum sind Frauen in einer Reihe von Ländern massenhaft in den Arbeitsmarkt eingetreten zu einem Zeitpunkt, als es noch kein ausgebautes Sozialsystem für berufstätige Mütter gab?

Bei der Betrachtung des Verhältnisses von Struktur und Handeln wurde darauf hingewiesen, dass es sich hierbei keineswegs um Gegensätze handele, sondern dass beides unmittelbar aufeinander bezogen sei (vgl. z. B. Bourdieu 1980; Giddens 1997). Zum Beispiel geht Giddens (1997) davon aus, dass die Struktur – darunter versteht er Regeln und Ressourcen – dem Handeln keineswegs äußerlich sei, sondern im sozialen Handeln überhaupt erst real werde. Auch schränke die Struktur das Handeln nicht nur ein, sondern ermögliche es vielmehr, da sie den Akteuren und Akteurinnen einen Orientierungsrahmen biete. Der Begriff der Struktur verweist zugleich auf die Dauerhaftigkeit sozialer Systeme. Giddens zufolge sind die zentralen Strukturprinzipien in die gesellschaftlichen Institutionen eingelassen, zu denen nicht nur die rechtlichen Rahmenbedingungen, sondern auch die Familienverfassung und die Geschlechterverhältnisse zählen. Institutionen werden im sozialen Handeln produziert und reproduziert. Ohne die Zählebigkeit der eben durch ihre Dauerhaftigkeit gekennzeichneten Institutionen zu negieren, ist hiermit grundsätzlich die Möglichkeit sozialen Wandels eingeräumt. Im Anschluss an Giddens wären Sozialpolitik und soziale Praxis, aber auch Familienmodelle oder Geschlechterrollen als Bestandteile eines komplexen Interaktionszusammenhangs zu verstehen, der auch kulturelle Aspekte mit einschließt.

In der Sozialpolitikforschung wurden mit dem Begriff der «Wohlfahrtsregime», der für die international vergleichende Wohlfahrtsforschung leitend wurde, bereits kulturelle Faktoren zur Kennzeichnung der unterschiedlichen Wohlfahrtspolitiken eingeführt. Insbesondere die Arbeiten von Esping-Andersen (1990; 1996) bieten in dieser Hinsicht einen konzeptionellen Rahmen an, in dem verschiedene Regime, Entwicklungspfade bzw. nationale Modelle der Sozialpolitik verglichen werden können. «Regime» meint hier, dass neben der für den jeweiligen Sozial- oder Wohlfahrtsstaat maßgeblichen Beziehung zwischen Staat und Wirtschaft und damit der Anbindung der Sozialpolitik an die Arbeitsmarkt- und Wirtschaftspolitik ein ganzer Komplex von rechtlichen, institutionellen und sozio-kulturellen Faktoren berücksichtigt werden muss und die Typologie bestimmt. Da Esping-Andersen zur Erklärung der unterschiedlichen Wohlfahrtsregime das spezifische Verhältnis von Staat, Markt und Familie ins Zentrum der Analyse stellt, scheint sein Ansatz zunächst offen zu sein für die Geschlechterproblematik. Dennoch hat eine inzwischen umfangreiche feministische Sozialpolitikforschung die Leerstellen auch dieses Ansatzes herausgearbeitet und darauf hingewiesen, dass die Rolle der Familie theoretisch unklar bleibt, lediglich für den Typ des konservativ-korporatistischen Wohlfahrtsstaates (dazu rechnet er den deutschen Sozialstaat), nicht jedoch für die anderen beiden Regime, die liberalen und sozialdemokratischen Wohlfahrtstypen aufgezeigt wird. Zur Kennzeichnung der verschiedenen Typen führt er den Begriff der «De-Kommodifizierung» ein, der die Beziehung des oder der Einzelnen zum Arbeitsmarkt beschreibt und den Grad wohlfahrtsstaatlicher Entwicklung an der Möglichkeit bemisst, nicht darauf angewiesen zu sein, seine Arbeitskraft als Ware auf dem Arbeitsmarkt verkaufen zu müssen. Da Frauen mit Kindern oder Familie oft aus anderen Gründen als Männer nicht erwerbstätig sind, ihre «Unabhängigkeit» vom Arbeitsmarkt in der Regel die Abhängigkeit von einem Familienernährer bedeutet, wird die systematische Bedeutung der Kategorie «Geschlecht» erneut ignoriert. Gleichwohl ist dieser theoretische Rahmen auch für die feministische Analyse anschlussfähig, die nun die grundsätzlich anderen Bedingungen von Frauenarbeit auf dem Markt und in der Familie, somit die besondere Bedeutung der Fürsorgearbeit (im Englischen *care* zur Bezeichnung der Haushalts-, Erziehungs-, Betreuungs- und Pflegetätigkeiten) für die Produktion und Reproduktion des Lebens und für das allgemein Wohl herausgearbeitet hat (vgl. Sainsbury 1994; Lewis 1998a; Daly und Lewis 2000). Damit ist zugleich ein Perspektivenwechsel eingeleitet, der eine Reihe neuer Kriterien für die vergleichende Untersuchung von Wohlfahrtsstaaten und -regimen zu formulieren erlaubt. So ist für die wohlfahrtsstaatlichen Arrangements zwischen Staat und Familie maßgeblich, ob die Betreuung von Kindern oder die Versorgung anderer Angehöriger primär als private oder als öffentliche Aufgabe betrachtet wird. In einer Geschlechterperspektive stellt sich in diesem Zusammenhang z.B. die Frage, inwieweit die Erziehungsarbeit in den Systemen sozialer Sicherungen Anerkennung findet, etwa indem

Elternzeiten bezahlt werden oder Familienzeiten bei in der Bemessung von Rentenansprüchen Berücksichtigung finden. Die einzelnen Länder unterscheiden sich dabei nicht nur im Hinblick auf die konkreten Leistungen, sondern auch darin, ob sich die Anerkennung der Fürsorgearbeit eher an Prinzipien der Geschlechterdifferenz oder der Geschlechtergleichheit orientiert, ob also die geschlechtsspezifische Arbeitsteilung letztlich gefördert wird, oder ob die Sozial- und Arbeitsmarktpolitik Anreize schafft, damit Männer und Frauen gleichberechtigter sowohl an der Erwerbsarbeit als auch an der Betreuung von Kindern und anderen Angehörigen partizipieren.

Diane Sainsbury (1999a und 1999b) fasst verschiedene Dimensionen, die Auskunft über die geschlechtliche Ordnung von Wohlfahrtsregimen geben, im Begriff der Geschlechterregime zusammen. Die Attraktivität des Regime-Begriffs sieht sie nun gerade darin, dass er einen Komplex von Regeln und Normen bezeichnet, der die Erwartungshaltungen in einer Gesellschaft und somit auch die gesellschaftliche Praxis prägt. Doch bleibt die Frage, wie das Verhältnis von Regeln, Normen und Handeln im Einzelnen beschaffen ist. Um dieses Verhältnis zu beschreiben, hat Birgit Pfau-Effinger (2000) in jüngerer Zeit vorgeschlagen, zwischen der Geschlechterkultur, d. h. den Leitbildern und Wertvorstellungen zum Geschlechterverhältnis, und der Geschlechterordnung zu unterscheiden. Letztere ist zwar in den kulturellen Kontext eingebettet, bildet aber eine eigenständige, nämlich die strukturelle Ebene aus. Zu den wesentlichen Strukturen der Geschlechterordnung zählen die Arbeitsteilung und die Machtverhältnisse, die in gesellschaftlichen Institutionen konserviert werden. In der Unterscheidung zwischen Geschlechterkultur und Geschlechterordnung sieht die Autorin einen Weg, um die Ungleichzeitigkeiten sozialen Wandels zu beschreiben, die entstehen können, wenn Veränderungen in der Kultur und Praxis der Geschlechter, z. B. durch die Zunahme der Frauenerwerbstätigkeit, den Veränderungen der Geschlechterordnung vorausgehen.

Die skizzierten Erklärungsansätze haben neue Sichtweisen auf die Verfasstheit von Wohlfahrtsstaaten, auf das Verhältnis von Staat, Markt und Familie, aber auch auf die Funktionsweisen und die historische und kulturelle Situiertheit dieser Institutionen entwickelt. Die Beiträge des vorliegenden Buches knüpfen an diese

Diskussionen an, wobei das besondere Interesse dem Verhältnis von Sozialpolitik, normativen Leitbildern und der sozialen Realität von berufstätigen Müttern gilt. Während sich ein Großteil der Literatur zu Wohlfahrtsstaaten und Frauenerwerbstätigkeit auf eine Analyse der Makroebene stützt, verfolgt dieser Band das Anliegen, neben der vergleichenden Untersuchung von wohlfahrtsstaatlichen Rahmenbedingungen und statistischen Daten auch die Mikroebene des Alltagshandelns einzubeziehen. So konzentrieren sich einige Beiträge auf die Strategien und Alltagspraktiken berufstätiger Mütter und nehmen auf der Grundlage qualitativer Fallstudien explizit eine Akteursperspektive ein, um neue Sichtweisen auf die skizzierten Zusammenhänge zu eröffnen und die Ebene sozialen Handelns nicht nur konzeptionell oder als statistische Größe zu berücksichtigen, sondern als eigenständigen Untersuchungsgegenstand einzubeziehen. Den Ausgangspunkt bildet dabei die Art und Weise, in der Mütter Beruf und Kinderbetreuung im Alltag vereinbaren. Dieser Ansatz beinhaltet eine alternative Sicht auf die Wohlfahrtsproduktion, da nicht nur die Leistungen des Sozialstaates, sondern auch die Hilfe von Partnern, Angehörigen und Freunden, private Betreuungsangebote, aber auch verschiedene Formen der Arbeitzeitgestaltung zu den Ressourcen gehören, auf die sich Mütter stützen und die sie koordinieren, um Beruf und Betreuungsarbeit miteinander verbinden zu können.

Bisher gibt es kaum ländervergleichende, qualitative Forschungen, die das Verhältnis von Sozialpolitik und Alltagshandeln im Blick auf die Vereinbarkeit von Beruf und Familie untersuchen. Die soziologische und sozialpolitische Forschung wie auch die Sozialpolitik tendieren allzu oft dazu, die jeweils vorherrschenden Hintergrundannahmen über Familie, Mutterschaft und Frauenerwerbstätigkeit als gegeben hinzunehmen. Gerade die Selbstverständlichkeit einer Familienverfassung, in der die Verpflichtung der Frauen zu unentgeltlicher Haushalts- und Erziehungsarbeit die materielle und konzeptionelle Voraussetzung des sozialstaatlichen Arrangements bildet (Kaufmann 1997: 44 f.), hat dazu beigetragen, diese quasi «natürliche» Grundlage aller Wohlfahrtsproduktion in der sozialpolitischen Debatte auszublenden. Insbesondere dort, wo – wie in der Bundesrepublik Deutschland – die Leistungen der privaten Haushalte und der Fürsorge- und Betreuungsarbeit in den Familien einem eigenen Politikbereich zugeordnet und als Familienpolitik institutionalisiert sind, kann die Vereinbarkeit von Familie und Beruf immer noch als reines Frauen- und Familienproblem behandelt werden. Die Beiträge dieses Bandes, die auch Wertvorstellungen und Alltagspraktiken berufstätiger Mütter in unterschiedlichen Ländern untersuchen, ermöglichen demgegenüber eine kritische Überprüfung der je eigenen Hintergrundannahmen. Eine solche Perspektive korrigiert manche voreilige Behauptung über das, was Mütter wollen und Eltern tun.

Der Blick über die Grenzen ist somit aus mehreren Gründen heilsam und angesichts gegenwärtiger Veränderungen unerlässlich geworden: Nicht nur, weil sich die Intentionen und Bedürfnisse von Frauen überall in Europa rapide verändern, sondern auch wegen der Anforderungen des europäischen Integrationsprozesses, in dem überstaatliche Politikformulierungen von Seiten der Europäischen Union an Bedeutung gewinnen und verbindliche Vorgaben zur Arbeitsmarkt- und Sozialpolitik der Mitgliedsländer entwickelt werden. Auch die Gleichberechtigung von Frauen und Männern ist Bestandteil oder Gegenstand verschiedener Verträge, Richtlinien, Empfehlungen und Programme der EU. Da die Gleichstellungspolitik der EU einen gemeinsamen Hintergrund auch für die in diesem Buch berücksichtigten Länderkontexte bildet, seien die wesentlichen Entwicklungslinien kurz skizziert.

## Die Erwerbstätigkeit von Frauen und Müttern im rechtlichen Rahmen der EU

Die Geschichte europäischer Gleichberechtigungspolitik geht auf den Art. 119 des EWG-Vertrages von 1957 zurück, der den Grundsatz «gleiches Entgelt für gleiche Arbeit» explizit in den Gründungsvertrag der Europäischen Gemeinschaft einschreibt. Dabei folgte die Kodifizierung der Lohngleichheit nicht einmal der Zielsetzung größerer Gleichberechtigung, sondern ökonomischen Interessen. Angesichts niedriger Frauenlöhne in einigen Ländern und Industriezweigen bestand die Sorge, dass Wettbewerbsverzerrungen auftreten könnten. Vor allem Frankreich befürchtete Wettbewerbsnachteile, da das französische Recht bereits erste Bestimmungen zur Lohngleichheit enthielt, und setzte schließlich die Aufnahme des Artikels 119 gegen Widerstände (vor allem der BRD) durch.[1]

Zunächst einmal führte der Artikel 119 aber zwanzig Jahre lang ein Schattendasein. Erst als sich 1966 streikende Arbeitnehmerinnen in Belgien auf diese Bestimmung beriefen, um ihren Gehaltsforderungen Nachdruck zu verleihen, und als zwei Jahre später die belgische Stewardess Gabrielle Defrenne gegen SABENA auf Gleichbehandlung klagte (vgl. Hörburger 1991), zeitigte der Artikel 119 Folgen.[2] Der Fall Defrenne erregte große Aufmerksamkeit, da er in mehrerer Hinsicht über den konkreten Rechtsstreit hinauswies: In einer Phase, in der das Geschlechterverhältnis auf Grund eines veränderten Problembewusstseins und auf Drängen der Frauenbewegung auf die politische Agenda kam, bot europäisches Recht einen Hebel, um gegen die Ungleichbehandlung von Männern und Frauen anzugehen (Gerhard 2000). Zugleich war auf EU-Ebene der Weg für eine weitergehende Gleichstellungspolitik bereitet. 1976 trat die Richtlinie zur «Anwendung des gleichen Entgelts für Männer und Frauen» in Kraft, die unter anderem näher bestimmte, dass der Grundsatz gleichen Entgelts nicht nur für gleiche, sondern auch für gleichwertige Arbeit zu gelten habe (Richtlinie 75/117/EWG). Außerdem hatte der Europäische Gerichtshof (EuGH) im Fall Defrenne erstmals festgestellt, dass Art. 119 EWG-Vertrag unmittelbar geltendes Recht sei,[3] dass sich also jeder und jede vor den Gerichten des eigenen Landes auf dieses Gemeinschaftsrecht berufen könne.

In den 1970er und 1980er Jahren setzte die Europäische Kommission weitere Bestimmungen zur Gleichstellung von Frauen und Männern im Arbeitsleben durch, z.B. die Richtlinie zur Gleichbehandlung beim «Zugang zur Beschäftigung, zur Berufsbildung und zum beruflichen Aufstieg sowie in Bezug auf die Arbeitsbedingungen» (76/207/EWG) oder die Richtlinien zur Gleichstellung in gesetzlichen und betrieblichen Systemen der sozialen Sicherung (Richtlinien 79/7/EWG, 86/378/EWG, 86/613/EWG). Diese Richtlinien umfassten nun auch ein explizites Verbot mittelbarer Benachteiligung; zugleich ging der EuGH auch in seiner Rechtsprechung zu Art. 119 dazu über, indirekte Diskriminierung zu ahnden. Diese liegt vor, wenn von einer Regelung de facto vornehmlich ein Geschlecht nachteilig betroffen ist und diese Benachteiligung durch betriebliche Notwendigkeiten nicht zu rechtfertigen ist. Beispielsweise verurteilte der EuGH die Praxis von Firmen, Frauen vornehmlich auf Teilzeitbasis anzustellen und gleichzeitig alle Teilzeitarbeitskräfte von bestimmten Sozialleistungen auszuschließen (z. B. vom Krankengeld oder von der betrieblichen Altersversorgung).[4] Der EuGH hat in diesen und anderen Fällen eine herausragende Rolle bei der Umsetzung von Gleichstellungsbestimmungen gespielt. Er hat einerseits zunehmend eine Rechtsweggarantie übernommen und weitergehende Standards für die Auslegung und Anwendung der Grundsätze zur Gleichbehandlung gesetzt. Andererseits obliegt ihm gemeinsam mit der Europäischen Kommission eine Kontrollfunktion: Anders als Empfehlungen besitzen Richtlinien verbindlichen Charakter, müssen von den Mitgliedsstaaten binnen einer bestimmten Frist in nationales Recht umgesetzt werden. Immer wieder muss die Kommission Verfahren vor dem EuGH anstrengen oder doch zumindest androhen, weil die Staaten die Fristen zur Angleichung ihres Rechts versäumt oder nur unzureichende Gesetze erlassen haben.

Obwohl nicht alle Urteile des EuGH unumstritten waren[5] und die Europäische Kommission einige Gesetzesinitiativen nicht oder erst nach jahrelangem Ringen durchsetzen konnte, sind durchaus Erfolge bei der Gleichstellung von Frauen im Erwerbsleben zu verzeichnen. Allerdings orientieren sich all diese Errungenschaften an der Logik des gemeinsamen Marktes, bleiben erwerbsbezogen. Mit Blick auf die Vereinbarkeit von Familie und Beruf gehen die Fortschritte sehr viel schleppender voran. Inzwischen legen die Richtlinien zum Mutterschutz (92/85/EWG), Elternurlaub (96/34/EG) und zur Teilzeitarbeit (97/81/EG) einen Mindeststandard für diese Tatbestände fest. Während sich die Regelung zum Mutterschutz als Bestandteil des Arbeitschutzes versteht, verfolgt die Richtlinie zum Elternurlaub – in der BRD heute Elternzeit genannt – ausdrücklich das Anliegen, die Vereinbarkeit von Familie und Beruf zu erleichtern, und auch die Regelung zur Teilzeitarbeit nennt – unter anderem – dieses Ziel. Die beiden letztgenannten Richtlinien sind das Ergebnis besonders langwieriger Auseinandersetzungen, gehen auf Entwürfe der Kommission aus den frühen 1980er Jahren zurück (Kom 83/686 und Kom 82/830 entg.), die erst in der zweiten Hälfte der 1990er Jahre in modifizierter Form durchgesetzt werden konnten. Doch auch diese Richtlinien beziehen sich auf die erwerbstätige Bevölkerung und bleiben damit ebenfalls dem Erwerbsbezug verhaftet, der die Gleichstellungs- und Sozialpolitik der EU prägt und eine weitergehende Berücksichtigung der Betreuungsarbeit bislang behindert hat.

Der EG-Vertrag in der Fassung vom 2. Oktober 1997 (Vertrag von Amsterdam), der den Vertrag von Maastricht ablöste, hat die europäische Gleichstellungspolitik inzwischen auf eine neue Rechtsgrundlage gestellt. Der Vertrag bestätigt den Grundsatz der Gleichstellung im Erwerbsleben (Art. 137 Abs. 1 u. 2, Art. 141) und räumt ausdrücklich die Möglichkeit spezieller Frauenförderungsmaßnahmen ein (Art. 141 Abs. 4). Art. 2 und Art. 3 Abs. 2 sehen außerdem vor, dass die Förderung der Gleichstellung verpflichtende Aufgabe bei allen Tätigkeiten der Gemeinschaft ist, womit das Konzept des Gender Mainstreaming in den EG-Vertrag eingeführt wird. Vor diesem Hintergrund stellt sich die Frage, ob und in welchem Umfang sich die EU in Zukunft entschließen wird, die Fürsorgearbeit und die geschlechtsspezifische Arbeitsteilung in Familie und Beruf als einen Teil ihres sozial- und arbeitsmarktpolitischen Handlungsfeldes zu betrachten.

Der Vertrag von Amsterdam ist unter dem Eindruck wirtschaftlicher Rezession und hoher Arbeitslosenquoten entstanden und von dem Ziel getragen, das Beschäftigungsniveau zu erhöhen (vgl. Art. 2 und den neu eingeführten Titel VIII «Beschäftigung» des EG-Vertrages). In diesem Zusammenhang kommt die Frauenerwerbstätigkeit angesichts hoher Arbeitslosenquoten von Frauen zunehmend als beschäftigungspolitische Größe in den Blick. In den beschäftigungspolitischen Leitlinien, die dem im Vertrag von Amsterdam formulierten Auftrag verpflichtet sind, mehr Arbeitsplätze zu schaffen, bildet die Chancengleichheit im Erwerbsleben einen von vier Schwerpunkten. Interessant ist, dass mit der beschäftigungspolitischen Aufmerksamkeit für die Frauenerwerbstätigkeit Fragen der Kinderbetreuung und der geschlechtsspezifischen Arbeitsteilung durchaus zu einem Thema der Arbeitsmarktpolitik werden. So stellen die beschäftigungspolitischen Leitlinien für das Jahr 1999 fest (ABl. C 30 vom 28. 1. 1998), dass «ein angemessenes Angebot an guter Betreuung und Pflege für Kinder und andere im Haushalt lebende Personen geschaffen werden» müsse, und ergänzen sogar, dass «die partnerschaftliche Teilung der Versorgungsarbeit unumgänglich» sei, um die Erwerbstätigkeit der Frauen zu fördern. Wie schon die Empfehlung zur Kinderbetreuung aus dem Jahr 1992 besitzen aber auch diese Leitlinien keinen rechtsverbindlichen Charakter. Und obwohl die geschlechtsspezifische Arbeitsteilung innerhalb der Familie grundsätzlich als Problem erkannt wird, findet gleichzeitig eine Förderung jedweder Beschäftigung statt, d. h. auch eine Förderung von Teilzeitarbeit sowie von flexiblen und befristeten Beschäftigungsverhältnissen, in denen Frauen nicht zuletzt aufgrund der geschlechtsspezifischen Arbeitsteilung überrepräsentiert sind (Ostner 2000). Ute Klammer und Mary Daly (in diesem Band) weisen beispielsweise darauf hin, dass «atypische» Beschäftigungsverhältnisse teilweise eine Strategie von Müttern darstellen, Beruf und Familie zu vereinbaren. Doch der Zuwachs «atypischer» Beschäftigungsverhältnisse ist mit eine Reihe sozialer Probleme behaftet, da sie häufig zu niedrigen Einkommen führen, diskontinuierliche Erwerbsbiographien begünstigen und sich nachteilig auf die soziale Absicherung auswirken. Die Richtlinien zur Teilzeitarbeit (97/81/EG) und zu befristeten Arbeitsverhältnissen (99/70/EG) formulieren inzwischen eine Rahmenvereinbarung, um Diskriminierungen auf Grund von Teilzeitbeschäftigung und der Befristung von Arbeitsverhältnissen zu verhindern, können dem Ausmaß der sozialen Risiken aber kaum entgegen wirken.

In ihrer Bestandsaufnahme zur EU-Politik sprechen Ilona Ostner und Jane Lewis (1998) von einem doppelten «Nadelöhr», das gleichstellungspolitische Maßnahmen passieren müssen. Das erste Nadelöhr besteht im Erwerbsbezug, der die Sozial- und Gleichstellungspolitik der EU begrenzt und angesichts der beschäftigungspolitischen Stoßrichtung gegenwärtiger EU-Politik sogar größeren Nachdruck erfährt. Vor diesem Hintergrund diagnostiziert Ostner (2000) eine «Rekommodifizierung» der Sozialpolitik von EU und Mitgliedstaaten, da Leistungen immer ausschließlicher an eine Erwerbstätigkeit geknüpft werden. Obwohl der Erwerbsbezug der EU-Politik nicht ausschließt, dass sich die dadurch gezogenen Grenzen im Laufe der Zeit verschieben, dass etwa auch die Fürsorgearbeit in den Blick kommen kann, stellt die politische Aufmerksamkeit für die Betreuung und Pflege von Angehörigen jedoch ein sekundäres Anliegen dar, das anderen Zielen nachgeordnet bleibt und nicht konsequent verfolgt wird. Bislang fehlen verbindliche Regelungen zur Kinderbetreuung, und eine Anerkennung der vor allem von Frauen geleisteten Fürsorgearbeit scheint mit der Erwerbsorientierung schon gar nicht zusammenzugehen. Beispielsweise garantiert die EU-Richtlinie zum Elternurlaub zwar die Rückkehr zum Arbeitsplatz, sieht aber keine Regelung zur Bezahlung des Elternurlaubs vor.

Das zweite «Nadelöhr» besteht in der nationalstaatlichen Implementierung der europäischen Vorgaben. Denn obwohl die EU-Politik zu einer Angleichung der Zielsetzungen beigetragen hat, treffen die gemeinsamen Ziele und Richtlinien, die ohnehin nur einen Mindeststandard formulieren, auf unterschiedliche nationalstaatliche Kontexte, auf divergierende Traditionen, Interpretationen und Umsetzungsstrategien (vgl. Letablier und Jönsson in diesem Band). Die Richtlinie zum Elternurlaub kann als Beispiel hierfür dienen. In einigen Ländern führte sie zur erstmaligen Einführung eines entsprechenden Rechtsanspruchs, andere Länder mussten ihre Bestimmungen anpassen, doch in einer Reihe von Fällen gingen vorhandene Rechtsansprüche weit über die EU-Richtlinie hinaus (vgl. Falkner et al. 2002). Folglich variieren Bezahlung, Dauer und andere Komponenten des Elternurlaubs bis heute erheblich zwischen den europäischen Mitgliedsstaaten. Hinzu kommt, dass die Richtlinie zwar das Ziel formuliert, die Vereinbarkeit von Beruf und Familie sowie die Chancengleichheit von Männern und Frauen zu fördern, die rechtliche Ausgestaltung des Elternurlaubs in der Praxis jedoch ganz unterschiedlichen Anliegen folgen kann, seien es demographische, arbeitsmarkt- oder familienpolitische Gründe (vgl. Plantenga 2000). Beispielsweise sind die bundesdeutschen Regelungen zur Elternzeit traditionell eher familienpolitischen Zielsetzungen als Fragen der Chancengleichheit geschuldet. Im Verbund mit einem eklatanten Mangel an öffentlichen Betreuungseinrichtungen für Kinder unter 3 Jahren tendiert die großzügige Ausgestaltung der Elternzeiten dazu, eher die Fürsorgeleistung von Müttern und weniger ihre Berufstätigkeit zu fördern. Solche Verschiebungen und Verkehrungen, die bei der Adaption gemeinschaftlicher Ziele und Richtlinien entstehen können, verweisen auf die Schwierigkeiten eines Standardisierungsprozesses. Vor diesem Hintergrund fördert die EU europäische Netzwerke und ländervergleichende Forschungsarbeiten, die sich mit sozialpolitischen Regelungen im Bereich der Familien- und Arbeitsmarkpolitik beschäftigen. Auch das vorliegende Buch ist aus einem solchen wissenschaftlichen EU-Netzwerk hervorgegangen.

## Kontext und Themen des Buches

Das vorliegende Buch knüpft an die Arbeit des EU-Netzwerkes *Working and Mothering. Social Practices and Social Policies* an, an dem sich Sozialwissenschaftlerinnen aus neun europäischen Ländern beteiligten und das drei Jahre lang dem Forschungsprogramm *Targeted Socio-Economic Research* (TSER) der Europäischen Kommission angehörte. Während dieser Zeit koordinierten die Autorinnen ihre gemeinsame Arbeit an dem Thema «Beruf und Betreuung – Alltagspraxis und Sozialpolitik» in einer Seminarreihe mit wechselnden Schwerpunkten, in der sie sich gemeinsam mit internationalen Gästen über methodische und inhaltliche Fragen sowie über laufende Forschungsprojekte austauschten. Eine Leitfrage der Forscherinnen des Netzwerkes war, worin die nachhaltige Wirkung der geschlechtlichen Kodierung von Erziehungs- und Erwerbsarbeit begründet ist, die durch die zunehmende Teilhabe von Frauen am Arbeitsmarkt zwar modifiziert, aber keineswegs aufgehoben wurde. Vor diesem Hintergrund wählten die Teilnehmerinnen des Netzwerkes einen zweistufigen Ansatz, der sowohl einen Vergleich europäischer Wohlfahrtssysteme umfasste als auch die Alltagspraxis von berufstätigen Müttern auf der Grundlage länderbezogener Fallstudien untersuchte. Dieser Ansatz wird in der vorliegenden Publikation fortgeführt. Zweifellos wäre es von Interesse, auch die Alltagspraxis von Männern zu berücksichtigen. Da Frauen aber noch immer die Hauptverantwortung übernehmen, wenn es darum geht, Beruf und Familie in Einklang zu bringen, gilt ihnen die Aufmerksamkeit dieser Publikation. Die Beiträge zu Alltagspraxis und Alltagsstrategien berufstätiger Mütter basieren vor allem auf qualitativen Fallstudien, die von den Autorinnen in den letzten Jahren durchgeführt wurden. Hierbei handelt es sich um länderbezogene Einzelstudien, die aber einen gemeinsamen Rahmen teilen, um zumindest partiell einen nachträglichen Vergleich zu erlauben. Beispielsweise konzentrieren sich die empirischen Arbeiten auf berufstätige Mütter mit Kindern im Kindergarten- und Schulalter, die mit ihren Partnern zusammenleben, um schließlich auch Aufschluss zu erhalten, wie die heutige Generation von Paaren Erwerbs- und Erziehungsarbeit organisiert.

Der Aufbau des Buches folgt dem Anliegen, das Verhältnis von Sozialpolitik und Praxis aus verschiedenen Perspektiven zu beleuchten. Die ersten Beiträge dieses Bandes konzentrieren sich vor allem auf die gesellschaftspolitischen Rahmenbedingungen und Konzepte, die den Wohlfahrtssystemen bzw. ihren sozialpolitischen Regelungen unterliegen. Der Beitrag von *Jane Lewis* hat gegenwärtige Veränderungen von Wohlfahrtsstaaten zum Thema und untersucht den Wandel der Hintergrundannahmen, auf denen die Sozialpolitik aufbaut. Eine Reihe von Wohlfahrtsstaaten orientiert sich heute an der Auffassung, dass Arbeit die beste Form von Wohlfahrt sei und folglich das Ziel darin bestehen müsse, möglichst alle erwachsenen Menschen, Männer wie Frauen, in den Arbeitsmarkt zu integrieren. Diese Auffassung scheint die geschlechtsspezifische Aufteilung der Erwerbs- und Fürsorgearbeit nicht mehr als Norm vorauszusetzen. Aus diesem Grund spricht Lewis von einem Übergang zum Modell des «erwachsenen Erwerbstätigen» (*adult worker model*), welches das ältere, am männlichen Familienernährer orientierte Modell ablöst, auf das die europäischen Wohlfahrtsstaaten des 20. Jahrhunderts ihre Sozialversicherungssysteme gestützt hatten. Den Ausgangspunkt des Beitrags bilden die Entwicklungen in den Niederlanden und in Großbritannien, in denen das Modell des erwerbstätigen Erwerbstätigen besonders einflussreich ist, doch auch andere europäische Länder und nicht zuletzt die EU selbst übernehmen zunehmend die Leitprinzipien dieses Modells. Jane Lewis fragt nach den geschlechtspezifischen Implikationen des neuen Modells, das eine Individualisierung von Männern und Frauen als Marktsubjekten unterstellt und zugleich eine größere Eigenverantwortung bei der sozialen Vorsorge vorsieht. Die Autorin verweist auf die Kluft zwischen Normativität und sozialer Realität, die auch das neue Modell kennzeichne. Denn obgleich Frauen heute zunehmend erwerbstätig sind, übernehmen sie nach wie vor die Hauptverantwortung für die Versorgung von Angehörigen, sind deshalb in geringerem Umfang in den Arbeitsmarkt integriert und somit benachteiligt, wenn die Erwerbstätigkeit als unhinterfragte Norm gilt, die auch der Gestaltung der sozialen Sicherungssysteme als Grundlage dient. Am Beispiel von Großbritannien und den Niederlanden zeigt Lewis außerdem, dass den Maßnahmen zur Beschäftigungsförderung kein annähernd ausgereiftes Programm für den Bereich der Kinderbetreuung und Altenpflege korrespondiert und somit die Frage, wer zukünftig auf welcher Grundlage für Kinder und alte Menschen sorgen soll, weitgehend ungelöst bleibt.

Das Modell des «erwachsenen Erwerbstätigen» setzt in hohem Maß bereits die Individualisierungsprozesse voraus, die Gegenstand zahlreicher Diskussionen und kontroverser Deutungen in Wissenschaft und Politik sind. Der Beitrag von *Ute Gerhard* knüpft an diese Kontroversen um die These von der fortschreitenden Individualisierung an, der zufolge sich der oder die Einzelne aus traditionellen Bindungen löst, in der Folge allerdings andere, entpersonalisierte Abhängigkeiten – vom Arbeitsmarkt, vom Sozialstaat etc. – eingeht. Als wesentliche Kennzeichen des Individualisierungsprozesses gelten vielen Kommentatoren der Rückgang der Geburtenraten und der Bedeutungsverlust von Ehe und Familie. In diesem Kontext wird die «nachholende Individualisierung» der Frauen, vor allem ihre wachsende Erwerbsorientierung, häufig als problematische Entwicklung betrachtet, die den sozialen Zusammenhalt bedrohe. Vor diesen Hintergrund fragt Ute Gerhard nach den normativen Vorstellungen und kulturellen «Selbstverständlichkeiten», die sowohl in den soziologischen Theorien als auch in den sozialpolitischen Debatten über Individualisierung, Ehe und Familie sowie über Mutterschaft zum Ausdruck kommen. Im Rekurs auf feministische Theorien und Studien problematisiert die Autorin die gesellschafts- und auch sozialpolitischen Implikationen einer Diagnose, die in ihrer Ausrichtung an individualisierten Marktsubjekten die Erwerbstätigkeit von Frauen als bloße Anpassung an den männlichen Individualisierungsprozess begreift und zugleich die gesellschaftlich notwendige Erziehungs- und Fürsorgearbeit weitgehend unberücksichtigt lässt. Ute Gerhard stellt den Gegenwartsdiagnosen eine historische Perspektive gegenüber, um aufzuzeigen, wie die bürgerliche Institution der Ehe und Familie ein bestimmtes, geschlechtsspezifisches Ordnungsprogramm entwarf, das bis heute die wohlfahrtsstaatlichen Arrangements prägt. Die Autorin stellt den Begriff der Individualisierung in ein Verhältnis zu seinem Gegenbegriff, den Institutionen, die Teil des Handlungsfeldes sind, in dem sich Individualisierung und sozialer Wandel vollziehen. Der Unterschied zwischen den Individualisierungsprozessen ost- und westdeutscher Mütter dient ihr abschließend als Beispiel dafür, wie unterschiedliche Sozialpolitiken und Regime die kulturellen Leitbilder und Geschlechterverhältnisse prägen.

*Marie-Thérèse Letablier* und *Ingrid Jönsson* greifen die Auseinandersetzung mit Leitprinzipien der Sozialpolitik auf, die sie am

Beispiel politischer Maßnahmen im Bereich der Kinderbetreuung verdeutlichen. Ihre Ausgangsfrage ist, was Staaten eigentlich motiviert hat, politische Interventionen in einem Bereich vorzunehmen, der häufig als Privatsphäre betrachtet wird. Im Blick auf diese Motive analysieren die Autorinnen die Zielsetzungen, Prinzipien und kulturellen Leitbilder, die in den einzelnen Ländern richtungweisend für politische Maßnahmen zur Kinderbetreuung sind. In Anknüpfung an den Regimeansatz identifizieren sie fünf «Kinderbetreuungsregime» in Europa, die sich eben nicht nur im Leistungsumfang, sondern auch durch ihre Traditionslinien und die sie prägenden Konzepte von Mutterschaft, Kindheit oder auch Staatsbürgerschaft unterscheiden. Die Kinderbetreuungsregime sind durch eine bestimmte politische Handlungslogik gekennzeichnet, die sich derzeit aber in vielen Ländern angesichts sozialer, ökonomischer und politischer Veränderungen verschiebt. Teil dieser Veränderungen ist, dass in Europa – aufgrund gemeinsamer Problemlagen und des Bedeutungsgewinns der EU-Politik – eine Angleichung von Zielsetzungen stattfindet. Am Beispiel von Frankreich und Schweden untersuchen die Autorinnen, wie und mit welchen Folgen sich die Handlungslogik im Bereich der Kinderbetreuung verändert. Während neue politische Leitlinien und Prinzipien eine je spezifische, vom nationalstaatlichen Kontext geprägte Umsetzung erfahren, zeigt das Beispiel Frankreichs, dass die politischen Neuorientierungen auch zu Inkonsistenzen und Konflikten führen können.

Der Beitrag von *Constanza Tobío* und *Rossana Trifiletti* wechselt die Perspektive und wendet sich den Alltagspraktiken und Strategien berufstätiger Mütter zu. In diesem Beitrag geht es zunächst einmal um eine Konzeptionalisierung des Begriffs «Strategie». In der sozialwissenschaftlichen Literatur wird dieser häufig verwendet, um die Intentionalität und (Zweck)Rationalität sozialen Handelns zu bezeichnen. Von feministischer Seite wurde kritisiert, dass das Handeln von Frauen in diesen Kategorien aber nicht angemessen zu beschreiben sei, da es in vielen Fällen weniger zielgerichtet und zweckorientiert als prozesshaft und sinnbezogen sei. In der Auseinandersetzung mit verschiedenen Strategiekonzepten entwickeln die Autorinnen eine eigene Definition von «Strategien» und gelangen zu einem begrifflichen Instrumentarium, um die Alltagspraxis von berufstätigen Müttern zu untersuchen. Die Autorinnen halten an dem rationalen und intentionalen Gehalt des Begriffs «Strategie» durchaus fest, gehen aber davon aus, dass dieser Begriff nicht so sehr zur Beschreibung jedweder Alltagspraxis geeignet ist, sondern dass das strategische Moment sozialen Handelns vor allem in Zeiten sozialen Wandels von besonderer Bedeutung ist. Sie begreifen Strategien als Praktiken, die für eine Phase des Umbruchs charakteristisch sind, in der neue Probleme entstehen, für die noch keine institutionalisierten Lösungen existieren. Mit Blick auf die Alltagspraxis berufstätiger Mütter lautet ihre These daher, dass Strategien in solchen Ländern von besonderer Bedeutung für berufstätige Mütter sind, in denen kein ausgebautes Versorgungsnetz für die Kinderbetreuung existiert, etwa weil steigende Frauenerwerbsquoten ein neueres Phänomen sind und die Gesellschaft auf die neue Situation noch nicht reagiert hat. Auf der Grundlage qualitativer Fallstudien zu erwerbstätigen Müttern in Spanien und Italien arbeiten die Autorinnen verschiedene Typen von Strategien heraus, die Mütter entwickeln, um Beruf und Betreuung verbinden zu können.

Im Anschluss an die konzeptionellen Überlegungen zum Begriff «Strategie» untersucht der Beitrag von *Arnlaug Leira, Constanza Tobío* und *Rossana Trifiletti,* wie die erste Generation erwerbstätiger Mütter in Norwegen, Spanien und Italien die doppelte Anforderung von Beruf und Familie in den betreffenden Ländern bewerkstelligt hat. Gerade weil sozialpolitische Rahmenbedingungen noch fehlten, als diese Mütter in den Arbeitsmarkt eintraten, veranschaulicht der Blick auf ihre Alltagspraxis, wie berufstätige Mütter in einem Kontext sozialen Wandels ihre sehr eigenen Strategien entwickelt haben, um Erwerbs- und Fürsorgearbeit zu verbinden. In seinem Bezug auf Norwegen, Italien und Spanien konzentriert sich der Beitrag nicht nur auf sehr unterschiedliche Wohlfahrtssysteme, sondern auf drei Länder, in denen Mütter zu verschiedenen Zeitpunkten in den Arbeitsmarkt eingetreten sind. Folglich trafen diese Mütter auf divergierende ökonomische, politische und soziale Rahmenbedingungen, die den spezifischen Kontext bestimmten, in dem sie ihre Strategien entwickelten. Bei allen Unterschieden ist den drei Ländern gemeinsam, dass die erste Generation berufstätiger Mütter vorrangig auf informelle Ressourcen angewiesen war, um Erwerbs- und Betreuungsarbeit miteinander verbinden könnten. Während traditionelle Familienbande und familiäre Verpflichtungsverhältnisse mit Blick auf Südeuropa häufig als Faktoren bewertet werden, die die Erwerbstätigkeit von Müttern behindern, machen die Autorinnen deutlich, dass die generationenübergreifende Hilfe – vor allem seitens der Großmütter – eine wesentliche Voraussetzung für die Berufstätigkeit von Müttern darstellt. Denn auch in Norwegen konnte die erste Generation berufstätiger Mütter ihren Alltag nur mit Hilfe informeller Ressourcen bewältigen. Das Beispiel Norwegens zeigt außerdem, wie sich die Sozialpolitik erst mit großer Verzögerung auf die neuen Erfordernisse eingestellt hat.

Die Berücksichtigung des Alltagshandelns macht deutlich, dass das Erwerbsverhalten von Müttern nicht einfach auf dem Abwägen von Kosten und Vorteilen beruht und auch nicht allein kulturellen Faktoren geschuldet ist. Wie *Trudie Knijn*, *Ingrid Jönsson* und *Ute Klammer* zeigen, hängt es auch mit den vorhandenen privaten und öffentlichen Ressourcen zusammen und mit der Organisationsleistung von Müttern, diese zusammenzufügen. Ihr Beitrag untersucht, wie erwerbstätige Mütter in den Niederlanden, in Deutschland und Schweden heute die Vereinbarkeit von Betreuung und Beruf bewerkstelligen. Im Zentrum ihrer Analyse stehen die «Betreuungspakete» berufstätiger Mütter. Der Begriff «Betreuungspakete» verweist auf die Aktivität von Müttern, verschiedene Ressourcen zu bündeln, die in variierender Zusammensetzung von Staat, Markt, Familie und dem gemeinnützigen Sektor bereitgestellt werden. Die Autorinnen heben hervor, dass jedoch nicht allen Ressourcen Rechte entsprechen, sondern dass manche das Ergebnis von Forderungen sind, die Mütter an ihre Partner, an Angehörige und Freunde, aber auch an ihre Arbeitgeber richten, um erwerbstätig sein zu können. Der Beitrag zeigt, welche privaten und öffentlichen Ressourcen zur Kinderbetreuung und zur Arbeitszeitgestaltung Mütter in den drei Ländern zusammenschnüren, und gibt – auf der Grundlage von qualitativen Fallstudien – außerdem einen Einblick in die Motive und Wünsche berufstätiger Mütter. Im Rückgriff auf die Unterscheidung zwischen Forderungen und Rechten machen die Autorinnen deutlich, dass erwerbstätige Mütter stark benachteiligt sind, wenn Rechte fehlen und sie ihre Betreuungspakete vornehmlich auf Forderungen stützen müssen.

Der Schlussbeitrag von *Ute Klammer* und *Mary Daly* wechselt noch einmal die Perspektive, um anhand statistischer Daten einen vergleichenden Überblick über die Entwicklung der Frauenerwerbstätigkeit und die Erwerbsbeteiligungsmuster von Frauen in Europa zu geben. Angesichts der großen länderspezifischen Unterschiede, die hinsichtlich der Erwerbsquoten von Frauen bestehen, untersuchen die Autorinnen verschiedene angebots- und nachfrageorientierte Einflussfaktoren und konzentrieren sich in diesem Zusammenhang auch auf sozialpolitische Rahmenbedingungen. Die Autorinnen kommen zu dem Schluss, dass das Angebot an Kinderbetreuungsplätzen den deutlichsten Einfluss auf die Arbeitsmarktbeteiligung von Frauen hat, während sich ein solcher Zusammenhang im Fall von anderen Regelungen, z.B. zu Elternzeiten oder zur Steuerpolitik, nicht ohne Weiteres nachweisen lässt. Vielmehr zeigt sich, dass erst das Zusammentreffen von sozialpolitischen Einzelregelungen und die Passgenauigkeit der sozialpolitischen Maßnahmenkataloge einen größeren Ausschlag für Erwerbsentscheidungen von Müttern geben. *Ute Klammer* und *Mary Daly* wenden sich außerdem gegenwärtigen Veränderungen auf dem Arbeitsmarkt zu, mit denen eine Zunahme atypischer Beschäftigungsverhältnisse, aber auch eine Diversifizierung der Beschäftigungssituation sowohl von Männern als auch von Frauen einhergeht. Dass zunehmend auch Männer von den Auswirkungen der Arbeitsmarktflexibilisierung betroffen sind, könnte sich, so die Autorinnen, letztlich als eine Chance für Frauen herausstellen, da die Erwerbsmuster und -biographien von Frauen nicht länger als Abweichung von einer männlichen Norm begriffen werden können. Angesichts der sozialen Risiken, die mit den Veränderungen einhergehen, verweisen die Autorinnen auf die Notwendigkeit, das System sozialer Sicherung grundlegend zu überdenken, ohne aber die «regulative Idee» hinter dem «Normalarbeitsverhältnis» aufzugeben, d.h. vor allem ein ausreichendes Einkommen und der Zugang zu sozialer Sicherung.

Die Beiträge dieses Bandes machen deutlich, dass eine Umstrukturierung des Systems sozialer Sicherung auch das Verhältnis von Staat, Markt und Familie zu berücksichtigen hätte. Die Aufsätze zu der Alltagspraxis und den Strategien berufstätiger Mütter bringen die unsichtbare Wohlfahrtsproduktion zum Vorschein, die berufstätige Mütter und ihre Unterstützungsnetzwerke – von Verwandten, Freundinnen und Nachbarinnen – leisten. Sie zeigen, dass es der ersten Generation berufstätiger Mütter vor allem auf Grund der

Hilfe anderer Frauen möglich war, trotz schwieriger Rahmen-bedingung Erwerbs- und Familienarbeit miteinander zu verbinden und dass Mütter auch heute noch in vielen europäischen Ländern auf informelle Ressourcen angewiesen sind, wenn sie erwerbstätig sein möchten. Die Akteursperspektive dokumentiert zugleich die Schwierigkeiten, Zwänge und Nachteile, denen sich berufstätige Mütter gegenüberstehen, wenn die Fürsorgearbeit als private An-gelegenheit – und damit in aller Regel als Sache von Frauen – betrachtet wird. Während soziologische Zeitdiagnosen und be-schäftigungspolitisch motivierte Modelle der Sozialpolitik gegen-wärtig dazu tendieren, ihre Aufmerksamkeit allzu einseitig auf in-dividualisierte Marktteilnehmer und den Bereich der Erwerbsarbeit zu richten, mahnen die Beiträge dieses Bandes an, die Individuali-sierungschancen auf der Basis sozialer Bürgerrechte gleichberech-tigter zu verteilen und den Bereich der Pflege- und Fürsorgearbeit zu einer Säule der Wohlfahrtsstaaten zu machen. Zugleich kommt es darauf an, dass nicht nur die Erwerbsarbeit, sondern auch die Betreuungstätigkeiten zu einer Sache von Männern und Frauen werden.

*Jane Lewis*

## Erwerbstätigkeit versus Betreuungsarbeit

### Einleitung

Seit langem verweisen Feministinnen auf den zentralen Stellenwert, den das traditionelle Familienernährermodell für die Ausgestaltung der Wohlfahrtsstaaten während der Nachkriegszeit besaß (Wilson 1977; Land 1980; Lewis 1992). Diese Erkenntnis hat jetzt auch in die etablierte soziologische und sozialpolitische Literatur Eingang gefunden (Esping-Andersen 1999; Crouch 1999). Mitte des 20. Jahrhunderts beruhte Sozialpolitik auf der Annahme, dass vorwiegend Männer einer Vollzeitbeschäftigung nachgingen, während Frauen in erster Linie für die Betreuung und Pflege von jungen und alten Angehörigen in stabilen Familien verantwortlich seien, auch wenn sie sich dadurch in gewissem Umfang von Männern wirtschaftlich abhängig machten. Ein Modell mit männlichem Familienernährer (Ernährermodell) in «Reinform», das bezahlte Arbeit für Frauen ausschloss, hat es allerdings nie gegeben. In der unmittelbaren Nachkriegszeit, als immer mehr Mütter eine Teilzeitbeschäftigung aufnahmen, fand vielmehr der Ausdruck der «erwerbstätigen Mutter» Verbreitung. Dennoch vertrat einer der einflussreichsten feministischen Texte der 1950er Jahre die Ansicht, dass Mütter ihre Erwerbstätigkeit aufgeben und erst wieder aufnehmen sollten, wenn die Kinder die Schule verlassen haben (Myrdal und Klein 1960).

Das Ernährermodell hat erst in jüngerer Zeit die Aufmerksamkeit von Sozialhistorikern auf sich gezogen, die zwei Entwicklungswege zu diesem Phänomen dokumentiert haben: einen ungünstigen, der das Verschwinden von vor Ort verfügbaren Arbeitsplätzen für Frauen beinhaltete, und einen günstigen, der zu steigenden Löhnen für Männer führte (Horrell und Humphries, 1997). Allerdings wurde das Ernährermodell schon von den Gesellschaftstheoretikern des späten 19. Jahrhunderts als ein Ideal propagiert. So beispielsweise von Herbert Spencer (1876), der glaubte, die unterschiedliche Konstitution von Männern und Frauen diktiere einen Fortschritt in Richtung eines Gleichheit und Differenz vereinigenden Modells geschlechtssegregierter Sphären. Diese Sicht wurde von männlichen Gewerkschaftern und den Frauen selbst in hohem Maße geteilt, was mit Blick auf die ersten Jahrzehnte des 20. Jahrhunderts nicht weiter überraschen sollte, da Frauen der Arbeiterklasse häufige Schwangerschaften durchmachten und schwere Haushaltsarbeit zu verrichten hatten. Eine Frau, für die zu diesen Lasten noch bezahlte Arbeit hinzukam, war nur zu bedauern (Roberts 1984). Erst in der Nachkriegszeit, mit der Möglichkeit zuverlässigerer Geburtenkontrolle und der zunehmenden Verfügbarkeit von Haushaltstechnologien, gewann die Erwerbsarbeit für Frauen an Attraktivität. Ihre Berufstätigkeit stand nun im Zentrum des Ideals weiblicher Selbstverwirklichung, war aber auch eine Antwort auf die beengenden Verhältnisse der Familienökonomie.

Soziale Realität erlangte das Ernährermodell hauptsächlich für Mittelschichtfrauen – lediglich für einen verhältnismäßig kurzen Zeitraum und auch nur in einigen Ländern (Janssens 1998). Seine Wirkungsmacht als Modell war jedoch für die längste Zeit des 20. Jahrhunderts beträchtlich und erstreckte sich nicht nur auf den normativen Gehalt, sondern auch auf die Annahme, dass die geschlechtliche Arbeitsteilung tatsächlich so geregelt sei. Damit ist eine Kluft zwischen Normativität und Wirklichkeit markiert. Es ist zu beachten, dass das Ernährermodell beides umfasste, die bezahlte Erwerbsarbeit und die unbezahlte Fürsorgearbeit für junge und alte Angehörige. Das Modell basierte auf der Annahme, dass Männer vorrangig für die Erwerbsarbeit und eben das Familieneinkommen verantwortlich seien, während Frauen, unterstützt durch den Lohn des Mannes, vorrangig für die Betreuungs-, Pflege- und Hausarbeit zuständig seien. Auf diese Weise sicherte das Ernährermodell die Betreuungsarbeit innerhalb der Familie, auch wenn es Frauen dadurch ökonomisch von Männern abhängig machte.

In einem früheren Artikel verwies ich auf das Ernährermodell als einen Ansatzpunkt, um die Unterschiede zwischen den Wohlfahrtssystemen aus einer Geschlechterperspektive zu begreifen (Lewis 1992). Bestehende Forschungsarbeiten hatten bereits gezeigt, in welchem Ausmaß die Politik davon ausging, dass Frauen von einem männlichen Ernährer abhängig seien. Hieran anknüpfend versuchte ich aufzuzeigen, wie weit sich einzelne Länder dem «Idealtypus des männlichen Ernährers» annäherten, demzufolge verheiratete Frauen dem Arbeitsmarkt fern bleiben, stattdessen die Fürsorge für die Familienmitglieder übernehmen und von der Sozialpolitik als abhängige Angehörige der Männer behandelt werden. Der Aufsatz untersuchte daher die Stellung der Frauen auf dem Arbeitsmarkt, in den sozialen Sicherungs- und Steuersystemen sowie die Regelungen zur Kinderbetreuung für drei Länder (Schweden, Frankreich und Großbritannien). Pfau-Effinger (1999b) gab zu bedenken, diese Herangehensweise neige dazu, vorschnell einen Zusammenhang zwischen staatlicher Politik und tatsächlichem Verhalten herzustellen. Das eigentliche Anliegen meiner Untersuchung (1992) und auch der noch detaillierteren von Sainsbury (1996) war jedoch, herauszufinden, wie stark die Länder an den herkömmlichen Annahmen über die «geschlechtliche Natur» sozialer Unterschiede und an der Geschlechterordnung im Verhältnis von Staat und Familie festhielten oder inwieweit sie sich davon entfernt hatten.

Pfau-Effingers Arbeit (1998) hat gleichwohl deutlich gemacht, wie wichtig es ist, zwischen der Geschlechterordnung, die in die politischen Vorgaben und Arbeitsmärkte eingeschrieben ist, einerseits und der Kultur der Geschlechter, das heißt den Werten und Normen, die das Geschlechterverhältnis und die geschlechtliche Arbeitsteilung prägen, andererseits zu unterscheiden. Mit Blick auf das Ernährermodell müssen wir deshalb verschiedene Ebenen auseinander halten:

- den Umfang, in dem das Modell die soziale Realität richtig beschreibt und für welche Frauen es sie richtig beschreibt;
- den Umfang, in dem es für die jeweilige Sozialpolitik tatsächlich maßgeblich wurde;
- den Umfang, in dem es von Politikern für wünschenswert gehalten wurde;
- den Umfang, in dem es von Frauen (und Männern) internalisiert wurde.

Die früheren Arbeiten von Sainsbury und mir konzentrierten sich größtenteils auf die ersten beiden Ebenen. Das vorliegende Kapitel wird sich auch mit den letzten beiden Gesichtspunkten, den normativen Perspektiven auf die Frauenerwerbstätigkeit, auseinandersetzen. Der erste Teil arbeitet die Veränderungen in den normativen Vorgaben gegenüber der Frauenerwerbsarbeit heraus. Der zweite Teil untersucht den Übergang zu neuen Hintergrundannahmen, die für die Organisationsstruktur der Familie folgenreich sind: Es geht um den Übergang zu dem Modell des erwachsenen Erwerbstätigen (*adult worker model*), das auf der Annahme basiert, dass alle erwachsenen, erwerbsfähigen Personen einer bezahlten Beschäftigung nachgehen. Ich beziehe mich im Folgenden insbesondere auf gegenwärtige Veränderungen, wie sie in Großbritannien und den Niederlanden stattfinden – als zwei Ländern, in denen traditionell eine besonders starke Bindung an das Ernährermodell bestanden hat. Ich werde die Ansicht vertreten, dass sich das Modell des erwachsenen Erwerbstätigen zwar von der Idee wegbewegt, Frauen seien zwangsläufig bis zu einem gewissen Grad von Männern abhängig, dass es aber zugleich eine Leerstelle aufweist, wo es um die gesellschaftlich notwendige Arbeit der Betreuung und Pflege von Kindern und alten Menschen geht. Einmal mehr sind wir mit einer Politik konfrontiert, die sich auf falsche Annahmen über die soziale Realität gründet, diesmal allerdings unterstellt, dass Erwachsene in aller Regel einer Erwerbstätigkeit nachgehen, statt vom Vorhandensein eines männlichen Familienernährers auszugehen.

## Normative Vorgaben und das Ernährermodell

Die Fachliteratur teilt sich in Autoren, die Kultur als integralen Bestandteil von Erklärungsansätzen begreifen, und in Verfasser, die sie als der Erklärung äußerlich ansehen. *Rational-Choice*-Theoretiker wie Jon Elster (1991) anerkennen zwar die Existenz von Normen, berücksichtigen sie aber nur ganz am Rande, um die misslichen Kleinigkeiten zu erklären, die nach Durchführung der *Rational-Choice*-Analyse noch übrig geblieben sind. Komplexe ökonomische Ansätze, die das Konzept der «Konvention» verwenden, räumen die Wichtigkeit der kulturellen Variablen ein, machen aber vor dem Gedanken halt, dass Normen verinnerlicht werden. Sugden (1998: 454) beispielsweise begreift Konventionen als stillschweigende Übereinkunft oder als geteilte Auffassungen, die zu einer kollektiven Erwartungsbildung und -stabilisierung führen. Sugden (1998) vertritt die Ansicht, konventionengeleitetes Handeln könne normative Erwartungen hervorbringen, die wiederum für die Stabilität der Konventionen von Bedeutung sind. Andere Autoren sind jedoch davon überzeugt, dass Normen und Werte in der Gesellschaft verwurzelt und Teil des Rahmens sind, in dem Entscheidungen getroffen werden. Denn die Normen selbst seien definitionsgemäß Entscheidungen entzogen, lediglich ihre Befolgung sei das Ergebnis einer Entscheidung, die bewusst oder scheinbar ohne bewusste Prüfung von Alternativen getroffen werden könne.[1] Sunstein (1997) zum Beispiel steht auf dem Standpunkt, dass individuelle Entscheidungen eine Funktion von Normen, Bedeutungen und Rollen sind und dass die Individuen daher vielleicht nur begrenzt über sie verfügen können. Die Rätsel der Rationalität sind Sunstein zufolge das Ergebnis sozialer Normen und moralischer Urteile.

In der Forschungspraxis bleiben kulturelle Variablen oft unberücksichtigt oder der Erklärung äußerlich. Fukuyama (2002) zum Beispiel bestätigt zwar den hohen Stellenwert kultureller Faktoren, wenn er argumentiert, dass Japan und Korea aufgrund ihrer Kultur in der Lage gewesen seien, «den großen Verfall» der Normen und Werte aufzuhalten, der seiner Meinung nach in den 1960ern begann und sich in steigenden Kriminalitätsraten, einem Vertrauensverlust und dem Zusammenbruch der Familie äußere. Aber er vermag nicht zu erklären, warum sich die Einstellungen[2] in den Ländern des Westens beginnend mit den 1960er Jahren so rasant gewandelt haben sollen, es sei denn, der Impuls wäre von etwas anderem ausgegangen und auf anderer Ebene zu suchen. Fukuyama hat es daher vorgezogen, den Wandel der Familie mit Hilfe von sozialen und ökonomischen Variablen zu erklären: der zunehmenden Anwendung künstlicher Geburtenregelung und der verstärkten Beteiligung von Frauen am Erwerbsleben. Diese wiederum veränderten die Normen, die zuvor das Verhalten der Männer geleitet hätten, und erlaubten es den Männern, sich verantwortungsloser zu verhalten. Fukuyamas Erklärung gibt sozialem und ökonomischem Verhalten also den Vorrang, Einstellungen und Normen spielen in seiner Darstellung eine sekundäre Rolle. Er mag damit durchaus Recht haben, doch indem er die kulturellen Faktoren auf einen nachgeordneten Platz verweist, findet ihre genaue Funktions- und Wirkungsweise, wie immer, wenig Aufmerksamkeit.

Im Fall des Ernährermodells erfüllte dieses zum einen eine deskriptive Funktion, nämlich die Muster wirtschaftlicher Tätigkeit in der Familie zu beschreiben. Es tendierte zwangsläufig dazu, den Anteil der Frauen an der Beschäftigung herunterzuspielen, aber es lag nicht falsch, soweit es eine Gesellschaft porträtierte, in der Männer die Hauptverantwortung für das Geldverdienen und Frauen die

Hauptverantwortung für die Betreuung und Pflege von Angehörigen übernahmen. Zum anderen war das Modell von der Mehrzahl der Menschen als Norm internalisiert worden – was für die Jahre nach dem Zweiten Weltkrieg zweifellos der Fall war –, und es bestimmte die Erwartungshaltungen gegenüber der Ehe. Während der ersten Nachkriegsdekaden deckte sich die Realität geschlechtlicher Arbeitsteilung – in entlohnte und nicht entlohnte Arbeit – weit genug mit dem Ernährermodell, um eine Reihe normativer Erwartungen bezüglich der Geschlechterrollen in der Familie hervorzubringen. Auf diese Geschlechterrollen stützte sich auch die Sozialpolitik (sichtbar zum Beispiel in den geringeren Beiträgen und Bezügen, die verheiratete Frauen zum Sozialversicherungssystem beitrugen bzw. von ihm erhielten) und stärkte dadurch wiederum das Ernährermodell.

Es wäre zu erwarten, dass die gegenwärtige Erosion des Ernährermodells infolge des veränderten Erwerbsverhaltens von Frauen an irgendeinem Punkt von einem Wandel der normativen Erwartungen auf Seiten von Bevölkerung und Gesetzgeber begleitet sein müsste, wenngleich der Wandel nicht unbedingt mit den Verhaltensänderungen zur Deckung kommen muss. Während die Erwerbsquoten verheirateter Frauen in der Nachkriegszeit immens gestiegen sind, variieren die Quoten und der Zeitpunkt des Anstiegs von Land zu Land. Mit Blick auf Großbritannien hebt Catherine Hakim (1996) außerdem hervor, dass im Jahr 1951 fast genauso viele Frauen vollzeitbeschäftigt waren wie 1981 (30,3 % der Frauen zwischen 20 und 64 Jahren, im Vergleich zu 31,6 %). Dennoch hat die Erwerbsbeteiligung von Frauen insgesamt zugenommen. Wie Lessig (1996: 2185) aufzeigt, wandelt sich dann, wenn die Normverletzung zunimmt (wie im Fall des Übergangs vom männlichen Alleinernährer zu einer Doppelverdienerfamilie), auch die Bedeutung normenkonformen Verhaltens – bis es irgendwann sinnlos wird, die Norm noch zu befolgen. Stacey (1990) berichtet beispielsweise, dass sich junge amerikanische Männer der Arbeiterklasse im späten 20. Jahrhundert nicht mehr sicher waren, ob sie einen aus ihren Reihen, der zum Familienernährer wurde, als «einen Helden oder einen Dummkopf» betrachten sollten. Diese Unsicherheit hat in hohem Maße damit zu tun, dass die normativen Bedeutungen und Erwartungen alles andere als klar sind. Die Norm besagt nun, dass Frauen eine Erwerbsarbeit anstreben, und Meinungsumfragen bestätigen eine stetig wachsende Akzeptanz beider Geschlechter gegenüber der Berufstätigkeit von Frauen in allen Lebensabschnitten (Dex 1988). Doch welcher Beschäftigungsumfang – ob Vollzeit- oder Teilzeitarbeit – noch auf Akzeptanz stößt, schwankt je nach sozialer Klasse, Bildungsgrad und Ethnizität erheblich und ist manchmal auch regional beeinflusst. Unklar ist außerdem, welche Bedeutung diese Veränderungen für die Konzeptionalisierung unbezahlter Betreuungsarbeit haben.

Das Erwerbsverhalten von Frauen hat den Modellcharakter des Ernährerkonzeptes zunehmend in Frage gestellt. Die wachsende Zahl von erwerbstätigen Frauen und Doppelverdienerfamilien kann nicht geleugnet werden, auch wenn Frauen häufig in Teilzeit beschäftigt sind, was die Entwicklung weniger «revolutionär» erscheinen lässt, als oft vermutet wird. Die Veränderungen haben das gesamte Gefüge der Geschlechterrollen erschüttert, die man – Regierung und Bevölkerung – im Allgemeinen mit dem Ernährermodell assoziiert hatte. An irgendeinem Punkt wird die Kluft zwischen dem veränderten Verhalten und den normativen Vorgaben des Ernährermodells in der Tat zu groß, und der Bruch lässt neue normative Erwartungen entstehen. Nun richten sich die Erwartungen an eine Erwerbstätigkeit von Frauen. Doch es stellt sich die Frage, ob und in welchem Maß die Erwartungen von Bevölkerung und Politikern den Verhaltensänderungen vielleicht sogar vorausgehen. Eine solche Diskrepanz hätte wiederum weitreichende Folgen für die geschlechtliche Dimension der Betreuungsarbeit und für den Umfang, in dem Fürsorgeaufgaben als öffentliche oder private Angelegenheit gelten und dem formalen oder informellen Sektor zugerechnet werden.

## Verhaltensänderungen und die Erosion des Ernährermodells

Das Ernährermodell ist angeschlagen, doch die soziale Realität ist noch immer weit entfernt von einer Familie, die sich aus ökonomisch unabhängigen, autonomen Individuen zusammensetzt. Während sich das Erwerbsverhalten von Frauen grundlegend verändert hat, leisten sie nach wie vor den Hauptteil der unbezahlten Betreuungsarbeit. Männer haben sich in Bezug auf den Anteil, den sie zur bezahlten und unbezahlten Arbeit beitragen, viel weniger verändert (z.B. Gershuny et al. 1994). Während die Erwerbsmuster von Männern und Frauen heute viel schwieriger vorauszusehen sind, haben sich die geschlechtsspezifischen Beteiligungsmuster im Bereich unbezahlter Arbeit kaum gewandelt.

Im Fall Großbritanniens zeigt die amtliche Haushaltsstatistik (*British General Household Survey*), dass im Jahr 1975 81% der Männer und 62% der Frauen zwischen 16 und 64 Jahren beschäftigt waren. 1996 lag diese Zahl für Männer wie Frauen bei 70% (ONS 1998, Tabellen 5.8 und 5.9). Verheiratete Frauen sind ebenso häufig berufstätig wie unverheiratete. Die Zuwächse sind in anderen Ländern, in denen das Ernährermodell eine starke Tradition hat, ähnlich groß. In den Niederlanden zum Beispiel stieg die Erwerbs-quote von Frauen noch drastischer von 29% aller erwachsenen Frauen im Jahr 1975 auf 51% im Jahr 1999. Die Vergleichszahlen für Männer waren 79% und 76% (Keuzenkamp und Oudhof 2000).[3] In beiden Ländern sind Frauen allerdings häufig in «kurzer» Teilzeit beschäftigt: Fast ein Viertel der britischen Frauen mit Kindern unter zehn Jahren arbeitete in den späten 1990er Jahren 15 Stunden wöchentlich oder weniger (Thair und Risdon 1999), und 24% aller weiblichen Angestellten arbeiteten unter 20 Stunden wöchentlich (Rubery, Smith, Fagan 1998). Die große Mehrzahl holländischer Frauen ist teilzeitbeschäftigt; 1994 waren es 80%. 33% arbeiten weniger als 20 Stunden pro Woche. Der Prozentsatz von Doppelverdienerfamilien, in denen beide vollzeiterwerbstätig sind, ist in den Niederlanden zwischen 1990 und 1994 sogar von 43% auf 33% gesunken (Hooghiemstra 1997).[4]

In Großbritannien hat sich der Wandel der Familienstruktur in der jüngsten Vergangenheit rasanter vollzogen als der Wandel des Arbeitsmarktes. Die Scheidungsrate verdreifachte sich, und die Zahl unverheirateter Mütter vervierfachte sich innerhalb einer Generation. Nichteheliche Lebensgemeinschaften sind ein wesentlicher Motor dieses Wandels. Sie folgen auf eine Ehe oder ersetzen sie und haben zu Ehescheidung und getrennter Elternschaft beigetragen, womit eine gravierendere Veränderung verbunden ist als mit der Trennung von Sex und Ehe in den 1960ern (Lewis und Kierman 1996). Die Daten der britischen Haushaltserhebung (*British House-hold Panel*) zeigen, dass nichteheliche Lebensgemeinschaften in Großbritannien viermal instabiler sind als Ehen (Ermisch und Francesconi 1998). In den Niederlanden sind die Veränderungen weniger dramatisch. Allein erziehende Mütter machten im Jahr 1993 nur 10% aller Familien mit Kindern aus, während der entsprechende Prozentsatz in Großbritannien bei 22% lag (Van Drenth, Knijn, Lewis 1999).

Nichtsdestoweniger sieht es so aus, als erlebten wir eine größere Individualisierung. Elisabeth Beck-Gernsheim (1994) beschreibt die Folgen der Individualisierung für die Familie als einen Übergang von einer «Notgemeinschaft» zu einer «Wahlverwandtschaft». Nach dieser Interpretation war die Familie zuvor eine Notgemeinschaft, die durch die Pflicht zur Solidarität zusammengehalten wurde. Die wachsende Beteiligung der Frauen am Erwerbsleben hat gemeinsam mit dem Wandel und der Instabilität der Familie zu einer Entzweiung von individueller Biographie und Familie geführt. Burns und Scott (1994) argumentieren ähnlich, wenn sie erörtern, auf welche Weise männliche und weibliche Rollen in der Familie ihre Komplementarität verloren haben.

Die folgende Abbildung zeigt ein Spektrum möglicher Formen der Arbeitsmarktbeteiligung von Männern und Frauen auf Haushaltsebene sowie möglicher damit einhergehender Betreuungsarrangements.

*Erwerbsmuster von Männern und Frauen*
*und Betreuungsarrangements*

*1) Ernährermodell*

| | |
|---|---|
| Männlicher Alleinverdiener (in Vollzeit beschäftigt) | Weibliche Vollzeitbetreuerin |

*2) Doppelverdienermodell (I)*

| | |
|---|---|
| Mann in Vollzeit beschäftigt Frau in kurzer Teilzeit beschäftigt | Betreuung wird hauptsächlich von der Frau und von Angehörigen geleistet |

*3) Doppelverdienermodell (II)*

| | |
|---|---|
| Mann in Vollzeit beschäftigt Frau in langer Teilzeit beschäftigt | Betreuung wird hauptsächlich von Angehörigen und von Staat, Markt und gemeinnützigen Organisationen geleistet |

### 4) Doppelverdienermodell (III)

Mann in Teilzeit beschäftigt
Frau in Teilzeit beschäftigt

Betreuung wird von beiden
Partnern geleistet

### 5) Doppelkarrieremodell

Mann in Vollzeit beschäftigt
Frau in Vollzeit beschäftigt

Betreuung wird hauptsächlich
vom Markt sowie von Ange-
hörigen, Staat und gemeinnützigen Organisationen geleistet

### 6) Einzelverdienermodell

Allein erziehendes Elternteil
(normalerweise weiblich)
in Vollzeit oder Teilzeit
beschäftigt

Betreuung wird hauptsächlich
von Angehörigen und vom
gemeinnützigen und
öffentlichen Sektor geleistet

Die Erosion des Ernährermodells vollzieht sich als komplexe Entwicklung und führt nicht etwa geradewegs zu einem Modell,
in dem beide Partner eine Karriere verfolgen. In den meisten
westlichen Ländern ist vielmehr eine jener Spielarten des Doppel-
verdienermodells zur Norm geworden, in denen Frauen einer Teilzeitbeschäftigung nachgehen. Aufgrund des geringeren Arbeitszeitvolumens von Frauen und ihres ohnehin zumeist niedrigeren
Einkommens laufen die gegenwärtigen Arrangements zumeist auf
ein «Anderthalb-Verdiener-Modell» hinaus, oder anders gesagt, auf
die Doppelverdienermodelle 2 I und 3 II (siehe Abbildung). Doppelverdienermodell 4 III impliziert ein höheres Maß an Geschlechtergleichheit, ist bislang aber in keinem Land erreicht worden,
selbst in den Niederlanden nicht, die ein so genanntes «Kombinations-Szenario» anstreben, dem das Doppelverdienermodell 4 III
entsprechen würde. In den Niederlanden ist die Teilzeitquote der
Männer etwas höher als in anderen Ländern: 17 % der holländischen Männer arbeiten Teilzeit, doch die Mehrzahl dieser Männer
ist jung oder über 55 Jahre alt.

Das Erwerbsverhalten von Frauen hat sich verändert, und ihre
Berufstätigkeit stößt auf wachsende Akzeptanz. Was folgt daraus
aber für die Betreuungsarbeit? Die Politik stellt zwar in Rechnung,
dass Arbeitsmarkt- und Familienentscheidungen durch ein höheres
Maß an Individualisierung gekennzeichnet sind, reflektiert aller-

dings nicht, in welcher komplizierten Art und Weise das Ernährermodell erodiert. Ein Beispiel dafür ist der Umgang mit allein erziehenden Müttern in Großbritannien und den Niederlanden seit Mitte der 1990er Jahre. Allein erziehende Mütter sind in einem Wohlfahrtsregime mit starkem Ernährermodell immer eine besonders problematische Gruppe gewesen, weil entschieden werden musste, ob und unter welchen Bedingungen der Staat für den Vater einspringen soll (Lewis 1998 b). Hatten die Regierungen beider Länder allein erziehenden Müttern zuvor bedingungslos zugestanden, dass sie sich erst arbeitssuchend melden müssen, wenn ihr jüngstes Kind 16 Jahre alt ist, behandeln sie allein erziehende Mütter heute als Erwerbstätige (Lewis 1997). In beiden Ländern basierte die Neuregelung auf der Maxime, die Wohlfahrtsabhängigkeit (*welfare dependency*) allein erziehender Mütter zu mindern. Ein weiteres Argument bestand aber im Hinweis auf die höhere Arbeitsmarktintegration verheirateter Mütter, ohne dass allerdings berücksichtigt wurde, dass die Mehrzahl dieser Frauen auf Teilzeitstellen mit geringem Stundenniveau arbeitet.

Die Veränderungen im Verhalten von Frauen gegenüber Erwerbsarbeit und Familie haben die herkömmlichen Geschlechterrollen des Ernährermodells, auf denen die Sozialpolitik fußte, aufgemischt. Als Norm und Verhalten immer offensichtlicher auseinander drifteten, setzte ein Umdenken in der Politik bezüglich der eigenen Hintergrundannahmen ein. Die Berufstätigkeit von Frauen ist jetzt die Norm, obgleich unklar bleibt, in welchem Umfang und für welche Gruppe von Frauen dies zutrifft. Diese Unklarheit ist nicht verwunderlich, weil die neuen Annahmen den Verhaltensänderungen nicht nur folgen, sondern ihnen in mancher Hinsicht auch voraus gehen. Die Regierungen Großbritanniens und der Niederlande haben sich ganz entschieden auf die Annahme eingelassen, dass Frauen dem Arbeitsmarkt zur Verfügung stehen.

## Die Implikationen der neuen politischen Hintergrundannahmen

Die neuen Hintergrundannahmen produzieren Konflikte. Erstens geraten sie mit dem ausdrücklichen Wunsch vieler britischer und niederländischer Frauen in Konflikt, die Fürsorgearbeit obenan zu stellen. Es ist keineswegs ausgemacht, dass alle Frauen eine Vollzeitbeschäftigung wünschen würden, wenn plötzlich eine qualitativ gute und erschwingliche Tagesbetreuung bereitstünde. Der britischen Arbeitskräfte-Erhebung (*British Labour Force Survey*) zufolge geben 90% der teilzeitbeschäftigten Mütter an, nicht ganztägig arbeiten zu wollen (Thair und Risdon 1999). Diese Aussagen stehen natürlich in einem Zusammenhang mit der gegenwärtigen Betreuungssituation, die in Großbritannien problematischer ist als in den meisten europäischen Ländern. Hakim (1996, siehe auch 2001) vertritt die Auffassung, dass in Großbritannien zwei Gruppen erwerbstätiger Mütter zu unterscheiden sind: Die erste Gruppe setzt sich aus karriereorientierten Frauen zusammen, während die zweite aus Frauen besteht, die sich für Teilzeitarbeit (und die Übernahme der Fürsorgearbeit) entscheiden und mit dieser Wahl zufrieden sind. Hakims Modell ist umstritten, weil es die Wahl betont und Zwänge schmälert. Doch wäre es möglich, dass alternative moralische Rationalitäten die Zuständigkeit von Frauen für die Familienarbeit untermauern (Tronto 1993; Ahlander und Bahr 1995; Duncan und Edwards 1999) und dass manche Frauen, vor die Wahl gestellt, eine gut bezahlte Stelle anzunehmen oder die unbezahlte Betreuung für ein Kind oder ältere Angehörige zu übernehmen, letzteres vorziehen würden. Eine Evaluierung der niederländischen Neuregelung für allein erziehende Mütter, die diese nun als Erwerbstätige und nicht länger primär als Mütter behandelt, hat ergeben, dass die Maßnahmen auf lokaler Ebene gescheitert sind, weil weder die mit der Umsetzung beauftragte Verwaltung noch die Mütter selbst der Meinung waren, dass sie auf den Arbeitsmarkt gedrängt werden sollten (Knijn und Van Wel 2001 a).

Zweitens gerät das neue Modell des erwachsenen Erwerbstätigen häufig in einen Konflikt mit den Anspruchsvoraussetzungen von Sozialleistungen (z. B. von Sozialhilfe auf Grund von Bedürftigkeit), die zum Teil weiterhin am Ernährermodell orientiert bleiben. Das Ergebnis ist ein inkonsistentes Bündel politischer Maßnahmen. Beispielsweise gehen von der niederländischen Politik widersprüchliche Signale aus, was das Verhältnis von bezahlter und unbezahlter Arbeit betrifft (Bruning und Plantenga 1999; Knijn 2001). Die Steuerpolitik und das soziale Sicherungssystem privilegieren in mancher Hinsicht nach wie vor das Ernährermodell, während die Beschäftigungs- und Arbeitszeitpolitik darauf abzielt, die Erwerbsbeteiligung von Frauen zu erhöhen. Auch der

Fall Großbritanniens ist durch eine politische Zweideutigkeit und Widersprüchlichkeit gekennzeichnet (Rake 2000; McLaughlin et al. 2001), doch tatsächlich gilt das auch für andere europäische Länder (Daly 2000). In Großbritannien sollte die Steuerregelung des *Working Families Tax Credit* dafür sorgen, dass «sich Arbeit lohnt». Doch die Steuervergünstigungen bemessen sich am gemeinsamen Familieneinkommen und können somit den Anreiz, eine Beschäftigung in Niedriglohnberufen aufzunehmen, für Frauen mit Partnern sogar verringern. Auch der *New Deal for the Partners of Unemployed People* verhält sich uneindeutig, behandelt die Partner von Arbeitslosen (überwiegend Frauen) sowohl als unabhängige Erwerbstätige als auch abhängige Angehörige. Ihr Zugang zu den Leistungen des Programms hängt davon ab, ob ihr Partner arbeitslos ist und d.h. in aller Regel: ob ihr Partner ein arbeitsloser Mann ist. Während sich in der britischen und niederländischen Politik also einerseits ein Bekenntnis zur Individualisierung ausdrückt, wird andererseits nach wie vor vorausgesetzt, dass sich verheiratete Frauen im Zweifelsfall auf ihren Ehemann verlassen können.

Bei der Umsetzung der neuen Annahmen über die Doppelverdienerfamilie wurden weder die Implikationen für die wohlfahrtstaatliche Logik[5] bedacht noch die Auswirkungen auf die geschlechtliche Arbeitsteilung; ebenso wenig fand Beachtung, wie Frauen diese Veränderungen erleben (oder was sie sich wünschen würden). Die Arbeitsmarktintegration von Frauen ist in vielerlei Hinsicht zur neuen Norm geworden, und die Politik setzt zunehmend voraus, dass sowohl Männer als auch Frauen erwerbstätig sind. Wir können aber mit einigem Grund davon ausgehen, dass die politischen Hintergrundannahmen über den Status von Frauen als «Arbeitnehmerinnen» an der sozialen Realität vorbeigehen, da die Frauenerwerbstätigkeit in vielen Ländern von Teilzeitarbeit und geringfügiger Beschäftigung gekennzeichnet ist (Lewis 2001). Diese Diskrepanz ist um so folgenreicher, wenn mit ihr die Annahme einhergeht, dass der oder die Einzelne zukünftig in der Lage sein wird, selbstständig mehr Eigenvorsorge zu leisten, vor allem bei der Alterssicherung (Ginn, Street, Arber 2001). Tatsache ist ebenfalls, dass die mit der Fürsorgearbeit verbundene Geschlechterproblematik nirgendwo auch nur im Ansatz mit Priorität angegangen wird. Der sozialpolitische Maßnahmenkatalog im Bereich von

Betreuung und Pflege ist weitaus weniger kohärent als im Hinblick auf die Arbeitsmarktintegration aller Erwachsenen. Die Mittel, die für die Kinderbetreuung und Altenpflege bereitgestellt werden, liegen erheblich unter den Ausgaben für beschäftigungspolitische Maßnahmen. Die Fürsorgearbeit erfährt in jeder Hinsicht geringe Wertschätzung, sowohl im Rahmen formaler Beschäftigung als auch im Fall der informellen Betreuung und Pflege. Die sozialen Berufe sind schlecht bezahlt, und auch die Steuervergünstigungen und staatlichen Beihilfen für Personen, die informell Betreuungs- und Pflegearbeiten leisten, sind gering. Das bedeutet zweierlei: In einer Welt, in der die Politik in wachsendem Maß eine Individualisierung unterstellt und eine größere Eigenverantwortung bei der sozialen Vorsorge erwartet, sind Menschen, die für andere sorgen, stark benachteiligt. Es bedeutet auch, dass die Fürsorgearbeit weiterhin als Zuständigkeitsbereich von Frauen und nicht als Aufgabe beider Geschlechter betrachtet wird.

## Die Pflicht zur Erwerbs- und Betreuungsarbeit

Die Einschätzung dessen, was Männer und Frauen zum Familienunterhalt beitragen, hat sich grundlegend verändert. Zu Beginn dieses Jahrhunderts beherrscht die Auffassung, dass es eine Verpflichtung zur Erwerbsarbeit gebe, die politische Agenda der meisten westeuropäischen Länder. Zugleich besteht unverändert die Annahme, dass die unbezahlte Betreuungs- und Pflegearbeit irgendwie geleistet wird.

Die Stärke eines Konzeptes, das die Erwerbsarbeit als Pflicht begreift, ist in der englischsprachigen Literatur seit den 1980er Jahren deutlich zum Ausdruck gekommen. Dem Konzept liegt eine Sichtweise zugrunde, die es als staatbürgerliche Pflicht betrachtet, einer Erwerbstätigkeit nachzugehen. Mitte der 1980er Jahre vertritt Lawrence Mead in den USA die Ansicht, der Staat müsse moralische Autorität übernehmen, damit Sozialhilfeempfängern abverlangt werden könne, dass sie ihrer staatsbürgerlichen Pflicht nachkommen, eine Erwerbsarbeit aufzunehmen. Mead entwirft diese Lösung im Rahmen eines Modells gleicher Staatsbürgerschaft und betrachtet sie als einen Weg, größere soziale Integration zu erreichen. Die sozialpolitische Adaption und Umsetzung dieses Konzeptes, programmatisch *Welfare-to-work* (von der Sozialhilfe zur Erwerbsarbeit) genannt, erfolgte erstmals in den USA und richtete sich an alle arbeitsfähigen Erwachsenen einschließlich der allein erziehenden Mütter. Gleichwohl bestehen auf beiden Seiten des Atlantiks Bedenken, ob «die Familie» weiterhin bereit und fähig ist, Fürsorgeaufgaben zu übernehmen und ob auch die Qualität der Versorgung von jungen und alten Angehörigen zukünftig gewährleistet sein wird. Die Diskussionen über die Familie bringen der sozialen, fürsorgenden Leistung der Familie durchaus Wertschätzung entgegen und machen außerdem deutlich, dass nach wie vor gemischte Gefühle gegenüber der Erwerbstätigkeit von Müttern bestehen, vor allem wenn die Kinder noch klein sind. In diesem Sinn findet eine Anerkennung der Betreuungsarbeit statt, ohne dass sich die Diskussionen aber den Folgen der *Welfare-to-work*-Agenda für die Familie stellten, um deren Veränderung man doch besorgt ist. Im Vorfeld der Verabschiedung des US-amerikanischen Gesetzes über *Work Responsibility and Personal Opportunities* im Jahr 1996 kam offen die Position zum Ausdruck, dass es für Menschen ohne Behinderung nicht nur eine grundsätzliche Verpflichtung gebe, sich am Erwerbsleben zu beteiligen (Mead 1986), sondern dass es für Kinder allein erziehender Mütter besser wäre, wenigstens einen Elternteil als Ernährer zu erleben als gar keinen (Novak et al. 1987). Im Hinblick auf allein erziehende Mütter ist das *American Enterprise Institute* inzwischen bei einer Position angelangt, die beinahe spätviktorianischen Ansichten gleichkommt: Allein erziehende Mütter sollten arbeiten, sie sollten jedoch auch in ein soziales Umfeld gebracht werden, in dem sie etwas über die Betreuung und Versorgung von Kindern lernen können (ebd.).

Die Sozialdemokraten haben wie Mead, aber anders als radikalere Kritiker des Wohlfahrtssystems (wie Charles Murray), die überragende Bedeutung der Beschäftigung als ein Mittel der sozialen Integration oder Inklusion hervorgehoben. In Großbritannien sind die Bemühungen, mehr allein erziehende Mütter in das Erwerbsleben einzugliedern, gleichermaßen mit dem Wohlergehen der Mütter gerechtfertigt worden wie mit dem Hinweis auf die negativen Folgen der Wohlfahrtsabhängigkeit. Das komplizierte Verhältnis zwischen Unabhängigkeit und Abhängigkeit wurde aber kaum zur Kenntnis genommen. Eine Frau mittleren Alters, die ihre Stelle aufgibt, um für eine ältere Person zu sorgen, und deshalb von staatlichen Beihilfen abhängig wird, tut dies schließlich, um dieser älteren Person einen höheren Grad an Unabhängigkeit zu ermöglichen. Die Europäische Kommission hat sich hauptsächlich auf die Notwendigkeit konzentriert, die Erwerbsbeteiligung der erwachsenen Bevölkerung zu erhöhen, und betont in diesem Zusammenhang, dass eine bessere Arbeitsmarktintegration die Wettbewerbsfähigkeit steigere (EC 1993, 1995, 2000 a, 2000 b). Sowohl die EU (EC 2000 a) als auch die OECD (2000) haben die Bedeutung politischer Maßnahmen hervorgehoben, die dafür sorgen, dass «sich Arbeit lohnt», und die, wie es die Europäische Kommission formuliert, «die Rolle der Sozialpolitik als produktiven Faktor» stärken (EC 2000 a: 2).

Zugleich mahnt eine Reihe von Kommentatoren an, wie wichtig die Verpflichtung «der Familie» zur Fürsorge sei. Autoren, die für ein breites politisches Spektrum stehen, heben hervor, dass die Menschen individualistischer geworden seien und immer mehr nach Selbstverwirklichung strebten. Einen Beleg für ihre Diagnose sehen sie im Wandel der Familie, der nicht zuletzt in der hohen Zahl unverheirateter Mütter und dem häufigen Scheitern von Beziehungen zum Ausdruck komme. Obwohl in der Frage, ob der Individualismus inhärent selbstsüchtig sei (Giddens z.B. hat sich vehement gegen eine solche Position ausgesprochen 1992), kein Konsens besteht, zeichnen die meisten Autoren ein eher pessimistisches Bild. In den Vereinigten Staaten stellt David Popenoe (1993: 528) kurzerhand fest: «Die Leute sind weniger dazu bereit, Zeit, Geld und Energie in die Familie zu investieren, lieber investieren sie in sich selbst.» Die wachsende Arbeitsmarktbeteiligung von Frauen und das Versagen von Männern, nach dem Scheitern einer Beziehung für die Kinder und deren Unterhalt zu sorgen, werden immer und immer wieder als weitere Bestätigung dafür angeführt, dass sich die Sorge um das Selbst drehe, statt um andere in der Familie.

Dieser Interpretation zufolge ist jede an Frauen gerichtete Ermutigung, eine Erwerbsarbeit aufzunehmen, Teil des Problems, nicht dessen Lösung. Die Argumente am Ende des 20. Jahrhunderts unterscheiden sich etwas von den älteren und bekannteren Argumenten über die Folgen der Frauenerwerbstätigkeit für die Kinder. Letztere sind zwar längst nicht vom Tisch, doch die Bedenken der 1990er Jahre kreisen um zwei neue Aspekte, problematisieren, in welchem Ausmaß die Berufstätigkeit von Frauen das Scheitern von

Beziehungen fördere und welche Folgen sie für das Verhalten von Männern habe. Wie Valerie Oppenheimer (1994) zeigt, können sich Leute verschiedenster politischer Couleur mit dem Gedanken anfreunden, dass die Berufstätigkeit von Frauen eine Schlüsselvariable zur Erklärung des familialen Wandels sei. Amerikanische und britische Autoren äußern außerdem die Befürchtung, die Erwerbstätigkeit von Frauen könne den Beschäftigungsanreiz für Männer senken und ihre Bereitschaft mindern, die Familie zu unterhalten. Geoff Dench (1994: 16f.) vertritt die Meinung: «Wenn Frauen in ihrer Forderung nach Symmetrie zu weit gehen und versuchen, die Spielregeln zu ändern, werden Männer einfach beschließen, nicht mitzuspielen […] Die Familie mag vielleicht ein Mythos sein, aber es ist ein Mythos, der dazu dient, die Männer einigermaßen nützlich zu machen.» Frauen wird also der Vorwurf gemacht, ihr Erwerbsverhalten untergrabe die traditionell männliche Rolle des Ernährers und trage dazu bei, dass in der nächsten Generation «rowdyhafte Männer» heranwachsen (Dennis und Erdos 1992; Phillips 1997). In jüngster Zeit hat Fukuyama (2001) behauptet, erst der Wandel des Erwerbsverhaltens von Frauen habe den Männern erlaubt, sich unverantwortlich zu verhalten. Die meisten dieser Autoren gehen nicht so weit, eine Beschränkung der Frauenerwerbstätigkeit zu fordern. Fukuyamas Lösung verlässt sich auf eine «spontane Renormierung» der Gesellschaft, an die er die Hoffnung knüpft, dass Frauen sich wieder darauf besinnen, wie wichtig es sei, zu Hause bei ihren kleinen Kindern zu bleiben. Galston (1991: 281) geht einen Schritt weiter und argumentiert, der liberale Staat müsse handeln, um seine besondere Konzeption vom menschlichen Wohl zu schützen und zu fördern – «begründete öffentliche Argumente für den Traditionalismus» gegenüber der Familie seien übersehen worden. Diese Positionen sprechen sich klar dafür aus, dass Frauen mehr fürsorgliche Aufgaben übernehmen sollten, und bringen vielfach den Wunsch zum Ausdruck, das Ernährermodell wiederzubeleben. Wie Iris Marion Young (1995) feststellt, kommt dies einer Aufforderung an die Bereitschaft von Frauen gleich, sich um der Kinder oder anderer bedürftiger Personen willen in die Abhängigkeit von einem Mann zu begeben.

Allerdings gibt es auch viele Anhaltspunkte dafür, dass Frauen durchaus Betreuungsaufgaben übernehmen wollen: Sei es, weil sie der Sorge für andere einfach den Vorzug geben möchte (Hakim

2001, s. o.), sei es, wie Gustafsson und Stafford (1994) nahe legen, weil sie ihre Entscheidungen im Kontext kultureller Traditionen treffen, die Einfluss darauf haben, wer in einem Land in welchem Maß für die Betreuung und Pflege zuständig ist. Gerade in Großbritannien und den Niederlanden weist vieles darauf hin, dass allein erziehende Mütter ihre Kinder betreuen wollen (Van Drenth, Knijn, Lewis 1999, s. auch Duncan und Edwards 1999; Ford 1996), eine Beobachtung, die schon vor längerem mit Blick auf die Altenpflege gemacht wurde (Finch und Groves 1983; Lewis und Meredith 1988). Stellte man also in diesen Ländern von einem Tag auf den anderen ein qualitativ hochwertiges Angebot an bezahlbarer Kinderbetreuung auf die Beine, wäre dennoch nicht sicher, ob alle Frauen vollzeitbeschäftigt sein wollten.

Angesichts der gegenwärtigen politischen Trends sind im Grunde genommen zwei Fragen zu stellen: Haben Frauen auch das Recht zu entscheiden, dass sie lieber zu Hause bleiben wollen, um die Betreuung und Pflege ihrer Angehörigen zu übernehmen? Und wenn ja: Müssen sie sich zwangsläufig in die Abhängigkeit eines männlichen Einkommens begeben, sofern sie sich so entscheiden?

### Betreuung und Sozialpolitik

Die feministische Literatur zur Fürsorgeethik (*care ethics*) hebt hervor, dass diese auf Verantwortung und zwischenmenschlichen Beziehungen aufbaut und dass die Fürsorgearbeit folglich nur begrenzt warenförmig sein kann (Gilligan 1982; Sevenhuijsen 1998). Einige Feministinnen gehen noch weiter, betrachten die Fürsorge als Teil einer wesensmäßig weiblichen Kultur und stellen sie in das Zentrum eines weiblichen Wertesystems, dem sie eine höhere sittliche Ordnung beimessen als dem Normensystem der Öffentlichkeit (siehe z.B. Elshtain 1981; Noddings 1984). Diese Auffassung kommt jenen sozialphilosophischen Positionen nahe, die zeigen möchten, dass Markt und Familie jeweils von eigenen Normen strukturiert sind, die verschiedene Arten der Wertschätzung für Menschen und Dinge ausdrücken und deshalb auseinander gehalten werden müssen (Wolfe 1989; Anderson 1993). Andere feministische Autorinnen sind zu dem Schluss gekommen, dass sich die Fürsorgeethik gleichermaßen an Männer wie Frauen richten solle und dass Personen, die Betreuungsarbeit übernehmen,

Rechte brauchen (Lister 1997; Tronto 1993). Die gegenwärtige Regierungspolitik Großbritanniens, die den Ausbau der Betreuungs- und Pflegeangebote nach Marktprinzipien gestaltet, läuft allerdings darauf hinaus, Fürsorge als Ware zu begreifen, auch wenn sie es so nicht formuliert.

Das Thema wird noch schwieriger, wenn wir bedenken, dass auch in Zukunft ein erheblicher Teil der berufstätigen Frauen voraussichtlich in gering entlohnten sozialen Berufen arbeiten wird. Mit der Schaffung eines «sozialen Pflege-Marktes» (Lewis und Glennerster 1996; Wistow et al. 1996), der vor allem das Angebot des Marktes und des gemeinnützigen Sektors erhöhen und somit die Wahlmöglichkeiten verbessern soll, haben sich in Großbritannien seit 1993 die Arbeitsbedingungen in diesem Tätigkeitsfeld verschlechtert. Ford, Quilgars und Rugg (1988) zeigen auf, dass sich ein dualer Arbeitsmarkt im Bereich der Fürsorge entwickelt hat. Auf der einen Seite arbeiten Frauen zu niedrigen Löhnen und unter schlechten Arbeitsbedingungen; sie erfüllen vor allem Routineaufgaben – zumeist im privaten Sektor. Auf der anderen Seite übernehmen besser qualifizierte Frauen spezialisiertere Aufgaben – zumeist im öffentlichen oder gemeinnützigen Sektor (siehe auch Ungerson 1999). Frühe Arbeiten skandinavischer Feministinnen wiesen darauf hin, dass Frauen in diesen Ländern seit den 1970er Jahren vehement für den Arbeitsmarkt rekrutiert wurden, um soziale Aufgaben im öffentlichen Sektor zu übernehmen, und kritisierten, dass dieser Prozess auf eine Form des öffentlichen anstelle des privaten Patriarchats hinauslaufen würde (Siim 1987). Später zeigten sich die skandinavischen Feministinnen optimistischer gegenüber den Möglichkeiten eines «frauenfreundlichen» Staates (Hernes 1989). Im Fall Großbritanniens gilt allerdings für die Mehrzahl der Arbeitsplätze im Bereich der Betreuung und Pflege, dass Bezahlung und Arbeitsbedingungen schlecht sind; dies umso mehr, wenn es sich um Teilzeitstellen handelt.

Der Übergang zum Modell des erwachsenen Erwerbstätigen wirft allein aus der Geschlechterperspektive vier Probleme auf: Erstens ist die unbezahlte Betreuungsarbeit zwischen Männern und Frauen ungleich verteilt, was für die Stellung der Frauen auf dem Arbeitsmarkt weitreichende Folgen hat. Zweitens haben viele Frauen angesichts des Mangels an guten und bezahlbaren institutionellen Angeboten keine andere Wahl, als die Betreuung und

Pflege von Angehörigen weiterhin informell zu übernehmen (Land und Rose sprachen von «Zwangsaltruismus», 1985) und bis zu einem gewissen Grad vom Verdienst des Mannes abhängig zu sein. Die Vergleichsstudie von Bradshaw et al. (1996) über die Arbeitsmarktbeteiligung von Frauen in verschiedenen Ländern zeigt, dass die Verfügbarkeit kostengünstiger Kinderbetreuung Schlüsselvariable für die Erwerbstätigenquoten dieser Frauen ist. Drittens gibt es eine nicht unerhebliche Zahl von Frauen, die der Betreuung den Vorrang einräumen möchten oder die das Gefühl haben, es sei richtig, das zu tun. Viertens bedeuten die niedrigeren Gehälter von erwerbstätigen Frauen, die für die sozialen Berufe umso charakteristischer sind, dass eine vollständige Individualisierung für sie kaum zu erreichen ist – nicht einmal auf der Grundlage einer «langen» Teilzeit- oder gar einer Vollzeitbeschäftigung.

Die angesprochenen Probleme führen uns zu einer Politik zurück, die das Modell des erwachsenen Erwerbstätigen ansteuert. Solange kein Zugang zu kostengünstigen und qualitativ hochwertigen Betreuungs- und Pflegeangeboten besteht, dürften sich Frauen dem Anforderungsprofil einer vollständigen Individualisierung so gut es geht widersetzen, oder junge und alte Angehörige werden gravierende Einbußen in ihrer Lebensqualität hinnehmen müssen. Es ist sehr unwahrscheinlich, dass irgendwelche Versuche, die Uhr zurückzudrehen und das Ernährermodell wiederzubeleben, Erfolg haben werden. Abgesehen davon, dass sich die Politik der westlichen Regierungen im Großen und Ganzen in die entgegengesetzte Richtung bewegt, haben sich die Einstellungen gegenüber der Erwerbstätigkeit von Frauen grundlegend gewandelt (Scott 1997).

Zugleich bleibt aber der Platz der Fürsorge im Modell des erwachsenen Erwerbstätigen unbestimmt. Die damit verbundenen Spannungen und Probleme sind zu groß, als dass sie ignoriert werden könnten. Auch diesbezüglich ist es lehrreich, sich das skandinavische und das amerikanische Modell anzuschauen. In beiden Fällen gibt es ein vollständig individualisiertes, auf erwachsene Erwerbstätige zugeschnittenes Modell. In den Vereinigten Staaten ist die Verpflichtung, sich dem Arbeitsmarkt einzugliedern, in ein residual vorhandenes Wohlfahrtssystem eingebettet, das oft schon an der Grenze zur Bestrafung operiert. In Schweden und Dänemark hingegen gehen mit dieser Verpflichtung soziale Rechte einher, die verschiedene Formen staatlicher Unterstützung bei der Kinderbetreuung und Altenpflege garantieren. Die Stellung allein erziehender Mütter – die für die Analyse der Sozialpolitik stets einen Grenzfall darstellt – ist in dieser Hinsicht besonders aufschlussreich, weil in ihrem Fall das Problem, Erwerbs- und Betreuungsarbeit zu verbinden, besonders deutlich wird. Viel entschlossener noch als Großbritannien sind die Vereinigten Staaten dazu übergegangen, allein erziehende Mütter als Erwerbtätige zu behandeln: Staatliche Beihilfen werden nur noch für einen begrenzten Zeitraum gewährt; zugleich wurde auf Bundesebene und in den einzelnen Staaten mehr Geld in die Kinderbetreuung investiert. Die Erwerbstätigenquote von allein erziehenden Müttern ist in den USA hoch, der ausgeübte Druck stark. Doch in Schweden und Dänemark sind die Erwerbstätigenquoten höher, und die Zahl allein erziehender Mütter, die unterhalb der Armutsgrenze leben, ist viel niedriger als in den USA oder in Großbritannien. Schweden kommt Meads Ideal am nächsten, insofern alle erwachsenen Bürger verpflichtet sind, einer Erwerbsarbeit nachzugehen, und sich damit für eine Vielzahl staatlicher Leistungen qualifizieren, die es ihnen dann erlauben, ihre Erwerbsarbeit auszusetzen. Allein erziehende Mütter beziehen in Schweden fast ebenso viel Einkommen vom Staat wie aus ihrem eigenen Verdienst (Lewis 1998 b). Das System beruht auf einem Bekenntnis zu universellen staatbürgerlichen Rechten, anstatt wie in den USA einem residualen Wohlfahrtsmodell gleiche staatsbürgerliche Pflichten aufzusetzen.

Einfach gesagt, das skandinavische Modell anerkennt fürsorgliche Tätigkeiten. Alle arbeitsfähigen Erwachsenen werden zunächst wie erwerbstätige Staatsbürger (*citizen workers*) behandelt. Danach aber besteht das Recht, den Arbeitsmarkt zeitweise zu verlassen, um auf der Grundlage von Lohnersatzleistungen für Kinder oder andere Angehörige zu sorgen, während zugleich ein öffentliches Betreuungsangebot besteht. Im Grunde genommen operieren Schweden und Dänemark mit einem ähnlichen Modell der Geschlechtergleichheit wie die USA, aber ihre Systeme besitzen die Fähigkeit, einen geschlechtlichen Unterschied zu respektieren, der sich in einer ungleichen Aufteilung der Fürsorgearbeit manifestiert (Lewis und Astrom 1992). Allerdings hat Schweden einen der am stärksten geschlechtssegregierten Arbeitsmärkte in der westlichen Welt.

Betreuungsarbeit muss getan werden. Während die Geburtenraten in den meisten europäischen Ländern fallen, steigt der Anteil pflegebedürftiger alter Menschen an der Gesamtbevölkerung. Im Jahr 2050 wird es in Großbritannien voraussichtlich dreimal mehr Menschen im Alter über 85 Jahren geben als heute (Cm. 4192 1999, Abs. 2.19). Vor diesem Hintergrund stellt sich die Frage, wer sich zukünftig zu welchen Konditionen um alte und junge Menschen kümmern wird. Zwei Themenkomplexe sind hiermit angesprochen: Die ungleiche Verteilung der Betreuungsarbeit zwischen Männern und Frauen in der Gesellschaft und die geringe Anerkennung dieser formell oder informell geleisteten Tätigkeiten in Gehältern oder Sozialleistungen. Die vor kurzem beschlossene Einführung eines Mindestlohns in Großbritannien kommt den am schlechtesten bezahlten Arbeitskräften im Sozial- und Pflegebereich zwar zugute, doch die wenigsten dieser zumeist weiblichen Beschäftigten können mit einem Gehalt rechnen, das subsistenzsichernd ist und finanzielle Unabhängigkeit garantiert. Das skandinavische Modell, das verschiedene Formen staatlicher Anerkennung der Fürsorgearbeit kennt, ist dem diametral entgegengesetzten US-amerikanischen System sicherlich vorzuziehen, das sehr wenig kollektive Verantwortung für die Unterstützung von Familien zulässt. Angesichts des geschlechtssegregierten Arbeitsmarkts in Schweden bleibt jedoch die Frage, inwieweit dieses Wohlfahrtssystem die traditionelle geschlechtliche Arbeitsteilung bekräftigt. Viele Frauen möchten durchaus für andere Menschen sorgen, sie wollen aber auch Chancengleichheit auf dem Arbeitsmarkt.

In diesem Zusammenhang ist schließlich noch das Verhältnis von Geld- und Dienstleistungen zu berücksichtigen. Immer häufiger ist das Argument zu hören, es spiele keine Rolle, ob die sozialpolitische Unterstützung die Form von Beihilfen und Vergünstigungen oder die Form von Dienstleistungen (z.B. Betreuungsangebote) annehme. Tatsächlich sind mit dieser Entscheidung aber weitreichende geschlechtsspezifische Konsequenzen verbunden. Anders als in den skandinavischen Ländern wurde der Elternurlaub in Deutschland eher unter der Perspektive eingeführt, den Arbeitsmarktausstieg von Frauen finanziell zu unterstützen, als mit dem Ziel, die Gleichberechtigung der Geschlechter zu fördern. Auch die Pflegeversicherung, die Geld- vor Dienstleistungen privilegiert, begünstigt die informelle, häusliche Pflege durch Angehörige.

Wenn wir akzeptieren, dass viele Frauen Fürsorgearbeiten übernehmen möchten, dann kann man hierin eine kleine finanzielle Anerkennung für eine Arbeit sehen, die sie ohnehin getan hätten (Evers 1998). Doch auch das dient der Verfestigung der geschlechtlichen Arbeitsteilung. In der französischen Familien- und Sozialpolitik hat eine Reorientierung zugunsten von Geldleistungen stattgefunden, die dem beschäftigungspolitischen Ziel folgt, die Anstellung von häuslichen Betreuungs- und Pflegekräften anzuregen (siehe auch Letablier und Jönsson in diesem Band). Das Ergebnis ist eine Zunahme der Niedriglohn-Beschäftigung für Frauen. Im Unterschied zu den Arbeitsplätzen im «sozialen Pflege-Markt» Großbritanniens beinhaltet die haushaltsnahe Beschäftigung in Frankreich zumindest einen Zugang zum System sozialer Sicherung. Es geht also nicht allein darum, ein Betreuungs- und Pflegeangebot für Familien zu schaffen, sondern es gilt auch, die Struktur der sozial- und familienpolitischen Maßnahmen sorgfältig zu bedenken.

Die genannten Probleme und die Tatsache, dass manche Menschen unbezahlte und bezahlte Arbeit miteinander verbinden müssen, sollten eigentlich schleunigst zu einem Nachdenken über die Leitprinzipien sozialer Sicherung führen. Wenn alle Erwachsenen als Erwerbstätige behandelt werden, bedarf es eines Ausgleichs für die wegfallenden Fürsorgekapazitäten, muss kollektiv für die Betreuung und Pflege von Menschen gesorgt werden. Diemut Bubeck (1995) und Julie Nelson (1999) sprechen sich – im ersten Fall aus philosophischer, im zweiten aus ökonomischer Perspektive – vehement für eine angemessene Honorierung der Betreuungsarbeit aus, die ihnen als Voraussetzung für eine Geschlechtergerechtigkeit gilt. Diese Forderung thematisiert aber noch nicht die geschlechtliche Arbeitsteilung als solche. Solange Männer nicht einen größeren Teil der Fürsorgearbeit übernehmen, ist ihre Höherbewertung eher unwahrscheinlich. Creighton (1999) verweist auf die Notwendigkeit arbeitszeit-politischer Maßnahmen, um der geschlechtlichen Dimension der Betreuungsarbeit entgegenzuwirken. Auf supranationaler Ebene hat sich die OECD (1991) bereits vor einem Jahrzehnt für ein Konzept ausgesprochen, das die Vereinbarkeit von Familie und Beruf zu einer Sache von Männern und Frauen macht – eine Politik, die inzwischen auch von einigen EU-Ländern propagiert wird (z. B. von den Niederlanden mit ihrem «Kombinations-Szenario»). Die jüngste Forschung zum Elternurlaub zeigt, dass Regelungen, die keine Bezahlung des Elternurlaubs vorsehen und Väter nicht ausdrücklicher in ihren Elternpflichten ansprechen, aller Wahrscheinlichkeit nach bewirken, dass Mütter den Arbeitsmarkt einfach verlassen werden. So wie es heute steht, haben britische Männer die längsten Arbeitszeiten in Europa. Es ist sehr schwierig, Vollzeit zu arbeiten und angemessen für abhängige Angehörige zu sorgen. Eines von beiden hat das Nachsehen. Die EU-Mitgliedsstaaten und die EU-Politik befassen sich in erster Linie mit der Erwerbsarbeit und beschäftigen sich mit Fragen der Kinderbetreuung und Altenpflege nur aus instrumentellen Gründen. Sozialpolitische Maßnahmen in diesem Bereich gelten vornehmlich als ein Mittel, um ein vollständig individualisiertes Modell des erwachsenen Erwerbstätigen verwirklichen zu können (Esping-Andersen et al. 2001). Damit wird aber die gesamte Komplexität des Themenfeldes fürsorglicher Tätigkeiten verfehlt. Vielmehr sollte die Sorge für andere selbst im Mittelpunkt der Familien- und Sozialpolitik stehen.

*Ute Gerhard*

## Mütter zwischen Individualisierung und Institution: Kulturelle Leitbilder in der Wohlfahrtspolitik

### Einleitung

In der Frage der Müttererwerbstätigkeit scheiden sich in Europa nach wie vor die Geister, ganz besonders in Deutschland – und dies, obwohl die Europäische Union seit dem Amsterdamer Vertrag von 1997 mit einer neuen beschäftigungspolitischen Initiative auf Chancengleichheit und die Integration von Frauen und Müttern in den Arbeitsmarkt setzt. Als «zweier Zeiten Schlachtgebiet» hatte Helene Lange bereits 1908 (Lange 1908: 11) den Vereinbarungskonflikt der Frauen zwischen Familie und Beruf charakterisiert, eine martialische Beschreibung des Problems, gleichwohl hellsichtig, wenn wir die nachfolgenden Diskurse und Kämpfe um Arbeit, Lohn und Gleichberechtigung bedenken. Es handelt sich somit um mehr als eine Jahrhundertdebatte, die den Prozess der Industrialisierung und Modernisierung, insbesondere aber auch die Herausbildung von Wohlfahrtsstaaten wie ein Basso continuo begleitet und je nach historischem und politischem Kontext entweder implizit oder explizit unter dem Diskurs-Positiv der «schützwürdigen Arbeiterin» (Scott 1994), der Krise oder des «Zerfalls von Ehe und Familie» (Nave-Herz 1998), des «männlichen Familienernährers» (Lewis 1992) oder neuerdings unter dem Stichwort «Individualisierung» (Beck und Beck-Gernsheim 1994) breite wissenschaftliche und gesellschaftspolitische Kontroversen ausgelöst hat.

In den neueren Ansätzen der vergleichenden Wohlfahrtsstaatsforschung, die die Verfasstheit unterschiedlicher Wohlfahrtsstaaten und das Verhältnis von Staat, Markt und Familie ins Zentrum ihrer vergleichenden Analysen stellen (Esping-Andersen 1990; 1997), werden schon in der Kennzeichnung der differierenden Typen als «Wohlfahrtsregime» oder «Wohlfahrtskulturen» jene kulturellen Besonderheiten zum Thema, die sich eben nicht aus sozioökonomischen Determinanten, statistischen Daten oder normativen Vorgaben ableiten lassen. Zunehmend sind gerade die kulturellen Aspekte im Blick auf die Erwerbsbeteiligung von Frauen und die unterschiedlichen Geschlechterarrangements betont und als neuer

Ansatz der internationalen Wohlfahrtsforschung herausgearbeitet worden (vgl. Duncan und Edwards 1999; Pfau-Effinger 2000; Duncan und Pfau-Effinger 2000). Die mit der neuen Frauenbewegung initiierte Frauen- und Geschlechterforschung hat in ihren Untersuchungen zu Frauenerwerbstätigkeit, zur Unvereinbarkeit von Haus- und Lohnarbeit, zu den Widersprüchen im weiblichen Lebenszusammenhang schon seit 30 Jahren einen notwendigen Perspektivenwechsel angemahnt und darauf hingewiesen, dass die Motive und Orientierungen von Frauen nicht nur ökonomischen Rationalitäten und Marktgesetzlichkeiten folgen, geschweige denn mit ihnen zu erklären sind. Nachgerade unüberschaubar ist die Literatur zu Studien und Befunden, erst recht im internationalen Rahmen, die seither erstellt wurden zur «doppelten Vergesellschaftung» (Becker-Schmidt und Knapp 2000) und den widersprüchlichen Anforderungen an Frauen in Familie und Erwerbstätigkeit. Die Widersprüche und Ambivalenzen im «weiblichen Lebenszusammenhang» waren der Stoff, aus dem Veränderungspotenzial und Widerstand abgeleitet wurden (Prokop 1976: 10). Insbesondere qualitative empirische Untersuchungen haben immer wieder bestätigt, wie unangemessen politikökonomische und arbeitsmarkttheoretische Erklärungsansätze oder Trendanalysen anhand quantifizierender Daten sind, um Unterschiede und Konvergenzen in der Arbeitsmarktbeteiligung zu erklären. Aber auch die Veränderung der institutionellen, insbesondere rechtlichen Rahmenbedingungen garantiert nicht ohne weiteres eine den Bedürfnissen und Wünschen von Frauen gerecht werdende Politik. Vielmehr ist zu klären, welche Bedeutung die sozialpolitischen Vorgaben für das Handeln haben, welche Orientierungen die soziale Praxis der so Angesprochenen leiten und wie die immer wieder versprochene Wahlfreiheit tatsächlich zu Freiheit und Gleichheit, heute sagen wir: zu mehr Geschlechterdemokratie führen kann.

Soziales Handeln deutend zu verstehen, ist eine genuin soziologische Aufgabe, die, wie sich zeigt, zugleich zur Berücksichtigung historischer Kontexte und Entwicklungspfade zwingt. Dass auch in der Wohlfahrtsforschung inzwischen ein *cultural turn* angesagt ist, ist daher aus einer kritischen und interdisziplinären Perspektive nur zu begrüßen. Wenn die kulturellen Aspekte allerdings mehr als ein «Joker» sein sollen, der für alles, was anders nicht erklärbar ist, eingesetzt wird (vgl. Kulawik 1999: 21), müssen wir uns gerade im internationalen Vergleich darüber verständigen, was gemeint ist. Kultur als der Inbegriff all der Dinge, Zeichen, Gebräuche und Regeln, die der Mensch hervorbringt und die ihm gegenübertreten als «Vergegenständlichung des Geistes», wie Georg Simmel, der Kultursoziologe, formuliert (Simmel 1992: 16), ist gewiss ein viel zu weiter, unbestimmter Begriff, um sich als Deutungsrahmen sozialpolitischer Analysen anzubieten. Simmel war zugleich derjenige, der bei aller Sympathie und Dialogfähigkeit mit den Feministinnen seiner Zeit (z. B. mit Marianne Weber, vgl. Wobbe 1995) gerade Frauen die Fähigkeit zu «objektiver» Kulturleistung absprach, um ihnen dagegen ein weibliches Terrain in der Kulturleistung des «Hauses» und damit eine eher «subjektive Kulturbedeutung» zuzuweisen. Das Objektive ist also auch in dieser dualen Geschlechtertheorie mit dem Männlichen besetzt. (Simmel 1983: 207ff.)

Die besondere Schwierigkeit im Umgang mit kulturellen Variablen besteht darin, dass der kulturelle Kontext nicht nur das individuelle oder kollektive Handeln prägt und im Handeln reproduziert wird, sondern zugleich den Aktionsrahmen von Institutionen sowie das je spezifische wohlfahrtsstaatliche Arrangement zwischen Staat, Markt und Familie (mit)bestimmt. Im diesem Beitrag möchte ich daher das Verhältnis von Alltagspraxis und Sozialpolitik anhand von kulturellen Konzepten bzw. Problemanzeigen diskutieren, die in den wissenschaftlichen wie sozialpolitischen Debatten um erwerbstätige Mütter in den unterschiedlichen Ländern immer wieder eine zentrale Rolle spielen. Ich greife dazu drei Diskurse um die Erwerbstätigkeit von Müttern auf, die quasi als Gegenpart zum Konzept des «erwachsenen Arbeitnehmers» (vgl. Jane Lewis in diesem Band) auf die Reproduktionssphäre bezogen sind und mit den Stichworten «Individualisierung», «Familie und veränderte Lebensformen» und «Mutterschaft» umrissen werden können. Auch wenn hierbei die deutsche Perspektive die Fragerichtung angibt, so dient dieser Vergleich doch vor allem dazu, gerade diese Einseitigkeit und ihre kulturellen Selbstverständlichkeiten zu hinterfragen.

Den Ausgangspunkt bildet der Begriff der Individualisierung als Schlüsselkonzept der Moderne. Die soziologische Theorie beschreibt die gegenwärtigen gesellschaftlichen Veränderungen, die vor allem auch durch die Individualisierungsprozesse von Frauen gekennzeichnet werden, mit der These, dass das individuelle

Handeln der gesellschaftlichen Akteure heute in zunehmendem Maße auf (scheinbar) autonomen Entscheidungen beruhe. Der Individualisierung entspreche auf der einen Seite eine Vervielfältigung der Handlungsoptionen, die Pluralisierung der Lebensformen und Lebensstile, während auf der anderen Seite die traditionelle Bindung und Prägung durch gesellschaftliche Institutionen und Großgruppen nachgelassen habe. Der erste Teil meines Beitrags greift die Individualisierungstheorien aus einer Geschlechterpektive auf und fragt, ob die These von der «nachholenden Individualisierung» der Frauen, die vor allem mit ihrer zunehmenden Erwerbsbeteiligung identifiziert wird, die sozialen Veränderungen und die Orientierungen von Frauen angemessen zu beschreiben vermag.

Die These vom Zerfall bzw. Bedeutungsverlust von Ehe und Familie als gesellschaftlicher Basisinstitution ist ein zentrales Argument der Individualisierungstheoretiker und der Punkt, an dem die Modernisierung der Geschlechterverhältnisse zum problematischen Gegenstand soziologischer Gegenwartsdiagnosen wird. Der zweite Teil meiner Ausführungen widmet sich deshalb der Debatte um die Veränderung der Familien- und Lebensformen und den Folgen für das wohlfahrtsstaatliche Arrangement. Nach einem kurzen Überblick über europäische Trends im Wandel der Familie wird der Zerfallsrhetorik eine historische Perspektive gegenübergestellt, um zu verdeutlichen, in welcher Weise Ehe und Familie als Institution der bürgerlichen Gesellschaft nicht nur Reproduktion und gesellschaftliche Stabilität sichern sollten, sondern zugleich ein bestimmtes geschlechtsspezifisches Ordnungsprogramm entwarfen. Da dieses Programm nicht nur soziale Praxis, sondern eine im Familienrecht verankerte, eben rechtlich verfasste Institution war, mag dem Ansatz von «Pfadabhängigkeiten» folgend ein Blick auf die Prozesse der Institutionalisierung und De-Institutionalisierung der Ehe am Beispiel von vier Rechtskreisen – des britischen Common Law, des französischen Code civil, des Allgemeinen Preußischen Landrechts (ALR) und des skandinavischen Rechtskreises – die unterschiedlichen Rechtskulturen verdeutlichen. Ohne einen geradlinigen Zusammenhang zwischen den historischen Rechtskreisen und gegenwärtigen Wohlfahrtsregimen unterstellen zu wollen, kann doch beobachtet werden, dass die Rechtstraditionen eine nicht unerhebliche Rolle für das Verhältnis von Wohlfahrtsstaat und Familie spielen. Dabei zeigt das Beispiel des schwedischen Sozialstaats, dass institutionelle Rahmenbedingungen durchaus eine Voraussetzung für die Herstellung autonomer sozialer Beziehungen und damit für die Individualisierungsprozesse der Einzelnen darstellen können.

Wenn es um kulturelle Aspekte im Verhältnis von Wohlfahrtsstaaten und Geschlechterarrangements geht, verdient der Begriff der Mutterschaft besondere Aufmerksamkeit, da die Normierungen und Erwartungen an eine «gute Mutter» über die Geschlechterordnung in ganz besonderer Weise kulturell gefärbt und historisch geprägt sind. Der dritte Teil des Beitrages versucht daher, die soziale Konstruktion von Mutterschaft in den sozialpolitischen Diskursen seit dem Ende des 19. Jahrhunderts zu skizzieren. Der Vergleich zwischen den Einstellungen von Müttern in Ost- und Westdeutschland soll abschließend als Beispiel dafür dienen, wie unterschiedliche Entwicklungspfade und Regime die kulturellen Geschlechterarrangements und das Selbstverständnis der Akteurinnen prägen.

## Die Individualisierungsthese in der Geschlechterperspektive

Wenn die neuen beschäftigungspolitischen Initiativen und Arbeitsmarktpolitiken darauf zielen, mehr Frauen für eine Erwerbsarbeit zu gewinnen, so entsteht damit aus der Sicht der Beobachter und Experten ein ganzes Bündel gesellschaftlicher Probleme. Im Zentrum dieser Befürchtungen steht die «nachholende Individualisierung» auch der Frauen, die zugleich als Anpassung an männliche Erwerbsbiographien interpretiert wird. Den Hintergrund bilden Individualisierungstheorien, die sich nicht nur als Deutungsmuster für sozialwissenschaftliche Befunde aus der Familien- und Arbeitsmarktforschung anbieten, sondern mittlerweile auch den Anspruch erheben, für die Entwicklung der fortgeschrittenen Industrieländer des Westens im späten 20. Jahrhundert und darüber hinaus eine Zeitdiagnose zu bieten.

Nun ist die These von der fortschreitenden Individualisierung der Menschen in der Gegenwartsgesellschaft keine Neuerfindung, sondern so alt wie die Soziologie überhaupt, die das neue soziale Verhältnis zwischen Individuum und Gesellschaft in der Moderne aus den Prozessen zunehmender Arbeitsteilung, Differenzierung und Freisetzung aus traditionellen Gemeinschaftsformen erklärt.

Diese Form der Individualisierung wurde auch von den soziologischen Klassikern gerade wegen der befreienden und emanzipierenden Folgen immer schon als ambivalent, weil mit Risiken, Desorganisationserscheinungen und Verlusterfahrungen verbunden, beschrieben (vgl. Tönnies 1963; Simmel 1970; siehe auch Schroer 2000). «Wie geht es zu», fragt Emile Durkheim in seiner Studie «Über soziale Arbeitsteilung», «daß das Individuum, obgleich es immer autonomer wird, immer mehr von der Gesellschaft abhängt? Wie kann es zu gleicher Zeit persönlicher und solidarischer sein?» (Durkheim 1992: 82). Für Durkheim war die Individualisierung zur Person mit der Entwicklung zunehmend arbeitsteilig organisierter Gesellschaften verknüpft, die auf Solidarität angewiesen sind. Auch seine Sorge galt daher der Frage, wie der gesellschaftliche Zusammenhalt immer wieder herzustellen oder zu bewahren ist. Doch er betont: «Wenn die Arbeitsteilung aber Solidarität erzeugt, so nicht nur darum, weil sie aus jedem Individuum einen Austauschpartner macht, wie die Ökonomen sagen. Sie erzeugt unter den Menschen vielmehr ein ganzes System von Rechten und Pflichten, das sie untereinander dauerhaft bindet.» (ebd.: 477) Dieser mit der Moderne fortschreitende Prozess der Individualisierung wird auch von den neueren Individualisierungstheoretikern betont (vgl. Beck und Beck-Gernsheim 1994: 20f.; insbesondere Elias 1996). Was jedoch neu ist, etwa seit den 1960er und 70er Jahren den qualitativen Sprung in eine «andere Moderne» ausmacht und als «reflexive» Modernisierung gegenüber der vorher «einfachen» Form der Industriegesellschaft gekennzeichnet wird, sind die Anzeichen «eines radikalen Wandels, der die bisherige Moderne in ihren Grundfesten erschüttert» (Schroer 2000: 385). Da die Arbeiten Ulrich Becks seit der Veröffentlichung seines Buches «Risikogesellschaft» (Beck 1986) die Individualisierungstheorien angeregt und entscheidend profiliert haben und ebenso heftige Kritik wie Zustimmung auslösten, sollen sie hier zunächst auf ihren Beitrag zur Analyse der Geschlechterverhältnisse befragt werden. Ohne Zweifel beruht die Breitenwirkung, ja die Popularität der beckschen Thesen gerade auch unter Nicht-Soziologen auf jener unkonventionellen und unsystematischen Mischung aus sozialstrukturellen Indizien für einen dramatischen sozialen Wandel, plausiblen Deutungen eines Zeitgefühls und kühner gesellschaftstheoretischer Interpretation, die der Autor selbst als «exemplarische Gegenwartsdiagnose und Zukunftsmusik» verstanden wissen will (Beck und Beck-Gernsheim 1994: 16).

Den Ausgangspunkt für das Individualisierungstheorem bilden demographische ebenso wie familiensoziologische Befunde. Als wichtigste Indikatoren für eine grundlegende Transformation der modernen Gesellschaften gelten der Rückgang der Geburtenraten, die Auflösung traditioneller Bindungen und Institutionen wie Ehe und Familie und die Vervielfältigung der Lebens- und Familienformen (sinkende Eheschließungsziffern, die Zunahme von Ehescheidungen und nichtehelichen Lebensgemeinschaften sowie die große Zahl von Single-Haushalten). Diese Diagnosen sind mittlerweile in der Familienforschung vielfältig diskutiert, differenziert und auch anders interpretiert worden (dazu weiter unten).

Individualisierung ist hier keineswegs als Individuierung zu verstehen, d.h. als zunehmende Chance des Einzelnen, frei von traditionellen und gesellschaftlichen Zwängen selbstbestimmt zu handeln; vielmehr unterscheidet Beck drei analytische Dimensionen von Individualisierung. Sie bedeutet erstens «die Herauslösung aus historisch vorgegebenen Sozialformen und -bindungen» («Freisetzungsdimension»), zweitens «den Verlust von traditionalen Sicherheiten» (‹Entzauberungsdimension›) und drittens «– womit die Bedeutung des Begriffs ‹Individualisierung› gleichsam in ihr Gegenteil verkehrt wird – eine neue Art der sozialen Einbindung (‹Reintegrationsdimension›)» (Beck 1986: 206). Diese neue Einbindung wird im weiteren auch als «institutionalisierte Individualisierung» bezeichnet und am Beispiel institutioneller Prägungen des Lebenslaufes bzw. neuer Standardisierungsprozesse verdeutlicht, vor allem mit Blick auf die «durchgesetzte» Arbeitsmarktabhängigkeit der Individuen: «Die freigesetzten Individuen werden arbeitsmarktabhängig und deshalb bildungsabhängig, konsumabhängig, abhängig von sozialrechtlichen Regelungen und Versorgungen, von Verkehrsplanungen, […] psychologischer Beratung und Betreuung» (Beck 1986: 210). In dieser Zwangsläufigkeit wird ein einseitig von der Marktlogik bestimmter Determinismus und Ökonomismus deutlich, der – anders als Durkheim (1992) – weder gesellschaftlicher Solidarität noch wechselseitigen Rechten und Pflichten eine Chance gibt. Wie in der Übermacht dieser Abhängigkeiten überhaupt noch das Leben in eigener Regie zu gestalten ist, bleibt daher unklar. Immer weniger hat die Freisetzung der Individuen mit freier Entscheidung zu tun. «Die Menschen sind zur Individualisierung verdammt» (Beck und Beck-Gernsheim 1994: 14), denn das Kennzeichen der reflexiven Moderne ist, dass ihre Dynamik sich «ungewollt», «unbemerkt», als risikoreiche Nebenfolge hinter dem Rücken der Beteiligten entfaltet (Beck 1986: 27). Gleichzeitig werden den Individuen im Alltag permanent Entscheidungen abverlangt, wird «die Normalbiographie zur Wahlbiographie, zur Bastelbiographie» (Beck 1993: 152).

Als ein Musterfall jener neuen Risiken und Gefährdungen nun gelten in der Gegenwartsanalyse von Ulrich Beck wie auch von Elisabeth Beck-Gernsheim (Beck und Beck-Gernsheim 1990) die neuen Freiheiten und Zwänge im «Gegeneinander der Geschlechter» (Beck 1986: 161 ff.), die auf dramatische Weise durch weibliche Individualisierungsprozesse hervorgerufen werden. Gegenstand der Diagnose ist hier nicht etwa «nur» das Geschlechterverhältnis als Beziehung «Mann versus Frau», sondern ein ganzes Themenfeld, ein «ganz normales Chaos der Liebe», in dem es um nichts weniger als «Familie, Ehe, Elternschaft, Sexualität, Erotik (und) Liebe» geht (Beck und Beck-Gernsheim 1990: 13). Tatsächlich sind Ehe und Familie als staatlich geschützte Institution und Lebensweise der modernen industriellen Gesellschaften, worin die Ungleichheit und Unterordnung der Frau besiegelt und gerechtfertigt wurde, paradigmatisch für ihre Widersprüchlichkeit, für eine geschlechtsspezifisch «halbierte Moderne». Trotzdem ist die verwendete Terminologie für die weitere Analyse ebenso ungenau wie irreführend: Die bürgerlich patriarchale Ehe, die noch einmal 1900 im Bürgerlichen Gesetzbuch verankert und im Prinzip in Westdeutschland bis 1977 auch rechtlich die gleichberechtigte Teilhabe verheirateter Frauen an Politik, Arbeit und Leben behinderte, ist nicht lediglich «feudale Grundlage», schon eher «industriegesellschaftliches Produkt und Fundament» (Beck 1986: 178 f.), d. h. sie war konstitutiv für die Verfasstheit und die spezifische Kultur der bürgerlichen Gesellschaft (vgl. Gerhard 1978; Habermas 1990). Familien- und Erwerbstätigkeit, das «Dasein für andere» (Beck-Gernsheim 1983) und die von Familienarbeit freigesetzte marktvermittelte Existenz sind in dieser traditionellen Geschlechterordnung zwei unterschiedliche Lebensweisen, deren geschlechtsspezifische Zuordnung von Anfang an problematisch, für breite Bevölkerungsschichten niemals real, jedoch politisch und praktisch folgenreich war. Wenn nun «die Durchsetzung der industriellen Marktgesellschaft» (Beck 1986: 179) behauptet und die Geschlechterkonflikte aus dem privaten, ja, intimen Erfahrungs- raum als empirischer Beleg für weitreichende gesellschaftliche Prozesse bemüht werden (vgl. zur Kritik Ribbens McCarthy und Edwards 2002: 207), so werden erneut die Verantwortlichkeiten verkehrt, die Unfähigkeit zu Für-Sorge und zu solidarischer Praxis des in der Männerrolle «freigesetzten» Individuums soziologisch lediglich affirmiert. Dem ist entgegenzuhalten: Nicht die Indivi- dualisierung der Frauen im Sinne der Befreiung aus Abhängigkeiten und aus institutionalisierter Bevormundung sind Auslöser für die «Brüchigkeit der Ehe- und Familienversorgung», die Erosion der Geschlechterbeziehungen und die «Aufhebung der Familienmoral» (Beck 1986: 174 f.), sondern die fehlende Verantwortung und Beteiligung an der Erziehung und Sorge für Kinder des an männlicher Lebensweise ausgerichteten Marktsubjekts.[1]

Schließlich widerspricht die Vision einer «vollmobilen Single- Gesellschaft», in der «das Marktsubjekt [...] in letzter Instanz das alleinstehende, nicht partnerschafts-, ehe- oder familien-‹behin- derte› Individuum» ist (Beck 1986: 191), allem, was wir über die Orientierungen, Werthaltungen und die soziale Praxis von Frauen, insbesondere erwerbstätigen Müttern wissen und im vergleichen- den Blick auf Mütter in Europa gerade auch in diesem Band diskutieren. Gewiss, die Bedingungen der Vereinbarkeit von Kindererziehung und Berufstätigkeit sowie die Zuschreibung dieser Aufgabe nur an die Frauen sind überaus problematisch, doch angesichts dieser Befunde zeigt sich das bekannte «Doppelgesicht gesellschaftlicher Individualisierungsprozesse». Es erweist sich, «dass Individualisierung je nach Geschlecht Unterschiedliches bedeutet» (Rerrich 1994: 202). Demnach ist die These von der nachholenden Individualisierung, die sich am männlichen Berufsmenschentum orientiert, zu einseitig, um «die Komplexität der Individualisierungsprozesse von Frauen zu beschreiben». Angelika Diezinger kommt in ihrer empirischen Untersuchung der Entwicklungsprozesse weiblicher Jugendlicher zu dem Schluss, dass zu dem Konzept der «weiblichen Individualisierung – im Gegensatz zur dominanten Form der Arbeitsmarkt-Individuali- sierung – [...] notwendig die Perspektive der Individualisierung in Bindungen und nicht nur aus Bindungen» gehört. Das Festhalten an

Bindungen aber lässt sich nicht bloß als retardierendes Moment, als «Behinderung individueller Gestaltungsspielräume beschreiben». (Diezinger 1991: 25–28) Diese am Modell männlicher Lebensführung ausgerichtete Individualisierung ist eine «Individualität ohne jede Beziehung zu anderen, ohne jedes Bedürfnis nach anderen.» (Benjamin 1988: 181)

«Eines ist zu wenig, beides ist zuviel», lautete die Bilanz einer wegweisenden Untersuchung von Regina Becker-Schmidt u. a. (1984) über die Erwerbsmotive und Zeiterfahrungen von Akkordarbeiterinnen in einer Fabrik, von denen die eine Hälfte sich nach der Geburt eines Kindes eine Familienpause gönnte, die andere in die Fabrik zurückging. In der Abwägung der widersprüchlichen Erfahrungen zwischen Familie und Fabrik gibt es keine eindeutigen Entscheidungen, denn selbst die belastende Akkordarbeit ist nicht auf ein bloß instrumentelles Interesse am Geldverdienen zu reduzieren, aber auch das «Nur»-Hausfrauendasein bietet keine hinreichenden Identifikationsmöglichkeiten mehr (Becker-Schmidt u. a. 1982; 1983; 1984). Es ist die Ambivalenz der doppelten Orientierungen und Wünsche, beides zu vereinbaren, und die alltägliche erprobte Praxis der «doppelten Lebensführung» (vgl. auch Jurczyk und Rerrich 1993), die Frauen nicht zu «Nachzüglerinnen», sondern eher zu «Pionierinnen» einer neuen modernen Lebensweise macht (Diezinger 1993). Bemerkenswert ist, dass Elisabeth Beck-Gernsheim, die mit ihren Studien von Anbeginn einen wichtigen Beitrag zur Frauen- und Geschlechterforschung geleistet hat (Beck-Gernsheim 1980; 1983) und diese nun auch in die Individualisierungsdebatte einbringt, zwar sehr einfühlsam die Dilemmata der Frauenrolle und alltäglichen «Balanceakte» in der «doppelten Lebensführung» von Frauen schildert, im Ergebnis jedoch gerade vor der Folie der Verluste an Geborgenheit, Intimität und Nähe (Beck-Gernsheim 1994) die kulturpessimistischen Zerfallsthesen verstärkt.

Fragen wir nach, was ein anderer prominenter Autor der Individualisierungsdebatte wie Anthony Giddens zur Geschlechterfrage zu sagen hat, so fällt auf, dass Giddens' Analyse, wenn schließlich an einzelnen Stellen die Frauenfrage oder besser Geschlechterverhältnisse zum Thema werden (z. B. Giddens 1991; 1996; 1999), zurückhaltender in seinen Bewertungen ist. Die sozialen Bewegungen spielen eine wichtige Rolle «im Kontext möglicher Demokratisierung» (Giddens 1996: 301 f.), der Feminismus hat insbesondere das Verdienst, Identitäts-, Lebens- und Körperpolitiken profiliert und damit auch moralische und existenzielle Probleme der Moderne und des Modernisierungsprozesses wieder auf die politische Agenda gesetzt zu haben (Giddens 1991: 223 f.). Giddens betont, dass die «Ich-Generation» «eine neue Etikettierung der Individualisierung [. . .], keinen moralischen Niedergang einläutet» (Giddens 1999: 48). Allerdings verbleiben die Ausführungen in seiner politisch programmatischen Schrift «Der dritte Weg» in Bezug auf die «demokratische Familie», die mit zunehmender Gleichheit der Geschlechter, dem verstärkten Vordringen der Frauen auf dem Arbeitsmarkt und den Veränderungen sexuellen Verhaltens «einschneidende Veränderungen» erfährt, vage und unverbindlich, interessiert ihn doch vorrangig die «Vaterlosigkeit» als «die gefährlichste demographische Entwicklung in dieser Generation» sowie ein «positiveres Bild der Vaterschaft» (ebd.: 106 f.). Wenn deshalb die Erziehung der Kinder als «gemeinsame Elternarbeit» gefordert wird, so ist dem unbedingt zuzustimmen, doch wieder einmal bleibt ausgespart, was Fürsorge und Pflege (im Englischen *care*) politisch und praktisch bedeuten.

Dies wiegt umso schwerer, als die Debatte um *care* als alltägliche soziale Praxis von Frauen in Beruf und Familie und als sozialpolitisches Konzept in Großbritannien dank feministischer Interventionen und vielfältiger Forschungen große Beachtung und auch international eine breite Rezeption erfahren hat.[2] Arnlaug Leira hat in ihrer Untersuchung über erwerbstätige Mütter im Wohlfahrtsstaat sorgfältig herausgearbeitet, warum das Konzept *«care»* – das so schwer ins Deutsche zu übersetzen ist, weil die Begriffe Sorge, Fürsorge, Pflege, Sich-Kümmern, Betreuung jeweils nur Teilaspekte treffen – zur Analyse der fürsorglichen Tätigkeiten treffender und tragfähiger ist, als die anfänglich in der Frauenforschung verwendeten Begrifflichkeiten wie Reproduktionsarbeit bzw. die Unterscheidung zwischen Haus- und Lohnarbeit. *Care* bezieht auch die auf dem Arbeitsmarkt bezahlten Fürsorgetätigkeiten mit ein und löst sich in der Analyse der Beziehungen zwischen *«care giver»* und *«care receiver»* von der Trennung in öffentliche und private Zuständigkeiten und Verantwortlichkeiten (Leira 1992: 29f.). Im skandinavischen Kontext ist in den sozialwissenschaftlichen sowie sozialpolitischen Diskursen über Fürsorgearbeit in der

Familie wie im Bereich öffentlicher Pflege und Sozialarbeit die besondere Verantwortung der Pflegenden als «Fürsorgerationalität» entwickelt worden, die eine neue moralische Ökonomie im Gegensatz zu der an Effizienz und Wirtschaftlichkeit ausgerichteten Rationalität als leitendem Prinzip der Pflegepraxis begründet (vgl. Waerness 2000). Schließlich können sich diese Überlegungen auf eine in der feministischen Theorie entwickelte Ethik der Fürsorglichkeit (Gilligan 1984) stützen, die von einem Konzept der Autonomie ausgeht, in dem das Individuum nicht als isoliertes Einzelwesen in der Verfolgung eigener Interessen zu denken ist, sondern in Fürsorgebeziehungen und Verantwortung für andere eingebunden bleibt. Joan Tronto knüpft hier an und entwickelt ein neues Konzept von «Demokratie als fürsorgliche Praxis» (Tronto 2000; vgl. auch Sevenhuijsen 1998).

Angesichts dieser breiten feministischen Diskussionen, die von besonderer Bedeutung für die Wohlfahrtsforschung sind (Leira und Saraceno 2002), kritisiert Selma Sevenhuijsen Giddens' familienpolitische Vorstellungen eines «dritten Weges» als widersprüchlich und ungenügend, vor allem deshalb, weil er die politischen Konsequenzen feministischer Erkenntnisse zu Arbeit und Fürsorglichkeit völlig ignoriere. Eine Gesellschaft, die Arbeit, Erwerbsarbeit, zur Grundlage gesellschaftlicher Wohlfahrt macht und den Zugang zu bezahlter Arbeit als Mittel der Inklusion und sozialer Integration der Bürger/-innen versteht (vgl. Lewis in diesem Band), sollte nicht nur von einer «Arbeitsethik» dominiert werden – soweit auch Giddens (1999: 129). Doch was Giddens unter dem Stichwort «positive Wohlfahrt» andeutet – gemeinnützige nichtstaatliche Einrichtungen, Familie, Freunde als «die Hauptquellen gesellschaftlicher Solidarität» –, ist in sozialdemokratischen Programmen, so auch in der Bundesrepublik, eine Leerstelle, ein Schielen nach «Kritikpunkten der Rechten» (ebd.: 130 f.), diese beinhaltet die Forderung nach dem Rückzug des Staates, mehr Eigenverantwortung des Individuums, Bürgerbeteiligung und -beratung, schließlich so allgemeine Formeln wie «Weiterentwicklung der Zivilgesellschaft» (1998: 137). Die Leerstelle, so Sevenhuijsen, wäre mit der Anerkennung einer «Ethik der Fürsorge» zu füllen: «Statt von Individuen als grundlegender Einheit der Sozialpolitik zu sprechen, könnten wir auch Formulierungen wie ‹das Selbst im Netzwerk von Fürsorge und Verantwortung› und ‹arbeitende und fürsorgende Staatsbürger/-innen› verwenden, um die moralische Subjektivität der Sozialpolitik anzuzeigen.» (Sevenhuijsen 2002: 140). Meines Erachtens nun sollte eine soziale Politik der Fürsorglichkeit nicht auf die Bewahrung und Durchsetzung individueller Rechte verzichten, denn diese waren und sind die notwendige Basis aller sozialen und demokratischen Praxis. Aus diesem Grund ist auch das im Anschluss an Thomas H. Marshall entwickelte Konzept sozialer Bürgerrechte, das neben den politischen und zivilen Rechten des Individuums «ein Mindestmaß an wirtschaftlicher Wohlfahrt und Sicherheit» sowie «das Recht auf ein Leben als zivilisiertes Wesen» für unverzichtbar hält (vgl. Marshall 1992: 40) anschlussfähig, ja, erweiterungsfähig auch für die feministische Theorie und Sozialpolitik (Hobson 1996; Lister 1997; Siim 2000; Hobson und Lister 2002). Doch sie ist aus der Geschlechterperspektive im Sinne neuer «Standards für Gerechtigkeit» weiter zu entwickeln. Die Individualisierungsdebatte jedenfalls zeigt, dass es wegen der unterschiedlichen Erfahrungen und Lebensweisen, nicht zuletzt aufgrund anhaltender Strukturen der Ungleichheit im Geschlechterverhältnis, offensichtlich unterschiedliche Werthaltungen und Wege zu einem selbstbestimmten und zivilisierten Leben gibt. Die Eigensinnigkeit kultureller Werte und Orientierungen erwerbstätiger Mütter, die Beruf und Familie vereinbaren wollen und mit vielfältigen Strategien, eingebunden in solidarische Netzwerke und mit Hilfe anderer Frauen, alltäglich «Betreuungspakete schnüren» (siehe Knijn, Jönsson, Klammer in diesem Band), könnte und sollte daher auch in der Sozialpolitik die Maßstäbe einer demokratischen Politik bestimmen. Als «dritter Weg» einer neuen Wohlfahrtspolitik, die angesichts globaler Herausforderungen Bestand hat, genügt es daher nicht, die «Wiederbelebung der Bürgerrechte» etwa durch die Ausweitung ehrenamtlicher Tätigkeiten durch den Staat zu unterstützen (so Giddens 1999: 148; vgl. auch Kommission für Zukunftsfragen der Freistaaten Bayern und Sachsen 1997). Notwendig ist die Übernahme der Verantwortung für die private Alltagsarbeit auch durch die Männer und damit die Veränderung des Leitbildes für den «erwachsenen Arbeitnehmer», der bisher immer noch nur als «Marktsubjekt» im Muster einer «männlichen Normalbiographie» vorgestellt wird (vgl. Eckart 2000; zu Vaterschaft im europäischen Vergleich siehe Hobson 2002).

## Die andere Seite der Individualisierung: Veränderte Familienformen und der Bedeutungsverlust der Ehe

Die düsteren Prognosen zum «Zerfall der Familie», die auch in den Individualisierungstheorien zur Sprache kommen, haben in den Sozialwissenschaften nicht nur in Deutschland eine lange Tradition. «Den Diskurs über die Familie», schreibt Rosemarie Nave-Herz (1998: 286), «kann man mit einem Diskurs über die Krise oder den Zerfall der Familie gleichsetzen.» Ob es sich dabei um die Bedrohung der väterlichen Autorität, den Funktionsverlust der Familie oder um die zunehmende Kinderlosigkeit handelte, der Stein des Anstoßes war seit der Begründung der Familiensoziologie durch Ferdinand LePlay in Frankreich oder Wilhelm H. Riehl entweder die «verrufene Emanzipation der Frauen» (Riehl 1855) oder, konkreter, die Erwerbstätigkeit von Müttern kleiner Kinder. Immer ging es dabei nicht nur um die Familie als Grundlage der Politik oder um private Partnerschaftskonflikte, sondern um einen grundlegenden, Staat und Gesellschaft bedrohenden Werteverfall.

Viele dieser familiensoziologischen Befunde, auf die sich die Individualisierungstheorien stützen und die unter den Stichworten «Pluralisierung», «De-Institutionalisierung» und «Polarisierung» verhandelt werden, sind inzwischen von den Familiensoziologen scharf kritisiert bzw. relativiert und ausdifferenziert worden: So ist die Pluralisierung der Lebensformen keineswegs ein historisch neues Phänomen, sondern in der Geschichte der Familie in verschiedenen Phasen gesellschaftlicher Transformation als Kennzeichen oder auch Schrittmacher sozialen Wandels aufgetreten (Rosenbaum 1978). Die bunte Vielfalt der Familienformen in der europäischen Neuzeit wird von der historischen Familienforschung als spezifisch europäischer Hintergrund der Familienentwicklung gekennzeichnet. Ebenso ist das so genannte Kontraktionsgesetz (vgl. Durkheim 1992), die verbreitete Klischeevorstellung von einer Entwicklung der Groß- zur Kleinfamilie, immer wieder als «Mythos» entlarvt worden (Mitterauer und Sieder 1982; Mitterauer 1989; 1998; vgl. bereits König und Rosenmayr 1969; Laslett 1972). Schließlich kann allenfalls dann von einer Vervielfältigung der Lebensformen gesprochen werden, wenn die Zeit nach dem Zweiten Weltkrieg bis zur Mitte der 1960er Jahre als Vergleichsmaßstab dient: Es ist die Phase, die in den westlichen Industrieländern allgemein als «*The Golden Age of Marriage*» charakterisiert wird, «weil noch nie in der Geschichte unseres Kulturkreises [...] so viele Menschen verheiratet waren, so wenige Ehen geschieden wurden, eine relativ hohe Kinderzahl pro Familie gegeben war und nichteheliche Lebensgemeinschaften so gut wie unbekannt waren» (Nave-Herz 1998: 294).

Tatsächlich stellt die Familienforschung im europäischen Vergleich seit den 1970er Jahren eine «Konvergenz» in der Veränderung der Familien- und Lebensformen fest, die jedoch als Annäherung hin zu Vielfalt (*convergence to diversity*) beschrieben wird, d. h. die Angleichung besteht in einer immer stärkeren Ausdifferenzierung der Familienformen. Die gemeinsamen Trends fasst Anton Kuijsten in einem Zeitraster zusammen: Danach sind die 1960er Jahre durch die Veränderung der Familiengröße infolge sinkender Kinderzahlen gekennzeichnet; die 1970er durch die Zunahme des vorehelichen Zusammenlebens, der Scheidungen und das Verschieben des Kinderwunsches; die 1980er durch Eheschließungen erst nach der Geburt eines Kindes, während in den späteren 1980er und 1990er Jahren immer weniger Ehen geschlossen werden, unabhängig davon, ob Kinder geboren wurden oder nicht (Kuijsten u.a. 2002: 21). Natürlich verbergen sich hinter diesen groben Trends länderspezifische Varianten und unterschiedliche Pfade der Entwicklung (etwa die unterschiedliche Rate nichtehelicher Geburten mit höchsten Ziffern in Skandinavien, der früheren DDR, Frankreich und Großbritannien im Gegensatz zu Irland, das in vieler Hinsicht ein «Ausreißer» ist, ebd.: 37 u. 65). Interessant ist, dass der Anstieg der Ehescheidungen in den 1970er Jahren in fast allen Ländern (wenn auch auf unterschiedlichem Niveau) begonnen hat und zwar unabhängig von den zum Teil erst danach einsetzenden Reformen im Scheidungsrecht (ebd. 30). Immer gehen in die Interpretation dieser Entwicklungen Wertungen und kulturelle Variablen ein, die vorrangig mit pejorativen Begriffen operieren wie Verlust, Verfall, Desintegration, Erosion etc. Denn Familienorientierung/Familie-haben (*familialism*) ist eine fest verankerte kulturelle Norm, die in Zeiten sozialen Wandels in Konkurrenz gerät zu neu formulierten Werten wie Selbstverwirklichung, Gleichberechtigung oder Autonomie. Offensichtlich aber ist der Monopol- bzw. Bedeutungsverlust der Ehe, der Rückgang der Eheschließungen, deutlichstes Kennzeichen einer

Konvergenz der unterschiedlichen Familientraditionen auch im europäischen Vergleich. De-Institutionalisierung als die andere Seite von Individualisierung soll deshalb im Folgenden im Blick auf das Verhältnis von Familie und Sozialstaat erläutert werden.

Die Ehe bzw. die Familie gilt in der politischen Theorie der bürgerlichen Gesellschaft als Basisinstitution, fundamentales Gemeinschaftsverhältnis und zugleich als «Keimzelle» und Grundpfeiler des Staates. Wegen ihrer rechtlichen Verfasstheit meint hier Institution mehr, als der soziologische Begriff der Institution im Sinne einer auf Dauer gestellten sozialen Praxis vermuten lässt (vgl. Giddens 1997: 69). Die Ehe als Institution bezeichnete in der bürgerlichen Gesellschaft zugleich ein geschlechtsspezifisches Ordnungsprogramm, d. h. sie regelte und legitimierte eine Geschlechterordnung, in der dem Mann als «Haupt der Gemeinschaft» alle Entscheidungsbefugnis, alle Verfügung über das eheliche Eigentum und die Pflicht zum Unterhalt oblag, die Frau hingegen zur Einhaltung der «ehelichen Pflichten», zu Unterordnung und Gehorsam und gemäß einer als «Tradition erfundenen» (Hobsbawm) geschlechtsspezifischen Arbeitsteilung zu persönlichen Dienstleistungen jeder Art in der Familie wie im Betrieb des Mannes verpflichtet war. Dieses bürgerliche Familienmodell, in dem insbesondere die Individualrechte der Frau einer höheren «sittlichen Gemeinschaft» und zugleich einem politischem Zweck geopfert wurden, bildete in der Reaktion auf die seit der Aufklärung denkbare Emanzipation und Gleichstellung der Frau im 19. Jahrhundert sowohl in der klassischen liberalen Theorie als auch bei den Vertretern einer politischen Restauration den gemeinsamen Bezugspunkt. Danach war die Familie «die Grundlage des Staates»; sie bleibt «die Grundlage alles edlern menschlichen und bürgerlichen Lebens, alles menschlichen und bürgerlichen Glücks» (Brockhaus 1934; von Rotteck 1837 zit. nach Schwab 1979: 289). Die Pointe dieser institutionellen Auffassung aber besteht darin, dass die Ehe nicht nur als «juridisches Verhältnis», als Vertrag, sondern als «sittliches Verhältnis» keineswegs dem «freien Willen» der Beteiligten unterliegt. Praktisch bedeutete es auch, dass sie nicht geschieden werden kann (Blasius 1987; Gerhard 1978: 167).

Für die Beurteilung der europäischen Wohlfahrtskulturen und die Pfade ihrer Entwicklung ist es interessant zurück zu verfolgen, welche unterschiedlichen Ausprägungen und Ausdeutungen dieses zugleich «liberale» wie restaurative Eheverständnis gleichwohl in den verschiedenen Rechtskreisen und Rechtskulturen erfahren hat. Denn für die unterschiedlichen Geschlechterarrangements im je spezifischen Verhältnis von Markt, Staat und Familie spielen nicht zuletzt die hier nur kursorisch zu erläuternden Pfade des Familienrechts im Zusammenhang mit der politischen und wohlfahrtsstaatlichen Entwicklung eine nicht unwesentliche Rolle und lassen sich möglicherweise heute noch in den nationalen Stilen der Familienpolitik identifizieren (vgl. Kaufmann 1993; 2002).

Der größte Schritt von völliger Rechtlosigkeit der Ehefrau hin zur Bedeutungslosigkeit der Ehe für die Rechtsstellung der Frauen im Wohlfahrtsstaat wurde in Großbritannien im Geltungsbereich des Common Law vollzogen. Bis ins 19. Jahrhundert hinein hatte hier die Eheschließung für die Frau die völlige Aufhebung ihrer Rechtssubjektivität, den «bürgerlichen Tod» bedeutet – gemäß der immer wieder zitierten Formel von William Blackstone, dessen Kommentar zum englischen Gewohnheitsrecht als autoritative Quelle galt: «In law husband and wife are one person, and the husband is that person» («Im Recht sind Ehemann und Ehefrau eine Person, und der Ehemann ist diese Person»; zit. nach Vogel 1990: 219, vgl. auch Vogel 1988).

Doch dieser auch im Vergleich zur unverheirateten Frau krasse Widerspruch zu den frühen rechtsstaatlichen Institutionen Englands, seiner parlamentarischen Verfassung, dem Prinzip der Gewaltenteilung und der rechtsstaatlichen Garantie des Eigentums geriet im Zuge zunehmender Industrialisierung und Kommerzialisierung unter Druck und war seit 1870 dank der ersten Wahlrechtsinitiativen der englischen Frauenbewegung und John Stuart Mills Intervention der Anlass für mehrere Gesetze, die *Married Women's Property Acts*. Auch wenn diese zunächst nur der Sicherung des Familienbesitzes der Ehefrau dienten, ohne die Ehefrau auch persönlich gleichzustellen, wurde hiermit die Idee individueller Freiheit im Sinne der Theorie des Besitzindividualismus an die Fähigkeit, über Eigentum zu verfügen, gebunden (vgl. Vogel 1988: 425 f.). Auch in England wurde die formale Gleichberechtigung der Ehefrau erst in mehreren Gesetzgebungsschritten, die sich gegenüber dem Gewohnheitsrecht am Prinzip der Billigkeit (*equity*) orientierten, Ende der 1960er Jahre erreicht. Doch mit der Ermöglichung einer einverständlichen Ehescheidung und der Beseitigung des Schuldprinzips war der Staat quasi aus der Regulierung von Ehe und Familie entlassen. Denn im Unterschied zu kontinentalem Eherecht ist der Ehevertrag im Common Law ein rein privatrechtlicher Vertrag, der wie der Arbeitsvertrag – gerade weil er die Autonomie und Gleichheit der Vertragspartner ebenso voraussetzt wie fingiert – grundsätzlich die Einmischung des Staates ausschließt (vgl. Steinmetz 2000: 20 f.; zum Arbeitsvertrag vgl. Simitis 2000). Insofern trifft die von Sir Henry Maine prognostizierte Entwicklung der Modi der Vergesellschaftung «vom Status zum Kontrakt» im Falle des britischen Eherechts offenbar zu – wenn auch mit einigen institutionellen Verzögerungen. Wie Kathleen Kiernan u. a. feststellen, ist somit die Ehe im Laufe des 20. Jahrhunderts sowohl in den Begriffen des Rechts als auch in der öffentlichen Meinung immer weniger als Institution denn als private Beziehung aufgefasst worden (Kiernan u. a. 1998: 62), weshalb Jane Lewis anhand ihrer Analyse der Familiendiskurse und einer Fülle empirischer Belege am Beispiel Großbritanniens sehr grundsätzlich die Frage nach dem «Ende der Ehe?» aufwirft (Lewis 2001). Offensichtlich ist die Beziehung zwischen sozialem Wandel und Recht oder Verhalten und Rechtsreform in den Ländern des Common Law – dazu zählen auch die USA – noch einmal um vieles unbestimmter, eben liberaler als in den Rechtskreisen, in denen eine explizite Familienpolitik qua Verrechtlichung, d. h. durch gesetzliche Vorschriften über die Inhalte des Ehevertrages, die Verhältnisse zu regulieren sucht. Der britische Wohlfahrtsstaat knüpft mit seinen Leistungen zudem nicht an Leistungen für Familien an, Sozialleistungen werden individualisierend vergeben; Kindergeld z. B. gilt als Leistung für Kinder, nicht für Familien. Ein erheblicher Teil der Sozialleistungen kommt im Rahmen spezieller Programme ausschließlich besonders bedürftigen Familien zugute. Denn das vorrangige Motiv ist die Bekämpfung der Folgen von Armut. Dies entspricht der Ausrichtung der britischen Sozialpolitik am Problem der Armut, nicht an der Arbeiterfrage (wie in Deutschland) oder am Prinzip der Gleichheit (wie in Schweden) (Kaufmann 1993; 2002: 472).

Ob die erfolgreiche Familienpolitik des französischen Staates, vor allem das starke sozialpolitische Engagement im Bereich der Kinderbetreuung noch etwas mit kulturellen Traditionen des Code civil von 1804 zu tun hat, ist ohne Zweifel eine gewagte Vermutung. Dies erscheint umso widersinniger, als der Code Napoléon im Vergleich zu den anderen Kodifikationen der Aufklärung, etwa dem Preußischen ALR, dem Vater die uneingeschränkte, ja despotische Gewalt gegenüber seinen Kindern einräumte, während nichteheliche Kinder und Mütter keinerlei Rechte oder Schutz genossen, denn schon die Nachforschung der Vaterschaft war untersagt (Art. 340 Code civil vgl. Gerhard 1990; siehe auch Weber 1971: 318 ff.). Auffällig ist jedenfalls die Rigidität und zugleich die Aufmerksamkeit, die der väterlichen Gewalt über Kinder zuteil wird. Möglicherweise aber ist die spezifisch «paternalistische» Ausrichtung des französischen Wohlfahrtsstaates (vgl. Letablier und Jönssen in diesem Band), dessen explizites Ziel es seit dem Ende des 19. Jahrhunderts ist, speziell Mütter und Kinder zu fördern und zu schützen, eine kompensatorische Sozialpolitik, die angesichts demographischer Probleme für notwendig erachtet wurde. Immerhin galten die besonders frauenfeindlichen Bestimmungen des Code Napoléon mit der uneingeschränkten Autorität des Ehemannes bis 1938, erwarben auch die Französinnen das politische Stimmrecht erst 1944 – und dies, obwohl sie bereits in der Französischen Revolution die Menschenrechte auch der Frauen formuliert und eingeklagt hatten. In jedem Fall scheint es so, als ob die französische Rechtsentwicklung hinsichtlich der Stellung der Frau durch scharfe Reaktionen und kulturelle Umbrüche gekennzeichnet ist. Die enorme Zunahme der außerehelich geborenen Kinder auf fast 40 % aller Geburten am Ende des 20. Jahrhunderts führte zu einer erneuten Liberalisierung in Bezug auf die Lebensformen, was schließlich auch durch die rechtliche Gleichstellung von nichtehelichen Lebensgemeinschaften und Ehe durch den obersten Gerichtshof im Jahre 1989 bestätigt wurde (vgl. Kaufmann 2002: 462). Interessant und zu diskutieren wären aber auch die Varianten in den Ländern, deren Zivilrecht ebenfalls vom Französischen Code beeinflusst wurde, etwa in den Niederlanden. Es zeigt sich, dass die Niederlande in vieler Hinsicht, insbesondere in der Behandlung von Ehe und Familie als Privatangelegenheit, ihre Wohlfahrtspolitik eher am angelsächsisch liberalen Verständnis von Staat und Politik orientieren. Ebenso finden die mediterranen Wohlfahrtskulturen, die nach dem Prinzip der Familiensubsidiarität, d. h. als Unterstützungsnetzwerke der erweiterten Familien, organisiert sind, im Modernisierungsprozess andere Bedingungen vor, die die Inanspruchnahme individueller subjektiver Rechte zunächst zurücktreten lassen (vgl. Leira, Tobío, Trifiletti in diesem Band). In jedem Fall warnen uns diese Abweichungen davor, der Rechtstradition eine allzu monokausale Bedeutung beizumessen.

Die Verankerung und Bedeutung der Familie als Institution und «Grundlage einer deutschen Sozial-Politik» (so der Untertitel von Riehls Buch «Die Familie», 1855) ist am deutlichsten in den deutschsprachigen Ländern zu beobachten. Angesichts der Uneinheitlichkeit des Privatrechts und Vielfalt und Unübersichtlichkeit der Rechtslagen in Deutschland vor der Reichsgründung 1871 war die institutionelle Ehelehre tatsächlich ein Produkt der Rechtswissenschaft, die als Reaktion auf das verhältnismäßig liberale Scheidungsrecht des Preußischen ALR und einige frauenfreundliche Bestimmungen für nicht verheiratete Mütter und ihre Kinder entwickelt wurde. Diese reaktionäre Wende im Familienrecht erschwerte die Scheidung und beschnitt sowohl die Eigentumsrechte von Ehefrauen als auch die Rechtsansprüche nicht in einer Ehe geborener Kinder. Diese Regelungen fanden Eingang in die Ausgestaltung der familienrechtlichen Bestimmungen des BGB, das 1900 in Kraft trat, ja, die institutionelle Ehelehre bildet darüber hinaus noch immer die Grundlage für den besonderen Schutz der Ehe und Familie, der in Art. 6 des Grundgesetzes von 1949 garantiert wird. Zugrunde liegt der Überhöhung und Idealisierung der Ehe als Institution ein Eheverständnis, das im Anschluss an Johann G. Fichtes Naturrechtlehre die «freiwillige» Unterwerfung unter die Prärogative des Mannes in allen Eheangelegenheiten mit der «Natur» der Frauen und – im Zeitgeist der Romantik – mit ihrer Liebe «zu dem einen» zu rechtfertigen verstand (Fichte 1960: 104f.). «Durch diese ihre Natur erhält sie [die Ehe] ein selbständiges Dasein, einen Anspruch auf Anerkennung, welcher von individueller Willkür und Meinung unabhängig ist.» (Savigny, zit. n. Gerhard 1978: 171). In der für die Rechtsentwicklung allgemein bezeichnenden Entwicklung vom Status zum Vertrag bildet das Familienrecht in Deutschland somit lange Zeit eine «Enklave ungleichen Rechts» (Grimm 1987: 33). Zwischen der in Art. 3 des Grundgesetzes zugesicherten Gleichberechtigung der Frau und dem gemäß Art. 6 garantierten, besonderen Schutz von Ehe und Familie besteht jedoch ein Spannungsverhältnis, zumal bis 1977 die gesetzliche Normierung der Ehe als «Hausfrauenehe» im BGB nicht aufgehoben war. Doch es war ein langer Weg von der eher formalen

Feststellung des Bundesverfassungsgerichts aus dem Jahr 1957, wonach «die erwerbswirtschaftliche Tätigkeit der Frau» nicht «von vornherein als ehezerstörend zu werten ist» (BVerfGE 6, 55 ff.), bis zu der Grundsatzentscheidung aus dem Jahr 1998, die zur Grundlage für die neuen politischen Initiativen zur Neugestaltung des Kinderleistungsausgleichs und für den Ausbau der Kinderbetreuung geworden ist: Danach muss «der Staat [...] auch Voraussetzungen schaffen, dass die Wahrnehmung der familialen Erziehungsaufgabe nicht zu beruflichen Nachteilen führt, dass eine Rückkehr in eine Berufstätigkeit ebenso wie ein Nebeneinander von Erziehung und Erwerbstätigkeit für beide Elternteile einschließlich eines beruflichen Aufstiegs während und nach Zeiten der Kindererziehung ermöglicht und dass die Angebote der institutionellen Kindererziehung verbessert werden.» (BVerfGE 99, 234)

Am Beispiel Schwedens, das aus familienpolitischer Sicht als Musterland einer gelungenen Sozialpolitik zur Vereinbarung von Familie und Beruf anzusehen ist, lässt sich noch einmal die Bedeutung von Recht als Instrument der Politik nachweisen, jedoch nicht als Instrument zum Schutz der Familie, sondern zur Individualisierung und zugleich Institutionalisierung der Bürgerrechte jedes und jeder Einzelnen. Im Rechtsvergleich und in der Rechtsgeschichte werden die skandinavischen Länder als eigener Rechtskreis behandelt, der zwar der juristischen Tradition Kontinentaleuropas sehr viel näher steht als Großbritannien oder Nordamerika, jedoch wegen eines geringeren Einflusses bzw. der verhinderten Rezeption des römischen Rechts und wegen fehlender Kodifikationen sich eher durch pragmatische Interpretationen und konkret-praktische Reformen auszeichnet. Seit dem Ende des 19. Jahrhunderts kam es verstärkt zu einer «nordischen Gesetzgebungszusammenarbeit», bei der zunächst das Handels- und Vertragsrecht vereinheitlicht wurde, während das Familienrecht wegen der Eigenheiten in einzelnen Ländern zunächst zurückgestellt wurde (Tamm 1987). Bemerkenswert ist, wie früh, nämlich 1845, durch die Gesetzgebung in Schweden die Gleichstellung von Mann und Frau zumindest im Hinblick auf das eheliche Vermögen und das Erbrecht der Ehegatten eingeleitet wurde (Regner und Hirschfeldt 1987). Abgesehen davon, dass zur Erklärung dieses besonderen Entwicklungspfades neben dem Recht der politische Kontext, die Akteure wie Gelegenheitsstrukturen im einzelnen zu erläutern wären (vgl. Hobson 1996; Kulawik 1999), ist der entscheidende Vorsprung zu einer geschlechtergerechten Sozialpolitik in Schweden seit dem Ende der 1960er Jahre durch eine entschiedene und radikale Gleichstellungspolitik erreicht worden. Dazu gehörte neben der Vergesellschaftung der Kindererziehung durch eine allgemein zugängliche Kinderbetreuung die Einführung der getrennten Besteuerung für Eheleute seit 1971, die konsequente Individualisierung des Sozial- und Familienrechts sowie die schrittweise Abschaffung des frauenspezifischen Arbeitsschutzes. Mit der Abschaffung der Krankenversicherung für Eheleute und der Witwenrente verschwand Ende der 1980er Jahre die Ehe als Versorgungseinrichtung endgültig aus dem politischen Diskurs. Wieweit es gelingen wird, mit der 1995 eingeführten Quotierung des Elternurlaubs, einer wenn auch erst geringfügig erzwungenen Beteiligung der Väter an der Kleinkinderziehung, auch die hier längst nicht aufgehobene geschlechtsspezifische Arbeitsteilung in der Familie und auf dem Arbeitsmarkt zu überwinden, bleibt eine Zukunftsfrage (vgl. Kolbe 2002: 212f. u. 406f.).

Im Verhältnis zwischen Wohlfahrtsstaat und Familie spielen die Rechtstraditionen und Rechtskulturen somit eine nicht unerhebliche Rolle. Wie unterschiedlich jedoch die familienrechtliche Entwicklung in die unterschiedlichen Wohlfahrtsregime eingebunden ist bzw. diese prägen, wird im Ländervergleich deutlich. Der deutsche Sozialstaat ist ein Beispiel dafür, dass trotz eines eigenständigen und institutionalisierten Politikbereichs für Familie und trotz einer ideologisch aufgeladenen Familienrhetorik Familienpolitik gegenüber der Sozialpolitik marginalisiert und nachgeordnet wird. Das liegt daran, dass Sozialpolitik als Sozialversicherungspolitik nach wie vor an Erwerbsarbeit und ihren Marktrisiken bzw. Berechtigungen orientiert ist, während die persönlichen Dienstleistungen und die Arbeit in der Familie eher die unsichtbare, aber selbstverständliche und unverzichtbare Seite der Wohlfahrtsproduktion bilden (Kickbusch und Riedmüller 1984; Gerhard u. a. 1988). Das Modell des männlichen Familienernährers wird bis heute durch vielfältige Politiken, nicht zuletzt durch das Ehegattensplitting im Steuerrecht, abgestützt. In Frankreich hingegen ist Familien- und Bevölkerungspolitik der Kernbereich der sozialstaatlichen Entwicklung (Kaufmann 1993: 157). In Großbritannien gibt es keine explizite Familienpolitik, zeigt sich der Staat aus dem

Grundsatz der Nichteinmischung in die Privatsphäre an Familienrecht und Ehestatus desinteressiert, da der Wohlfahrtsstaat seine Leistungen nach dem Prinzip der Bedürftigkeit insbesondere an Alleinerziehende und Kinder vergibt. Auch in Schweden ist Familie nicht der Adressat wohlfahrtsstaatlicher Leistungen, sondern das Individuum als gleichberechtigter Bürger oder gleichberechtigte Bürgerin, unabhängig von seinem oder ihrem Familienstatus.

Mit dem Bedeutungsverlust der Ehe als Institution haben Feministinnen wiederholt die Frage aufgeworfen, inwieweit der Sozialstaat als Institution mit der Freisetzung der Frauen aus ehelicher Abhängigkeit und Gewalt möglicherweise «in die Fußstapfen des Ehemannes» getreten sei und Frauen, z. B. allein erziehende Sozialhilfeempfängerinnen, damit aus der Abhängigkeit in der Ehe in eine neue Abhängigkeit geraten. «Der bürgerliche Patriarchalismus alter Art», so Ursula Beer, «stellte jedem verheirateten Mann eine dienstbare Frau zur Verfügung [...] Heute nimmt dieser Patriarchalismus möglicherweise ganz andere Gestalt an: Arbeitskraft und Gratisarbeit von Ehefrauen werden nicht mehr vom Ehemann «verplant», sondern von der Bürokratie, geraten ins bewußte Kalkül von Sozialpolitikern.» (Beer 1983: 145). Dieser rechtsskeptischen Befürchtung hat Helga Hernes mit dem Verweis auf die skandinavischen Erfahrungen mit einem «frauenfreundlichen» Wohlfahrtsstaat entgegengehalten, dass «der moderne Staat potentiell eine der wichtigsten Arenen für politisches Handeln und politische Koalitionen von Frauen» sei und «zu einer Machtgrundlage für Frauen werden» könne (Hernes 1986: 167).

## Mutterschaft als soziale Konstruktion

Wechseln wir noch einmal die Perspektive auf die Akteurinnen des Individualisierungsprozesses, um abschließend zu diskutieren, ob und, wenn ja, welchen Einfluss Sozialpolitik auf die Orientierungen und Wertvorstellungen von Frauen haben kann. Die Frage zielt auf einen kulturellen Aspekt, der in der Geschichte weiblicher Individualisierung im Diskurs über die Erwerbstätigkeit von Müttern seit dem 19. Jahrhundert immer wieder eine herausragende Rolle gespielt hat. In den Debatten um einen besonderen Frauenarbeitsschutz bzw. um die «Beschränkung der Frauenarbeit in den Fabriken», so die sozialdemokratische und gewerkschaftliche Terminologie, herrschte ein «bemerkenswerter» Konsens darüber, dass nicht die Arbeitsbedingungen der Frauen, sondern ihre Erwerbstätigkeit ein Problem sei (Hausen 1997: 713 ff.). Auch Joan Scott hat in ihrem Essay über «Die Arbeiterin» darauf hingewiesen, dass sich die große Aufmerksamkeit für die «Probleme» der Arbeiterin im 19. Jahrhundert nicht allein aus dem historischen Prozess der Trennung von Haushalt und Betrieb erklären lassen. Vielmehr sei die «schutzwürdige Arbeiterin» in den politischen, nationalökonomischen, medizinischen und sozialreformerischen Diskursen der Zeit erst konstruiert worden (Scott 1994: 461 f.), nicht um ihrer selbst oder ihrer Gesundheit willen, sondern vor allem, um gesunden Nachwuchs zu gebären. Ganz gleich, wie die Besorgnisse begründet wurden – mit den Schäden für die Gesundheit, dem Geburtenrückgang, den Gefahren für die Sittlichkeit oder das Wohlergehen der Familie –, die Diskurse und Politiken zur Beschränkung der Frauenarbeit haben im Ergebnis dazu beigetragen, die Lohnungleichheit zwischen Mann und Frau, einen geschlechtsspezifisch geteilten Arbeitsmarkt sowie die Zuständigkeit der Frauen für Haus und Familie als Grundlage aller Sozialpolitik zu verankern. Denn obwohl gerade in Deutschland die ersten Arbeitsschutzbestimmungen für Wöchnerinnen 1878 den Startschuss zu einer staatlich verordneten und verantworteten Sozialpolitik gaben, bildeten diese faktischen Beschränkungen der Frauenarbeit doch gleichzeitig den Vorwand für Bevormundung und Diskriminierung, blieb die «Frauenfrage» gegenüber der Lohnarbeitsfrage in der Konzeption von Sozialversicherungspolitik immer marginal.

Legion ist seither das Schrifttum, das Müttern weismachen will, wie sie sich zu verhalten haben und was ihnen zuzumuten ist. Nach langen Phasen der Pädagogisierung und Moralisierung, der «Medikalisierung» und damit der Disziplinierung und Überwachung der Mütter in der Kindererziehung (vgl. Donzelot 1980) setzte in den 1920er Jahren, spätestens aber nach dem Zweiten Weltkrieg eine Psychologisierung der Mutter-Kind-Beziehung ein (Schütze 1986), die mit einer Schwemme von Ratgeberliteratur populär wurde.

Nicht unwesentlichen Anteil an der Restauration eines normativen Musters aufopferungsvoller Mütterlichkeit, die den Autoritätsverlust des Vaters kompensieren und in der Nachkriegsfamilie wieder Geborgenheit und Normalität herstellen sollte, hatte in dieser Zeit erneut die Familiensoziologie (Baumert 1954; vgl. auch

König 1974: 214 ff.). Die These von der Universalität der Kern-familie, die insbesondere in Talcott Parsons» strukturell-funk-tionaler Theorie mit einem traditionellen geschlechtsspezifischen Rollenmuster (den *pattern variables*) ausgelegt wird, war dazu an-getan, so kritisch René König, «eine ganze Reihe von theoretischen Vorurteilen» mit der Realität von Familie zu verwechseln (König 1969: 53). Im «häuslichen Dasein» der Frau entdeckte eine konser-vative Familiensoziologie gar «Spielraum für ihre Individualität» (Schelsky 1955: 343), und nahm zudem mit einer ganzen Reihe empirischer Untersuchungen über die schädlichen Auswirkungen von Müttererwerbstätigkeit einen nicht unerheblichen Einfluss auf die Meinungsbildung (Wurzbacher 1958; Baumert 1954; vgl. Pfeil 1961). In der westdeutschen Debatte bildete zudem das Schreck-bild einer kollektivistischen Erziehung, die in der DDR zur Unter-stützung der berufstätigen Mütter, aber auch mit dem Ziel der Erziehung zur sozialistischen Persönlichkeit mit großem Einsatz institutionalisiert wurde, die Folie, vor der die Nichteinmischung des Staates und die besondere Aufgabe der Familie im Namen einer freiheitlichen Grundordnung verteidigt wurde. Doch dieser Fami-lialisierungstrend, der zugleich mit einer Remaskulinisierung von Staat und Politik verbunden war, war keineswegs auf Westdeutsch-land beschränkt (Moeller 1993; 1998; vgl. auch Leira 1992). Noch im Jahr 1962 ist in einer UNESCO-Untersuchung in verschiedenen Ländern als normatives Diktum zu lesen: «Ledige Mütter *müssen* arbeiten; verheiratete Frauen ohne oder mit erwachsenen Kindern *dürfen* arbeiten, verheiratete Frauen mit kleinen Kindern *dürfen nicht* arbeiten.» (zit. nach Sommerkorn 1988: 132: vgl. dort auch den Überblick)

Die Frauenbewegungen des 20. Jahrhunderts haben sehr unter-schiedlich auf die Mutterschutzpolitiken reagiert. Sie haben einerseits ausdrücklich eine «Politik organisierter Mütterlichkeit» vertreten und als Sozialreformerinnen ein ganz neues Feld sozial-politischer Praxis und professioneller Sozialarbeit eröffnet. Sie bezeichneten ihre Politik als «auf die Welt übertragene Mütter-lichkeit». Es war der Versuch, die Beschränkungen traditioneller Weiblichkeit zu überwinden und die Geschlechterdifferenz als weiblichen Gegenentwurf zu begründen gegen den «naturfremden und Natur mißachtenden Rationalismus der modernen kapita-listischen Welt» (Bäumer 1931: 16–17). Dieses auch als «geistige

Mütterlichkeit» beschriebene Konzept zielte auf die Mitwirkung der Frauen «nicht nur in Krippen, Kindergärten und Schulen, sondern auch in Ministerien und Parlamenten» (von Zahn-Harnack 1928: 77; vgl. auch Stoehr 1994: 222). Zum anderen waren Mutterschaft und Mutterschutz der Ansatzpunkt für frauenspezifische Rechtsforderungen, für sozialpolitische Maßnahmen, die sich insbesondere an Frauen und Mütter richten und gegenüber einer Politik der Gleichheit ein Recht auf Anders-Sein begründen. Dieser Maternalismus oder Wohlfahrtsfeminismus (Banks 1981; vgl. auch Bock 1995) war in den 1920er Jahren in vielen europäischen Ländern, insbesondere auch in den USA, einflussreich, denn er bot einen Deutungsrahmen, der sich mit kulturellen Mustern von Weiblichkeit verbinden ließ. Doch wie erfolgreich er war, ist nicht nur im Nachhinein sehr umstritten (Kessler-Harris u. a. 1995; Kulawik 1999; Lewis 2001). Die Frage des frauenspezifischen Arbeitsschutzes, in der sich die beiden sonst so gegensätzlichen Richtungen der deutschen Frauenbewegung, die Sozialdemokratinnen und die Bürgerlichen, einig waren, hat hingegen in den 1920er Jahren auf internationaler Bühne zwischen den Vertreterinnen einer maternalistischen Politik oder eines Wohlfahrtsfeminismus und den individualistischen Positionen der angelsächsischen und skandinavischen Frauenbewegungen zu heftigen Auseinandersetzungen und Spaltungen geführt (*Open-door*-Bewegung; Banks 1981; Bock und Thane 1994).

Auch die soziale Praxis der erwerbstätigen Mütter folgt nicht einem einheitlichen Muster. Auffällig ist jedoch, dass nicht erst dann, wenn der Wohlfahrtsstaat die Bedingungen für die Vereinbarkeit schafft, Mütter kleiner Kinder auf den Arbeitsmarkt drängen (vgl. hierzu Leira, Tobío, Trifiletti in diesem Band). Ebenso wenig lassen sich Frauen in ihrem Erwerbsverhalten weiterhin in einer Weise verplanen, die das von Arbeitsmarktforschern vielgebrauchte Konzept der Frauen als «Reservearmee» suggeriert. Als auch in der Bundesrepublik seit dem Ende der 1970er Jahre angesichts zunehmender Engpässe auf dem Arbeitsmarkt und entgegen allen Krisenanzeigen und wirtschaftlichen Prognosen die Frauenerwerbsquote sehr langsam aber beständig anstieg, vermochten Wirtschaftsexperten dies nur als «widerständige Verhaltenskomponente in Richtung auf eine wachsende Erwerbsneigung» (ANBA 3/1986: 203) zu deuten. Ein anderes Beispiel sind die falschen Erwartungen, die sich nach der Vereinigung der beiden deutschen Staaten 1989 mit einer so genannten «Normalisierung» des ostdeutschen Frauenerwerbsverhaltens, soll heißen, dem Rückgang der Erwerbsneigung auf westdeutsches Niveau verbanden. Richtig ist, dass die Erwerbsbeteiligung ostdeutscher Frauen von 80 bis 90 % (Winkler 1990) seit der Wende dramatisch zurückgegangen ist. Trotzdem liegt die Erwerbsquote in Ostdeutschland heute noch über der westdeutscher Frauen, die gleichzeitig angestiegen ist (sie betrug 2000 72,2 % in Ost- und 62,1 % in Westdeutschland; Statistisches Bundesamt, Mikrozensus 2001). Ebenso zeigt sich in der Widerständigkeit allein erziehender Mütter, die in den Niederlanden ebenso wie in Großbritannien nicht den neuen sozialpolitischen Vorgaben nachkommen, eine Erwerbstätigkeit aufzunehmen (vgl. Knijn und Van Wel 2002; Lewis in diesem Band,), ein «Konzept von Mutterschaft als sozialer Beziehung, die sich auf die Bedürfnisse der Kinder richtet» (Duncan und Edwards 2001: 36–37) und damit eine «moralische Rationalität» (Barlow u.a. 2002: 118), die einer ganz anderen Rationalität als der ökonomischer Zweck-Mittel-Motivationen folgt.

Es gibt jedoch ein Beispiel aus der getrennten Geschichte der beiden deutschen Staaten, das über den nachhaltigen Einfluss unterschiedlicher Sozialpolitiken auf das Verhalten nachdenken lässt. Dies sind die unterschiedlichen Einstellungen und Alltagspraxen erwerbstätiger Mütter in West- und Ostdeutschland, die in einer qualitativen Studie über die Strategien erwerbstätiger Mütter in Frankfurt am Main und Leipzig durchgeführt wurde (Ludwig u. a. 2002; vgl. auch Knijn, Jönsson, Klammer in diesem Band). Dieser Vergleich ist deshalb so interessant, weil sich hier quasi wie in einem soziologischen Experiment nach vierzig Jahren getrennter Geschichte die Sozialpolitiken zweier sehr unterschiedlicher Gesellschaftssysteme und ihre Auswirkungen auf die Handlungsorientierungen vor dem Hintergrund vorheriger gemeinsamer kultureller Prägungen und politischer Geschichte beobachten lassen. Zu dieser gemeinsamen Vorgeschichte gehören auch die pronatalistische und zugleich rassistische Frauenpolitik des Nationalsozialismus, der staatlich honorierte Gebärzwang und zugleich die Vernichtung nicht erwünschter Bevölkerungsgruppen (vgl. Bock 1986). Die in vielfältiger Weise gestützte Mutterschaftsideologie hat ohne Zweifel auch über das Ende des Nazi-Regimes hinweg insbesondere auch im Recht (vgl. hierzu Schwab 1997; Schubert 1997; Niehuss

1997) Nachwirkungen gehabt, die nicht zu unterschätzen sind. Gewiss sind in einem Vergleich von heute aus keineswegs alle gesellschaftlichen und politischen Einflussfaktoren zu bestimmen, ist auch zu berücksichtigen, dass sich gerade die sozialpolitischen Maßnahmen nicht vergleichen lassen, weil sie in beiden Systemen in ein grundsätzlich anderes Verständnis von Recht, insbesondere Bürgerrechten, von Staat und Politik eingebunden waren (Dilcher 1994). Da aber gerade die Politik zur Förderung der Erwerbstätigkeit von Müttern den Hauptunterschied ausmachte, liegt es nahe, ihre Auswirkungen zu identifizieren.

Die wesentlichen Unterschiede sollen hier nur in Stichworten noch einmal erinnert werden (vgl. Gerhard 1994): «Die Gleichberechtigung der Frau» galt als «eine der größten Errungenschaften» der DDR (Dokumente 1975: 235), ihre Verwirklichung war das propagierte Aushängeschild sozialistischer Politik und diente allen Beteiligten als «Beweis für die Überlegenheit des Sozialismus über den Kapitalismus» (Kuhrig und Speigner 1979: 22). Neben der unmittelbaren Geltung des Gleichberechtigungsartikels Art. 7 in der DDR-Verfassung wurde seine Umsetzung durch materielle und soziale Hilfen für Mütter und Kinder sowie insbesondere durch den Ausbau der Kinderbetreuungseinrichtungen seit dem Beginn der 1950er Jahre in Gang gesetzt. In den 1970er Jahren wurden durch vielfältige sozialpolitische Gesetze zur Vereinbarkeit von Familie und Beruf sowohl der «Wille zum Kind» gestärkt als auch die Rekrutierung der Frauen als Arbeitskräfte ermöglicht, was später als «Mutti-Politik» charakterisiert wurde, weil sie einseitig Mütter, nicht alle Frauen privilegierte. Schon 1970 lag die Erwerbsquote ostdeutscher Frauen um 20 Prozentpunkte über der westdeutscher Frauen. 1989 erreichte die Frauenerwerbsbeteiligung fast 90 % (einschließlich der Studierenden und Auszubildenden), im Gegensatz zu 55 % in Westdeutschland. Bemerkenswert war aber nicht nur die hohe Erwerbstätigkeit, sondern vor allem auch die Tatsache, dass über 90 % der Frauen mindestens ein Kind zur Welt gebracht haben (Winkler 1990). In Westdeutschland haben zur gleichen Zeit von den erwerbstätigen verheirateten Frauen zwischen 25 und 55 Jahren 35 % keine Kinder (Bundesministerium für Frauen und Jugend 1993: 83).

Das von uns befragte Sample erwerbstätiger Mütter[3] ist keineswegs repräsentativ, bemerkenswert ist gleichwohl die Homogenität der Aussagen im Unterschied zwischen ost- und westdeutschen Müttern. Auf die Frage, wie sie sich selbst als Mutter beurteilen, reagierten die westdeutschen Frauen einhellig verunsichert, irritiert, teilweise auch resigniert oder mit Schuldgefühlen. Das «schlechte Gewissen» war eine durchgängige Formel. Viele wehren sich gegen das Verdikt, «egoistisch» oder eine «Rabenmutter» zu sein, mit vielen guten Gründen und Argumenten; sie wissen, dass ihnen dieses schlechte Gewissen auch eingeredet wird. Doch die Ambivalenz und die unaufhebbare Widersprüchlichkeit der Situation bleibt: «Ich denke mir auch, wenn Du Kinder hast, musst Du Dich irgendwo entscheiden, für Geld oder ob Du zu Hause bleibst. Ich will aber beides, und ich kriege es wirklich nicht geregelt.»

Demgegenüber hat sich das Problem für die ostdeutsche erwerbstätige Mutter so nie gestellt. Es war normal, «die Kinder kennen das nicht anders». «Bei uns in der DDR war das nie ein Thema. Dort war wirklich die Frau, die zu Hause war oder nur Teilzeit gearbeitet hat, die große Ausnahme. Insofern war das für uns klar, dass wir einen Beruf lernen, den auch ausüben und selbstverständlich auch eine Familie gründen […].» Gewissensbisse oder Schuldgefühle kamen nicht zur Sprache, «die Kultur haben wir nicht», meint lachend, ein wenig trotzig, eine Befragte. Dagegen werden die praktischen Probleme, «beides unter einen Hut zu kriegen», immer wieder benannt. Doch aus der Bewältigung dieser Probleme schöpfen die Frauen auch Selbstbewusstsein und Selbstsicherheit. «Ich merke für mich, dass ich nur glücklich bin, wenn ich beides kann in einem gewissen Maß.» Oder: «Ich hab's ganz gut im Griff und krieg das alles auf die Reihe.» Obwohl das alltägliche Management der Vereinbarung von Familie und Beruf auch in Ostdeutschland nur eine Angelegenheit der Mütter, kaum der Väter ist, fällt auf, dass diese Mütter mit dem Geschlechter-Arrangement eher zufrieden sind, weniger enttäuscht über die fehlende Unterstützung ihrer Partner.

In einer anderen, international vergleichenden Untersuchung über die «Einstellungen zur Rolle der Frau in Familie und Beruf» wird belegt, dass Ostdeutsche – in diesem Fall Männer und Frauen – keine Beeinträchtigung des Verhältnisses von Mutter und Kind bei Berufstätigkeit der Mütter befürchten, während noch 70 % der westdeutschen Befragten davon ausgehen, dass Vorschulkinder unter der Berufstätigkeit von Müttern leiden (Schäfgen und Spellerberg 1998: 82 f.; vgl. auch Spellerberg 1996). Ist dieser Befund unterschiedlicher kultureller Leitbilder nun das Resultat spezifischer sozialpolitischer und institutioneller Regelungen? Ohne Zweifel ist es das gesamte Bündel von Rahmenbedingungen und Maßnahmen, aber eben auch die Herstellung einer gesellschaftlichen Norm, einer Normalität von Müttererwerbstätigkeit, die die Unbefangenheit und pragmatische Einstellung in dieser Hinsicht ermöglicht. Zu bedenken ist jedoch, dass diese politisch und ökonomisch eingepasste Normalisierung auch dazu führte, dass jene Mütter unter Druck gesetzt wurden, die lieber länger bei ihrem Kind geblieben wären. Zugleich muss das modernere Leitbild erwerbstätiger Mutter in Ostdeutschland gar nicht mit frauenemanzipatorischen Orientierungen korrelieren. Dies zeigt eine andere Analyse, wonach die Einstellungen zur gesellschaftlichen Rolle der Frau, also die Wertorientierungen im Hinblick auf die Geschlechterrollen in Ost und West, sich nicht bemerkenswert unterscheiden und deshalb nicht ursächlich für differente Mutterschaftskonzepte sein können. Entscheidend seien vielmehr die «familiären Opportunitätskosten», die durch die sozialpolitischen Rahmenbedingungen und Erleichterungen zur praktischen Vereinbarkeit von Mutterschaft und Beruf bestimmt werden (Klein 1993: 288 f.). Insofern, dies bestätigen schließlich die skandinavischen Wohlfahrtsregime, ist staatliche Sozialpolitik eine Gestaltungsaufgabe, die durchaus einen Beitrag zur Überwindung der traditionellen Geschlechterrollen und damit zu mehr Gerechtigkeit im Geschlechterverhältnis leisten kann.

### Resümee

Am Beginn des 21. Jahrhunderts bleiben der Zwiespalt und die Eigensinnigkeit mütterlicher Strategien. Für eine Theorie der Individualisierung kann dies nur bedeuten, dass die Individualisierung der Frauen nicht den männlichen Mustern folgt oder folgen sollte. Ihre Erfahrung, mit widersprüchlichen Anforderungen umzugehen, und die alltägliche Notwendigkeit zur Vereinbarung von Arbeit und Leben macht Mütter vielmehr zu Expertinnen einer sozialen Praxis, auf die die Gesellschaft für ihren Fortbestand angewiesen ist. Im Grunde geht es also nicht um einen Nachholbedarf oder die Anpassungsleistung von Frauen an die Erfordernisse des Marktes, sondern um die Einübung in eine soziale Praxis der Anteilnahme, anders gesagt, um die Zivilisierung des männlichen Ichs. Das Konzept der Zivilisierung kann sich auf die Arbeiten von Norbert Elias stützen, der noch einmal viel grundsätzlicher als andere Individualisierungstheoretiker das Verhältnis von Individuum und Gesellschaft in die dynamischen sozialen Beziehungen zwischen den Individuen auflöst und deshalb von der «Gesellschaft der Individuen» spricht. Da heißt es: «[...] das ganze Verhältnis von Individuum und Gesellschaft kann niemals verständlich werden, solange man sich, wie es heute oft der Fall ist, die ‹Gesellschaft› im wesentlichen als eine Gesellschaft von Erwachsenen vorstellt, von ‹fertigen› Individuen, die niemals Kinder waren und niemals sterben. Eine wirkliche Klarheit über das Verhältnis von Individuum und Gesellschaft vermag man erst dann zu gewinnen, wenn man das beständige Werden von Individuen inmitten einer Gesellschaft, wenn man den Individualisierungsprozess in die Theorie der Gesellschaft mit einbezieht. Die Geschichtlichkeit jeder Individualität, das Phänomen des Heranwachsens und Erwachsenwerdens, nimmt beim Aufschluss dessen, was ‹Gesellschaft› ist, eine Schlüsselstellung ein.» (Elias 1996: 46) Dieser Ansatz, der mit der Rücksicht auf die Bedürfnisse von Kindern einer Ethik der Fürsorglichkeit sehr nahe kommt, verbietet es, von isolierten, ichbezogenen Markt-Subjekten auszugehen. Auch eine starke Individualisierung ändert nichts an der Angewiesenheit des Menschen auf das Zusammenleben mit anderen. Das entscheidende Merkmal des Menschen besteht in seiner Gesellschaftlichkeit, seiner Sozialität (vgl. Treibel 1995: 195). Ohne hier auf Elias' historisch breit angelegte Zivilisationstheorie eingehen zu können oder ihn für eine Geschlechtersoziologie vereinnahmen zu wollen, hat er doch an zwei historischen Beispielen, dem antiken Rom und der höfischen Gesellschaft, den steigenden gesellschaftlichen Einfluss von Frauen als «eine entscheidende gesellschaftliche Antriebskraft für zivilisationsgeschichtliche Schübe» vorgestellt (Klein und Liebsch 1997: 20f.). Institutionen spielen in dieser prozesshaften und dynamischen Individualisierungstheorie eine geringfügige, möglicherweise unterschätzte Rolle. Institutionen können aber auch Emanzipationsprozesse ermöglichen und Handlungsspielräume eröffnen. Dafür steht die Geschichte der Kämpfe ums Recht, um Gleichberechtigung und die Anerkennung von Bedürfnissen, die nicht

zuletzt mit Hilfe des sozialen Rechtsstaates auch zu Bürgerinnen-
rechten wurden. Wenn die traditionellen Lebensformen und Institutionen, die auf einer zweigeschlechtlichen hierarchischen Ordnung beruhten, nicht mehr gelebt werden können, so müsste doch
die Krise und der allseits beschworene Umbau des Wohlfahrtsstaats
ein Anlass sein, neue Formen der Solidarität und Kultur zwischen
den Geschlechtern zu begründen und auch Kinder als Staatsbürger
zu behandeln. Das würde bedeuten, dass die Prioritäten in der deutschen Sozialpolitik nicht zuletzt im Sinne europäischer Standards
von Geschlechtergerechtigkeit neu zu bestimmen sind.

*Marie-Thérèse Letablier und Ingrid Jönsson*

## Kinderbetreuung und politische Handlungslogik

### Einleitung

Das staatliche Engagement im Bereich der Kinderbetreuung variiert in Europa. Unterschiede zeigen sich nicht nur im Leistungsumfang, sondern auch in der Qualität der Angebote und in den Formen der Unterstützung, d.h. ob sie als Geld- oder Dienstleistung erbracht wird. In einigen Ländern obliegt sowohl die Bereitstellung als auch die Finanzierung von Betreuungsangeboten dem Staat, während diese Aufgaben in anderen Ländern als Angelegenheit des Marktes, der Familie oder anderer zivilgesellschaftlicher Institutionen (z.B. gemeinnütziger Organisationen) gelten. In den meisten Fällen findet aber eine Aufteilung von Verantwortungsbereichen auf die verschiedenen Institutionen statt. Die zunehmende Verlagerung von ehedem familiären Zuständigkeiten auf kollektive Träger kann als europaweiter Trend beschrieben werden. Diese «Defamiliarisierung» der Kinderbetreuung steht in einem Zusammenhang mit der Politik und den Empfehlungen der europäischen Institutionen (EC 1999), die die Erwerbsbeteiligung von Müttern erhöhen und mehr ökonomische Gleichberechtigung zwischen den Geschlechtern herstellen sollen. Doch das wachsende Interesse am Thema Kinderbetreuung ist auch zu verstehen vor dem Hintergrund des in Zukunft erwarteten Bevölkerungsrückgangs sowie der Forderungen der Frauenbewegungen, die Gleichheit der Geschlechter umzusetzen (Hantrais 1999).

Die skizzierte Entwicklung führt europaweit zu einer Angleichung der Rechtfertigungsgründe für politisches Handeln. Die beschäftigungspolitischen Empfehlungen der EU beinhalten neben dem Anliegen, die Anzahl der Erwerbstätigen zu erhöhen, als weitere Ziele den gleichberechtigten Zugang zum Arbeitsmarkt und eine geschlechtergerechte Behandlung am Arbeitsplatz. Darüber hinaus gewinnt die Vereinbarkeit von Beruf und Familie, vor allem die Notwendigkeit ausreichender Betreuungsressourcen, an Priorität (EC 1999). Während sich dadurch die politischen Zielvorgaben angleichen, trifft deren Implementierung auf unterschiedliche nationalstaatliche Bedingungen und damit auch auf bestimmte Werte, Normen und Ideale bezüglich Mutterschaft, Kindererziehung und Geschlechterrollen, die einen Einfluss auf Sozialpolitik haben.

In unserem Artikel gehen wir der Frage nach, welcher Logik das politische Handeln verschiedener europäischer Staaten im Bereich der Kinderbetreuung folgt. Aus welchen Gründen haben Staaten ein Versorgungssystem für die Betreuung von Kindern etabliert? Welche Prinzipien legitimieren die Einmischung des Staates in einen Bereich, den manche als Privatsphäre betrachten? Unsere Argumentation konzentriert sich vor allem auf die Handlungslogik, die den sozialpolitischen Maßnahmen zugrunde liegt, und weniger auf deren Leistungsumfang, den bereits zahlreiche andere Untersuchungen dokumentieren. Unser Anliegen besteht darin, den historischen Hintergrund der Kinderbetreuungspolitik in verschiedenen Ländern zu erhellen, um die «Pfadabhängigkeiten», d.h. die Abhängigkeit gegenwärtiger Politikformulierung von den jeweiligen wohlfahrtsstaatlichen Traditionen zu verstehen, die die Umsetzung der EU-Richtlinien, aber auch die sozialpolitischen Reaktionen auf die Veränderungen in Familienstruktur und -praxis steuern. Während in Europa einerseits eine Annährung sowohl der soziodemographischen Entwicklung als auch der politischen Handlungsprinzipien stattfindet, bleibt andererseits der historische Kontext bestimmend und geht in die Interpretation von Empfehlungen sowie in ihre nationalstaatliche Umsetzung ein. So ist die Kinderbetreuungspolitik fest in die Konventionen innerfamiliärer Arbeitsteilung eingelassen, aber auch in Konventionen, die das Verhältnis und die Zuständigkeiten von Staat und Familie regeln. Diese Konventionen reflektieren wiederum kulturelle Leitbilder von Mutterschaft und Vaterschaft und spezifische Konzepte von Staatlichkeit.

In unserem Beitrag werden wir zunächst verschiedene Kinderbetreuungsregime in Europa beschreiben, die durch unterschiedliche Formen der Regulierung und der Aufteilung von Verantwortlichkeiten zwischen Staat, Familie, Markt bzw. Unternehmen und Zivilgesellschaft gekennzeichnet sind. Wir betrachten einerseits verschiedene sozialpolitische Betreuungsarrangements im Verhältnis zu Familienverpflichtungen, Arbeitsmarkt- und Arbeitszeitpolitik und andererseits die mit ihnen assoziierten Wertvorstellungen von Mutterschaft und der Sozialisation von Kindern. Kinderbetreuungsregime verweisen auf verschiedene Wohlfahrtsregime und die zugrunde liegenden Geschlechterarrangements.

Danach richten wir unseren Blick auf die politische Handlungslogik und die Rechtfertigungsgründe der Kinderbetreuungspolitik. Unsere besondere Aufmerksamkeit gilt Begründungen, die einerseits auf Prinzipien der Solidarität und der Gleichberechtigung der Geschlechter, andererseits auf Familie als normativen Wert rekurrieren. Der Schwerpunkt liegt auf Frankreich und Schweden und damit auf Ländern, in denen bereits vor langer Zeit öffentliche Betreuungsressourcen eingerichtet wurden und in denen sozialpolitische Maßnahmen im Bereich der Kinderbetreuung durch eine breite öffentliche Zustimmung legitimiert sind. Der Vergleich zwischen den beiden Ländern lässt Ähnlichkeiten, aber auch Unterschiede zwischen den politischen Handlungsprinzipien erkennen.

Schließlich wenden wir uns gegenwärtigen Veränderungen zu, um neue Prinzipien und Formen der Regulierung aufzuzeigen, die sich an der Wende zum 21. Jahrhundert herauskristallisieren. Für Frankreich und Schweden können wir als Hypothese formulieren, dass zunehmend die Kinder in den Mittelpunkt der Familien- und Sozialpolitik treten, in deren Zentrum nicht mehr allein die Familie selbst steht. Dieser Prozess vollzieht sich unter dem doppelten Druck der Individualisierung von sozialen Beziehungen und der Affirmation eines erweiterten Begriffs von Staatsbürgerschaft. Bei den Begründungen, die sich auf die Interessen von Kindern, ihre Rechte und Chancengleichheit beziehen, geht es um ein Verständnis von Kindern als Staatsbürgern. Seit den 1990er Jahren gilt die Kinderbetreuungspolitik in beiden Ländern nicht nur als ein Weg, um die Vereinbarkeit von Beruf und Familie zu fördern, sondern sie steht im größeren Kontext einer Politik für Kinder.

### Kinderbetreuungsregime

Die Unterschiede in der öffentlichen Bereitstellung von Kinderbetreuungseinrichtungen hängen davon ab, wie die Aufgaben der Familie in verschiedenen Ländern interpretiert werden, d. h. in welchem Maß von Staat, Markt, Familie oder Zivilgesellschaft erwartet wird, die Hauptverantwortung für die Kinderbetreuung zu übernehmen. Familienaufgaben betreffen gleichermaßen das Arbeits-

und Familienleben und artikulieren sich nicht nur in der Art und Weise, wie Familien ihre Zeit und ihren Alltag organisieren, sondern auch in der Arbeitszeit-, Arbeitsmarkt- und Familienpolitik. Die sozialen Konstruktionen von Gleichberechtigung, Kindheit und Mutterschaft stehen in einer Wechselbeziehung zu der Konzeption von Familienverpflichtungen. Die entsprechenden Normen und Werte ergeben sich im Allgemeinen aus historischen und kulturellen Entwicklungen, an denen die Kämpfe von Frauen für staatliche Unterstützung im Bereich der Kinderbetreuung ebenso ihren Anteil hatten wie die Kämpfe anderer Akteure, etwa von Gewerkschaften oder Familienorganisationen (Daly und Lewis 1998).

Setzt man die sozialpolitische Infrastruktur, die verschiedene europäische Staaten im Bereich der Kinderbetreuung etabliert haben, in Beziehung zu kulturellen Faktoren, können fünf Kinderbetreuungsregime in Europa identifiziert werden. Jedes kann am Beispiel eines Landes der Europäischen Union verdeutlicht werden.

*Das nordeuropäische Kinderbetreuungsregime: Gleichberechtigung und Kinderbetreuung als staatliche Aufgaben* Dieses Betreuungsregime kann am Beispiel von Schweden illustriert werden. Lange vor ihrem Beitritt zur Europäischen Union haben Schweden und die anderen nordeuropäischen Länder sozialpolitische Maßnahmen eingeleitet, die einen Übergang vom Familienmodell mit männlichem Ernährer hin zu einem Modell bewirkten, in dem zwei gleichberechtigte Elternteile für ihren eigenen Unterhalt verantwortlich sind. Dieser Wandel beinhaltete die Individualisierung sozialer Rechte: Individualisierte Geldleistungen und soziale Dienstleistungen erhielten den Vorrang vor Steuervergünstigungen und anderen Formen der Familienförderung. Der Gleichberechtigungsgrundsatz wurde in die Familien-, Sozial- und die Arbeitsmarktpolitik integriert.

Für das nordeuropäische Modell ist eine hohe Arbeitsmarktbeteiligung von Frauen ebenso charakteristisch wie ein hoher Frauenanteil in den politischen Körperschaften, sowohl auf nationaler als auch auf kommunaler Ebene. Zudem zeigt der Vergleich zu anderen westeuropäischen Ländern, dass sich Eltern in einem größeren Umfang die Betreuungsaufgaben teilen. Die Sozialpolitik ermutigt Frauen, eine Erwerbstätigkeit aufzunehmen und fortzusetzen, wenn sie Kinder haben. Eine Reihe von Leistungen erleichtert die Vereinbarkeit von Beruf und Familie: vor allem öffentliche Betreuungseinrichtungen, Regelungen zum Elternurlaub bzw. zur Elternzeit, die auch die Väter in die Betreuungsarbeit einzubeziehen suchen, und flexible Arbeitszeiten für Eltern. 1974 ersetzte der Elternurlaub den Mutterurlaub mit dem Ziel, die Geschlechterrollen in der Familie und in der Arbeitswelt zu verändern. Die Regelung aus dem Jahr 1995, dass ein Teil des Elternurlaubs nicht zwischen den Elternteilen übertragbar ist, war ein weiterer Schritt, um die innerfamiliäre Arbeitsteilung zu beeinflussen.

Zeitgleich zur Etablierung eines Kinderbetreuungssystems, das sowohl Kindern, Frauen als auch dem Arbeitsmarkt nutzen sollte, entstand ein neues Familienleitbild. In seinem Zentrum steht das Modell einer geteilten Elternschaft im Sinne einer gleichberechtigten Arbeitsteilung im Haushalt und einer gemeinsamen Verantwortung für das Kind; letztere kommt rechtlich z.B. im gemeinsamen Sorgerecht nach einer Trennung, Scheidung oder Familienneugründung zum Ausdruck. Im Vergleich zu dem relativ großen politischen Konsens gegenüber der «neuen» Familienpolitik der 1970er Jahre waren die Meinungen zu den Reformen der 1990er Jahr sehr viel kontroverser. Die Einführung eines Kinderbetreuungsgeldes (das aber sechs Monate später wieder abgeschafft wurde, nachdem die Sozialdemokraten 1995 wieder an die Regierung gelangt waren) deutete in die Richtung eines traditionellen, am männlichen Ernährer orientierten Familienmodells (Bergqvist 2001). Zur gleichen Zeit wandte sich die politische Diskussion aber auch der Elternrolle von Männern, ihrer zögerlichen Inanspruchnahme des Elternurlaubs und der Arbeitsteilung im Haushalt zu. Männer wurden in ihrer Rolle als Väter sichtbar. Die Gleichberechtigung der Geschlechter wie auch die Vereinbarkeit von Arbeits- und Familienleben galten nun als Themen, die Männer gleichermaßen betrafen.

Die nordeuropäischen Länder traten für Gleichberechtigung ein, lange bevor entsprechende Diskussionen auf europäischer Ebene geführt wurden. Doch auch hier ging die Zunahme der Zahl erwerbstätiger Mütter dem Ausbau von Kinderbetreuungseinrichtungen voraus (Leira 1993; Nyberg 2000; vgl. auch Leira, Tobío, Trifiletti in diesem Band). In Schweden hatte die Frauenbewegung schon zu Beginn der Industrialisierung staatliche Unterstützung im

Bereich der Kinderbetreuung gefordert, doch die richtungweisenden politischen Entscheidungen erfolgten erst in den 1960er und 1970er Jahren. Zu den Erfolgsfaktoren gehörte, dass «genügend» Frauen an den politischen Entscheidungsprozessen teilhatten, insbesondere in der Sozial- und Familienpolitik (Bergqvist 2001).

Bei der Ausgestaltung der Betreuungsangebote galt der sozialen und psychologischen Entwicklung von Kindern besondere Aufmerksamkeit. Die Einrichtungen integrierten entsprechende pädagogische Konzepte in ihre Betreuungsaufgaben, um auf die beste Art und Weise für die Kinder sorgen zu können. In den 1970er Jahren entstand die Vorschule, die Ansätze der Kindergarten- und Kinderkrippenerziehung in ihr pädagogisches Profil mit aufnahm (Persson 1994). Seit den 1970er Jahren überstieg die Nachfrage nach Kinderbetreuungsplätzen zumeist das Angebot (Skolverket 2001 a). Erst an der Wende zum 21. Jahrhundert führte der weitere Ausbau der Kinderbetreuung zu einem Angebot für alle Eltern. Heute haben nicht nur Kinder von berufstätigen oder studierenden Eltern Zugang zu den Betreuungsangeboten, sondern auch Kinder arbeitsloser Eltern oder von Eltern, die sich gerade im Elternurlaub befinden (Ds, 1999).

*Kinderbetreuung im Zusammenspiel familienpolitischer Anliegen, bevölkerungspolitischer Ziele und republikanischer Erziehungsideale* Dieses Kinderbetreuungsregime kann am Beispiel von Frankreich illustriert werden. Wie in den skandinavischen Ländern genießt das staatliche Engagement im Bereich der Kinderbetreuung und Familienförderung eine breite gesellschaftliche Zustimmung. Der soziale und politische Konsens gründet sich historisch auf bestimmte Vorstellungen über Kindheit und die Sozialisation von Kindern. Kinderbetreuung gehört in Frankreich zur Familienpolitik, und die Konzeption staatlicher Kinderbetreuung wurzelt in einer Tradition, die gleichermaßen republikanisch wie säkular ist. Die *école maternelle* (Vorschule), die eher der Vorbereitung auf die Schule als der Betreuung von Kindern dient, bildet den wichtigsten Bestandteil dieser Ideologie. Ihr Besuch ist zwar nicht verpflichtend vorgeschrieben, aber fast alle Kinder zwischen 3 und 6 Jahren besuchen sie regelmäßig (Drees 2000). Die Kinderkrippen (*crèches*) tragen den Bedürfnissen von Kindern unter 3 Jahren Rechnung und gelten als eine Dienstleistung für Familien, in denen beide Eltern berufstätig sind. Obwohl nur 9% der Kinder entsprechenden Alters eine Krippe besuchen, wird dieses Betreuungsangebot von Eltern sehr geschätzt, die sich in großer Anzahl um einen Platz bewerben.

In Frankreich ist die Geschichte der öffentlichen Kinderbetreuung eng mit einer spezifischen Konzeption des Staates, dem *état paternaliste*, verbunden, dem die Verpflichtung zukommt, Kinder und Mütter zu schützen – ein Konzept, das am Ende des 19. Jahrhunderts in der Dritten Republik aufkam (Rollet-Echallier 1990). Der französische Staat schützt Mutterschaft und Mütter unabhängig davon, ob diese erwerbstätig sind oder nicht. Mutterschaft ist mit Staatsbürgerschaft verknüpft (Knibiehler 1997). Obwohl manche politische Regelungen den Effekt hatten, Frauen von einer Berufstätigkeit abzuhalten (vor allem Regelungen, die demographischen Zielen geschuldet waren), blieb die Erwerbstätigkeit von Frauen und insbesondere von Müttern vor allem seit den 1960er und 1970er Jahren ein Politikum (Martin 1998). In der 1970er Jahren, einer Zeit sozialen und kulturellen Umbruchs, setzte sich die Neutralität des Staates als neue politische Leitlinie durch. Der Staat sollte sich gegenüber verschiedenen Formen des Privatlebens neutral verhalten und die Entscheidungsfreiheit von Frauen, außer Haus zu arbeiten oder nicht, respektieren. Sofern Mütter einer Berufstätigkeit nachgingen, sollte der Staat ihnen bei der Betreuung von Kindern helfen, sei es durch finanzielle Leistungen, Betreuungsangebote oder bezahlten Elternurlaub. Der gesellschaftliche Konsens über die doppelte Eingebundenheit von Frauen als Erwerbstätige und Mütter ist bis heute stark ausgeprägt. Doch diese Frage ist auch Quelle von Konflikten zwischen Politikern, Familienorganisationen und feministischen Gruppen. Die meisten feministischen Organisationen treten dafür ein, dass Mütter gleichberechtigte Berufsmöglichkeiten haben. Ähnlich wie die Gewerkschaften lehnen sie Teilzeitarbeit und Elternurlaub häufig ab, da beide Instrumente als eine Ursache für die ungleichen Chancen am Arbeitsmarkt und als ein Hindernis für die Karriere von Frauen betrachtet werden.

Das zweite Motiv staatlichen Handelns basiert auf einem Konzept des Staates als Beschützer der Kindheit und als Garant der Chancengleichheit von Kindern. Fragen der Kinderbetreuung waren daher schon vieldiskutiert, als die Vereinbarkeit von Mutterschaft und Erwerbstätigkeit auf die politische Tagesordnung kam

(Lanquetin, Laufer, Letablier 1999). Kinder gelten als Teil der Nation und als Repräsentanten zukünftigen Wohlergehens. Damit korrespondiert umgekehrt eine Verpflichtung gegenüber den Kindern. Die Einführung der *école maternelle* am Ende des 19. Jahrhunderts sollte durch die frühe und kollektive Sozialisation gleiche Ausgangsbedingungen für alle Kinder schaffen, damit sie unabhängig von ihrer ökonomischen und sozialen Herkunft an der Gesellschaft partizipieren könnten. Bis heute unterstützt die französische Öffentlichkeit das staatliche Engagement für die Erziehung, Gesundheit und das Wohlergehen von Kindern. Dieses Engagement wird gleichermaßen als Merkmal und Beleg staatlicher Verantwortung gewertet (Letablier, Pennec, Büttner 2002).

Das dritte Motiv staatlicher Intervention im Bereich der Kinderbetreuung basiert auf der Verknüpfung von Politik und Demographie. Demographische Erwägungen spielen in der politischen Tradition Frankreichs eine große Rolle. Das macht verständlich, warum der französische Staat Familien mit Kindern relativ großzügig unterstützt: Nicht nur durch die Bereitstellung von Betreuungsplätzen, sondern auch in Form von Zuschüssen und Steuererleichterungen und durch Regelungen zum Elternurlaub.

Mit der Regierungsübernahme durch die Linke in den 1980er Jahren entstand ein neues familien- und kinderpolitisches Programm. Auch wenn nicht alle geplanten Änderungen in vollem Umfang realisiert wurden, fand ein Bruch mit bestimmten Überzeugungen der Konservativen statt (Jenson und Sineau 1998). Die sozialistische Regierung versuchte in den 1990er Jahren, einen neuen familienpolitischen Konsens herzustellen. Im Mittelpunkt der «neuen Familienpolitik» stand die Solidarität zwischen sozialen Gruppen und die Gleichheit zwischen Männern und Frauen. Die Berechtigung für eine Reihe von finanziellen Leistungen wurde dahingehend verändert, dass nur noch einkommensschwächere Familien davon profitieren. Um die Gleichberechtigung von Männern und Frauen voranzutreiben, konzentrierte sich die sozialistische Regierung auf Maßnahmen, die den Alltag erwerbstätiger Mütter und die Vereinbarkeit von Familie und Beruf erleichtern sollten. Zu diesem Zweck baute sie das Angebot an Kinderbetreuung aus und eröffnete zwei weitere richtungweisende Optionen: die Möglichkeit zur Reduzierung der Arbeitszeit und den Vaterschaftsurlaub (Letablier 2001). Beide Instrumente sollen Väter ermutigen, einen größeren Teil der Hausarbeit und mehr Verantwortung bei der Betreuung und Erziehung ihrer Kinder zu übernehmen. Zusätzlich können Eltern für mindestens ein Jahr Elternurlaub nehmen (der zweimal verlängert werden kann, bis das Kind 3 Jahre alt ist). Der Elternurlaub ist an das Arbeitsrecht gekoppelt und unbezahlt. Auf der Grundlage flankierender familienpolitischer Maßnahmen erhalten Eltern ab dem zweiten Kind jedoch einen Pauschalbetrag, wenn sie sich im Elternurlaub befinden (Fagnani 2001).

Das Betreuungsangebot hat sich seit den späten 1980er Jahren verbessert, während gleichzeitig eine Diversifizierung der öffentlich geförderten Betreuungsangebote stattgefunden hat: Seit einer steuerliche Neuregelung aus dem Jahr 1989 können Eltern die Kosten für verschiedenste Formen der Kinderbetreuung absetzen, sei es, dass sie zu diesem Zweck eine Haushaltskraft beschäftigen, eine registrierte Tagesmutter bezahlen oder auf institutionalisierte Betreuungseinrichtungen zurückgreifen (Martin, Math, Renaudat 1998).

*Kinderbetreuung als Privatangelegenheit* Ein Beispiel für dieses Betreuungsregime ist Großbritannien. Hier beschränkte sich die staatliche Unterstützung für die Betreuung von Kindern schon immer auf ein Minimum, außer während des Zweiten Weltkriegs (Randall 1999; Marchbank 2000). Im Kontext eines liberalen Wohlfahrtsregimes und angesichts einer starken Tradition des männlichen Ernährermodells ist die Zurückhaltung des britischen Staates im Bereich der Kinderbetreuung nicht überraschend (Lewis 1992). Die Betreuung von Kindern und die Pflege erwachsener Angehöriger gelten in Großbritannien traditionell als Angelegenheiten der Familie und des gemeinnützigen und privaten Sektors. Der Staat spielt eine nur begrenzte Rolle, und die Entscheidungen über das Angebot an öffentlicher Kinderbetreuung fallen weitgehend auf kommunaler Ebene. Die Kommunen sind lediglich verpflichtet, ein Betreuungsangebot für behinderte und kranke Kinder, für Kinder behinderter Eltern und seit kurzem auch für «sozial gefährdete» Kinder bereitzustellen (Rostgaard und Fridberg 1998). Für alle anderen Kinder besteht kein entsprechender Anspruch. Primäres Anliegen der Thatcher-Ära der 1980er Jahre war, den Staat im Bereich der Betreuung und Pflege durch private Anbieter zu ersetzen (Land und Lewis 1998). Studien aus den späten 1980er Jahren zeigten, dass der Mangel an erschwinglichen Kinderbetreuungsplätzen ein Hindernis für die Arbeitsmarktbeteiligung von Müttern, vor allem von allein erziehenden Müttern darstellte (Bertram und Pascal 1999). Doch erst in den 1990er Jahren entstanden Maßnahmen, die dieses Problem ausdrücklicher in Angriff nahmen. 1996 wurde der *Working Families Tax Credit* eingeführt, der Kinderbetreuungskosten steuerlich absetzbar machte und vor allem allein erziehende Mütter zu einer Berufstätigkeit ermutigen sollte. 1997 erhielten alle Eltern ein Anrecht auf Betreuungsgutscheine, die in etwa die Kosten für einen Halbtagsplatz in einer Betreuungseinrichtung mit Vorschulcharakter deckten. Anders als die Kinderbetreuung gilt die Ausbildung als ein Recht von Kindern.

Die Labour-Regierung schaffte das Gutscheinsystem 1998 wieder ab und ersetzte es durch ein sozialpolitisches Programm, das erstmals unter der Devise stand, die Herausforderungen der Kinderbetreuung anzunehmen.[1] Die *National Childcare Strategy* knüpft die Bereitstellung von Betreuungsangeboten explizit an eine Restrukturierung des Arbeitsmarktes. Das Ziel der wohlfahrtsstaatlichen Initiativen von Labour ist, die Beschäftigung zu fördern, soziale Ausgrenzung zu bekämpfen, Armut zu mindern (1998 lebte jedes dritte Kind in Armut) und sicherzustellen, dass Kinder darauf vorbereitet werden, in der Arbeitswelt von morgen ihren Platz einzunehmen (OECD 2000b). Darüber hinaus soll es Frauen ermöglicht werden, Familie und Beruf zu vereinbaren. Die Privatisierung der Kinderbetreuung bleibt bis heute weitgehend unangetastet. Eltern kaufen die Kinderbetreuung am Dienstleistungsmarkt mit Hilfe von Steuererleichterungen. Privaten Agenturen kommt eine tragende Funktion bei der Umsetzung der neuen Kinderbetreuungspolitik zu, bei der die Eltern die Rolle von Konsumenten einnehmen. Der Staat spielt für die Bereitstellung von Betreuungsressourcen nach wie vor eine begrenzte Rolle (Lewis 2000b). Zugleich bleibt die Sorge um Wohlfahrtsabhängigkeit (*welfare dependency*), d. h. die Befürchtung, dass Arbeitslosenunterstützung und Sozialhilfe letztendlich lähmende Abhängigkeit, fehlende Arbeitsbereitschaft und soziale Ausgrenzung verursachen könnten, statt die Rückkehr in das Berufsleben zu ebnen, ein zentrales Motiv des Regierungshandelns.

Die Kinderbetreuung gilt noch immer als Angelegenheit der Familie und vor allem der Mütter. Als Folge werden Mütter als

Zuverdienerinnen betrachtet, die auf Teilzeitbasis beschäftigt sind oder auf der Grundlage von befristeten Arbeitsverträgen und flexiblen Arbeitszeiten einer Erwerbstätigkeit nachgehen. Im europäischen Vergleich ist die Anzahl teilzeitbeschäftigter Frauen in Großbritannien am zweithöchsten (nach den Niederlanden). Neue Entwicklungen der Arbeitsmarktbeteiligung zeigen jedoch wachsende Unterschiede zwischen verschiedenen Gruppen von Frauen. Da die Sozialisation von kleinen Kindern maßgeblich in der Familie stattfindet, ist die geschlechtsspezifische Arbeitsteilung sehr ausgeprägt. Lange Zeit widersetzten sich Großbritannien und Irland den EU-Richtlinien zum «Schutz von Schwangeren, Wöchnerinnen und stillenden Müttern» (1992) und zum «Elternurlaub und Urlaub aus familiären Gründen» (1996). Erst 1999 lenkte Großbritannien ein und setzte die in den Richtlinien formulierten Minimalstandards um. Der Elternurlaub umfasst in der Regel nur 12 Wochen, ist unbezahlt, und die Modi (z.B. der Zeitpunkt) der Inanspruchnahme sind Gegenstand individueller oder kollektiver Vereinbarungen mit den Arbeitgebern.

Das Thema Kinderbetreuung hat in Großbritannien nie den politischen Stellenwert erlangt, den es in den nordeuropäischen Ländern und in abgeschwächter Form in Frankreich genießt. Aufgrund des sozialen Konservatismus der Parteien und Gewerkschaften und wegen des Selbstverständnisses des britischen Staates bestanden kaum «Gelegenheitsstrukturen» für Veränderungen in diesem Bereich (Randall 1996). Mit Blick auf Schweden argumentiert Bergqvist (2001), dass die politische Partizipation von Frauen auf lokaler und nationaler Ebene eine nicht zu unterschätzende Rolle für die staatliche Bereitstellung von Betreuungsangeboten spiele. Für Großbritannien konstatieren Randall (1996) und andere, dass die Frauenbewegung den Zug verpasst habe, dass es ihr nicht gelungen sei, gleichzeitig im Mainstream der politischen Institutionen und als soziale Basisbewegung präsent zu sein. Doch sei auch angemerkt, dass die Einmischung des Staates in die Privatsphäre zum Teil sehr kritisch bewertet wird. So sind es die Unternehmen, an die sich die Erwartungen bezüglich familienfreundlicher Maßnahmen (etwa die Möglichkeit, die berufliche Laufbahn zu unterbrechen, oder die Einführung neuer Arbeitsformen) richten.

Der Aufstieg von *New Labour* bedeutete für Großbritannien, dass die wohlfahrtsstaatliche Aufmerksamkeit vor allem der Erwerbstätigkeit und ihrer sozial integrativen Funktion und weniger der Bekämpfung von Armut galt (Lister 1998; Lewis 1999). Diese Politik ist ein Prüfstein für das Konzept der Chancengleichheit und ein wesentliches Element zur Etablierung individueller Verantwortung. Aufgabe des Staates ist es, neue Beschäftigungsmöglichkeiten zu schaffen und die Bürger bei deren Wahrnehmung zu unterstützen. Begleitend zu ihrem beschäftigungspolitischen Programm hat die Regierung 1998 Maßnahmen in Gang gesetzt, die (erstmals in Großbritannien) den Ausbau der Nachmittagsbetreuung in Schulen zum Ziel hatten. Auch wenn die investierten Mittel weit hinter den Summen zurückbleiben, die andere europäische Länder für ähnliche Maßnahmen bereitstellen, verdeutlicht die Umorientierung eine Anerkennung staatlicher Intervention in einem Bereich, der bislang in der Verantwortung der Familie lag. Die neue Kinderbetreuungspolitik verfolgt explizit das Ziel, Eltern und besonders Frauen eine Vereinbarkeit von Beruf und Familie zu ermöglichen.

*Kinderbetreuung als Verantwortung der Mutter*  Beispielhaft für dieses Betreuungsregime ist die alte Bundesrepublik Deutschland. Das westdeutsche Kinderbetreuungssystem ist an ein konservatives Wohlfahrtsregime und eine institutionalisierte Arbeitsteilung zwischen Männern und Frauen gekoppelt. Das Sozialversicherungssystem basiert auf einer geschlechtlichen Arbeitsteilung in der Familie und erkennt die Betreuungsarbeit von Frauen bis zu einem gewissen Grad als Berechtigungsgrundlage für soziale Leistungen an, z.B. indem die Elternzeit auf die Rente angerechnet wird (Scheiwe 1995). Während damit ein Schritt zur Anerkennung von Betreuungsarbeit unternommen wurde, bleibt deren Umfang allerdings beschränkt, sowohl bei der Bemessung von Rentenansprüchen als auch mit Blick auf die Höhe des Erziehungsgelds.

Die Sozialisation von Kindern findet primär in der Familie statt, und die Beziehung zwischen Mutter und Kind nimmt in den Auffassungen über eine gute Erziehung einen privilegierten Platz ein. Mütter werden ermutigt, Elternzeiten in Anspruch zu nehmen und anschließend auf Teilzeitbasis zu arbeiten, um Erwerbstätigkeit und Familie vereinbaren, sich also weiterhin der Kinderbetreuung widmen zu können. Eltern haben ein Anrecht auf eine Elternzeit von bis zu drei Jahren und erhalten abhängig vom Einkommen des

Partners bis zu zwei Jahre lang Erziehungsgeld. Anders als im schwedischen System, in dem Eltern statt einer Erziehungspauschale einen Lohnersatz (von 80% des vorangegangenen Einkommens im ersten Jahr des Elternurlaubs) erhalten, besteht der Anspruch auf das Erziehungsgeld in der BRD unabhängig davon, ob die Leistungsempfänger zuvor berufstätig waren. Die Regelungen zum Elternurlaub orientieren sich in der Bundesrepublik eher an der Familie als an dem Ziel, die Erwerbstätigkeit von Müttern zu sichern. So ist der Mangel an staatlicher Initiative im Bereich der Kinderbetreuung durchaus darauf zurückzuführen, dass diese Aufgabe als private Angelegenheit, als Sache der Mütter betrachtet wird (vgl. Knijn, Jönsson, Klammer in diesem Band). Während Mutterschaft eine gesellschaftliche Wertschätzung erfährt, ist das Verhältnis von Berufstätigkeit und Mutterschaft äußerst konfliktreich, was auch in der niedrigen Geburtenrate vor allem gut ausgebildeter Frauen zum Ausdruck kommt (Fagnani 2001). Und obwohl die Anzahl an Doppelverdienern wächst, gibt es wenige Familien, in denen beide Partner wirklich eine Karriere verfolgen.

Auch die Arbeitsmarktpolitik orientiert sich an dieser Konzeption von Mutterschaft. In Westdeutschland verlassen Frauen in aller Regel temporär den Arbeitsmarkt, wenn sie ein Kind bekommen, und kehren meistens erst nach einer langen Unterbrechung auf Teilzeitbasis zurück. Die lange Dauer der Elternzeit bedeutet in der Praxis häufig, dass sie die Anbindung an ihren früheren Beruf verlieren. In Ostdeutschland ist hingegen das Ideal der berufstätigen Mutter noch weit verbreitet. Die Frauen nehmen üblicherweise eine kürzere Elternzeit und kehren häufiger auf Vollzeitbasis in den Arbeitsmarkt zurück (vgl. Knijn, Jönsson, Klammer in diesem Band). Dennoch sind es in beiden Teilen Deutschlands fast ausschließlich Mütter, die Konzessionen an ihr Berufsleben machen und sich den Arbeitsmarktbedingungen anpassen. Mutter eines Säuglings oder Kleinkindes zu sein, gilt als unvereinbar mit dem Berufsleben, es sei denn, es handelt sich um eine Teilzeitbeschäftigung. Dieses Ideal von Mutterschaft erklärt die begrenzten öffentlichen Investitionen in die Betreuung von kleinen Kindern. Die Reform der Kinderbetreuungspolitik Mitte der 1990er Jahre, die allen Kindern ab 3 Jahren einen Anspruch auf eine Halbtagsbetreuung im Kindergarten gewährt, lässt das Prinzip der Subsidiarität weitgehend unberührt. Allerdings kündigt die Reform eine

Verschiebung im Verhältnis von unbezahlter und bezahlter Betreuungsarbeit an, indem nun eine neue Mischung aus bezahlter und unbezahlter, formaler und informeller Betreuung stattfindet (Ostner 1998). Den größten Teil der Kinderbetreuungsplätze stellen gemeinnützige Träger bereit, die staatlicher Kontrolle unterstehen und vom Staat finanziert werden.

Im Laufe der Zeit ist das Verhältnis zwischen Beruf und Familie flexibler geworden, und die Trennung zwischen bezahlter Erwerbsarbeit und unbezahlter Erziehungsarbeit verliert an Schärfe. Das Anliegen gegenwärtiger Arbeitsmarktpolitik besteht in einer flexiblen Integration von Frauen auf der Grundlage von Teilzeitlösungen. Der Rückgang von Beschäftigung und Einkommen erhöht die Notwendigkeit eines zweiten Familiengehalts. Die Politik betont mit Nachdruck die beiderseitige Verantwortung von Staat und Familie für das Wohlergehen von Kindern und unterstreicht damit auch ihre eigene Verpflichtung – nicht zuletzt wegen des Armutsrisikos, dem Familien und Kinder angesichts der wachsenden sozialen Polarisierung und der wirtschaftlichen Entwicklung seit der Wiedervereinigung ausgesetzt sind (Ostner 1998). Zugleich verändert sich die Konzeption der Familie, indem einerseits die Akzeptanz gegenüber unterschiedlichen Formen des Zusammenlebens wächst und andererseits das Wohlergehen von Kindern zu einem Kardinalprinzip öffentlicher Intervention wird (Richter 2000).

*Das mediterrane Kinderbetreuungsregime: Kinderbetreuung als Angelegenheit von Familie und Verwandtschaft* Dieses Betreuungsregime soll am Beispiel Spaniens verdeutlicht werden. Mit Ausnahme Italiens steht die Vereinbarkeit von Familie und Beruf in den mediterranen EU-Ländern erst seit kurzem auf der politischen Tagesordnung. Traditionell gehörte die Sozialisation von Kindern zur Aufgabe der Großfamilien. Die Familie basiert auf wechselseitigen Verpflichtungen, die in die Verfassung eingeschrieben sind. Der Staat greift erst dann ein, wenn die Familie ihre Pflichten nicht mehr erfüllen kann. Im Einklang mit bestehenden Normen und Werten liegt die Verantwortung für Kinder und Jugendliche bei der Familie, d. h. bei Frauen, bei Müttern und Großmüttern (Tobío 2001; vgl. auch Leira, Tobío, Trifiletti in diesem Band). Die Solidarität in der Familie besteht zwischen Generationen und Frauen; sie ist keine Angelegenheit von Männern. Daran hat sich trotz der Zunahme erwerbstätiger Frauen nichts geändert. Männer und Frauen können heute «gleichermaßen» am Arbeitsmarkt teilhaben. Während die traditionelle Hausfrau verschwindet, übernehmen Frauen nun eine doppelte Verpflichtung, kümmern sich um Verdienst und Familienmitglieder. Weder die männliche Bevölkerung noch der öffentliche Sektor tragen aktiv zu einer faireren Verteilung der Betreuungs- und Hausarbeit bei (Carrasco und Rodríguez 2000). Die Berufstätigkeit von Müttern wird durch die Hilfe von Großmüttern und Schwestern oder, wenn das Einkommen hoch genug ist, durch Tagesmütter ermöglicht (Wall 1995; Tobío 1998). Nur ein kleiner Teil der Betreuungseinrichtungen für Kinder bis zu 3 Jahren wird aus öffentlichen Mitteln finanziert. Der Ausbau von Betreuungsangeboten für ältere Kinder zielt, wie in vielen anderen europäischen Ländern, vor allem auf verbesserte Ausbildungsbedingungen und weniger auf die Vereinbarkeit von Beruf und Familie (Valiente 1996). Die Unterrichtszeiten der Schulen sind selten auf die Arbeitszeiten der Eltern abgestimmt. In Südeuropa baut die Sozialpolitik auf den engen Familienbeziehungen auf, und folglich bestehen innerhalb dieser Länder viele regionale Unterschiede. Die südeuropäischen Staaten haben erst kürzlich Regelungen zum Elternurlaub eingeführt, der aber meistens unbezahlt und an das Vorliegen eines unbefristeten Arbeitsverhältnisses gebunden ist, während die meisten Mütter auf befristeten Stellen arbeiten. Ohne die Hilfe von privaten Netzwerken würden die gegenwärtigen arbeits- und sozialpolitischen Regelungen zu einem noch drastischeren Sinken der Geburtenraten führen.

## Politische Rechtfertigungsgründe:
## Zur Handlungslogik staatlicher Intervention

Die verschiedenen Kinderbetreuungsregime verweisen nicht nur auf unterschiedliche Rollen des Staates bei der Organisation der Kinderbetreuung, sondern auch auf Unterschiede bei der Konzeptionalisierung der Rollen von Staat und Familie. Das spezifische Verhältnis von Staat, Markt, Familie oder Zivilgesellschaft impliziert bestimmte Konzepte von Solidarität und Gleichberechtigung zwischen sozialen Schichten und zwischen Männern und Frauen. Im folgenden Abschnitt wollen wir die Ähnlichkeiten und Unterschiede identifizieren, die zwischen den Handlungsprinzipien der

Kinderbetreuungspolitik in Schweden und Frankreich bestehen, indem wir uns aus historischer Perspektive die Bezüge auf Solidarität und Gerechtigkeit ansehen.

In Frankreich ist die Unterstützung von Kindern und Familien mit zwei Traditionslinien verwurzelt: einer «natalistischen» (*nataliste*), die hohe Geburtenraten propagiert, und einer «familialistischen» (*familialiste*), die eine Umverteilung des Vermögens zwischen Familien mit und ohne Kindern zum Ziel hat. Diese beiden Rechtfertigungen begründeten zu Beginn des 20. Jahrhunderts die Basis für die französische Familienpolitik, verloren in den letzten Jahrzehnten aber an Überzeugungskraft.

Die «natalistische», also bevölkerungspolitische Tradition ist noch immer in politische Programme und Regelungen eingeschrieben, doch hat sie als Bezugspunkt politischen Handelns und Gegenstand des gesellschaftlichen Konsenses an Einfluss verloren. Sie basiert auf der Vorstellung, dass Kinder den Wohlstand und die Zukunft der Nation repräsentieren. Zu Beginn des 20. Jahrhunderts galten Kinder als zukünftige militärische und ökonomische Kraft des Landes. An der Jahrhundertwende erfolgte ein bevölkerungspolitischer Aufruf, der einen Anstieg der Geburtenrate bewirken sollte, damit ausreichend viele Soldaten für die Verteidigung der Kolonialmacht zur Verfügung standen. Später, in den 1930er Jahren, vertraten die Anhänger dieser Bevölkerungspolitik die Ansicht, dass der Rückgang der Geburtenrate und der Verlust moralischer und familiärer Werte die Ursachen der ökonomischen Krise seien (Deprez 1999). Nach dem Zweiten Weltkrieg argumentierte man, dass die Wirtschaft wachsen müsse. In den 1970er Jahren schaffte die Regierung Anreize für die Geburt eines dritten Kindes (zu einer Zeit, als der Durchschnitt bei zwei Kindern lag) und ergänzte diese durch Maßnahmen, welche Frauen zu einem Ausstieg aus der Berufstätigkeit bewegen sollten. Selbst heute sind bevölkerungspolitische Argumente noch präsent, und ihre Befürworter in Familienorganisationen und konservativen politischen Kreisen verweisen auf den Rückgang und die Altersstruktur der Bevölkerung und betonen, dass die Gesellschaft auf diese Entwicklung antworten müsse. Eine aktuelle Forderung der «natalistischen Strömung» zielt auf eine einkommensäquivalente Anhebung des Erziehungsgeldes. Auf diese Weise sollen gleichermaßen Arbeitsplätze frei, die Arbeitslosigkeit gesenkt und der Wert von Mutterschaft qua Bezahlung bekräftigt werden (Deprez 1999; Büttner, Letablier, Pennec 2002).

Wie im Fall der bevölkerungspolitischen Tradition haben auch «familialistische» Positionen an Einfluss verloren; vor allem infolge der einkommensabhängigen Umgestaltung der Familienförderung. Die Notwendigkeit, einerseits die öffentlichen Ausgaben zu verringern und andererseits der sozialen Ungleichheit gegenzusteuern, die sich angesichts hoher Arbeitslosenzahlen verschärft hatte, veranlasste aufeinander folgende Regierungen, die Familienförderung auf solche Familien zu begrenzen, die am meisten darauf angewiesen waren. «Familialistische» Kritiker aus den Reihen der Familienbewegung (*mouvement familial*) wandten sich gegen diese politische Reorientierung und warfen der französische Familienpolitik vor, dass sie an Konsistenz verliere und sich in soziale Ziele auflöse. Es sei daran erinnert, dass Familien in Frankreich in Interessensgruppen organisiert sind. Die Familienbewegung ist ebenso stark wie einflussreich und wurde 1946 beim Ausbau des französischen Wohlfahrtsstaats als Partner der Familienpolitik institutionalisiert. Ihre Vertreter nehmen an sämtlichen Entscheidungsprozessen zur staatlichen Familienförderung teil (Chauvière et al. 2000).

Wichtigstes Instrument der französischen Kinder- und Familienförderung ist bis heute der Lastenausgleich, der sich an den Kosten, die für das Großziehen eines Kindes veranschlagt werden, bemisst. Doch können die entsprechenden Regelungen nicht nur nach ihrer «Großzügigkeit», d.h. nach ihrem relativen Stellenwert im Gesamthaushalt, bewertet werden. In ihnen schlagen sich unterschiedliche Konzepte von sozialer Gleichheit nieder, in denen Umverteilung im einen Fall den horizontalen Ausgleich zwischen Familien mit und ohne Kindern meint und im anderen Fall den vertikalen Ausgleich zwischen sozialen Schichten. Das bedeutet, dass die Formen des Familienlastenausgleichs keineswegs neutral gegenüber den Adressaten der finanziellen Zuwendungen oder Steuererleichterungen sind. Während Frankreich beide Methoden der Umverteilung miteinander verknüpft, geben andere Länder der einen oder der anderen den Vorrang. Die horizontale Umverteilung korrespondiert mit dem Konzept der Familie als fundamentaler Einheit der Gesellschaft, die der Staat entsprechend schützen müsse, während die vertikale Umverteilung die soziale Dimension der Familienpolitik betont. Das Prinzip der horizontalen Umverteilung ist umstritten, da es dazu neigt, die wohlhabendsten Familien zu begünstigen. Es ist auch deshalb umstritten, weil Steuererleichterungen hauptsächlich verheirateten Müttern und Familien zugute kommen, in denen Frauen keiner Erwerbstätigkeit nachgehen bzw. ihre Arbeitszeit reduziert haben. Folglich ermutigen Steuererleichterungen Mütter, ihren Beruf aufzugeben, vor allem wenn ihre Partner über ein hohes Einkommen verfügen. Das bedeutet, dass die Formen der Umverteilung nicht neutral sind gegenüber der Arbeitsmarktbeteiligung von Müttern (Hantrais und Letablier 1996; 1997). Die Maßnahmen der Regierung Jospin aus dem Jahr 1998, die das Prinzip der horizontalen Umverteilung in Frage stellten, waren allerdings höchst umstritten, nicht nur bei Familienverbänden, sondern auch innerhalb der öffentlichen Meinung, die in weiten Teilen an dem Grundsatz festhielt, dass der Staat die Familien schützen müsse. Angesichts der demographischen Situation verschärft sich die Kontroverse gegenwärtig, da der Generationenvertrag darauf basiert, dass die Kinder von heute die Rente von morgen bezahlen. Ginge es nach den Befürwortern einer «horizontalen Solidarität», müsste der Beitrag, den die Familien zur Gesellschaft als Ganzes leisten, anerkannt und kompensiert werden (Büttner, Letablier, Pennac 2002).

Der schwedische Wohlfahrtsstaat hat seine Aufmerksamkeit im Bereich der Familienpolitik von einer Mütterpolitik zu Beginn des 20. Jahrhunderts auf eine Bevölkerungspolitik in den 1930er Jahren verschoben und seit den 1970er Jahren auf eine moderne Familienpolitik (Ohlander 1989). Viele der gegenwärtigen Ideale lassen sich bis zu den familienpolitischen Vorschlägen von Alva und Gunnar Myrdal aus den 1930er Jahren zurückverfolgen, die sowohl für das Wohlergehen des Kindes als auch für die Emanzipation der Frauen eintraten. Um den Rückgang der Geburtenrate in den 1930er Jahren aufzuhalten, erhielten grundlegende Reformen, die der Verbesserung der Lebensbedingungen insgesamt galten, den Vorrang vor bevölkerungspolitischen Instrumenten. In dieser Zeit wurden universelle Sozialleistungen wie Mutterschafts- und Kindergeld eingeführt. Diese Beihilfen gingen direkt an die Mütter, um die Unabhängigkeit der Frauen zu erhöhen und um sicherzustellen, dass die Unterstützung auch den Kindern zugute kommt. Viele der Geldleistungen, die während der Nachkriegszeit als universelle

Ansprüche eingeführt wurden, haben im Laufe der Zeit eine Umgestaltung erfahren und sind heute in einem größeren Umfang von einer Erwerbstätigkeit bzw. vom Einkommen abhängig. In den 1990er Jahren bekamen vor allem Familien mit Kindern die Auswirkungen der wirtschaftlichen Rezession zu spüren (SOU 2000: 3), die von einem Rückgang der Geburtenzahlen begleitet war. Einmal mehr richtete die Sozialpolitik ihren Fokus auf die Lebensbedingungen von Familien mit Kindern und darauf, wie diese Bedingungen für neue Elterngenerationen verbessert werden könnten. Kinder gelten als Zukunft der Wohlfahrtsstaatlichkeit. Familienpolitischen Reformen kommt hohe Priorität zu, und die Sozialleistungen werden auf das frühere Niveau zurückgesetzt oder sogar erhöht. Der weitere Ausbau der öffentlichen Kinderbetreuung und die Begrenzung von Betreuungskosten sollen zu einer Integration aller Kinder führen und den Eltern eine Erwerbstätigkeit ermöglichen, während die Schwierigkeiten und Nachteile einer erhöhten Arbeitsmarktintegration gemindert werden sollen.

Steuervergünstigungen für Familien und Kinder gehören in Schweden nicht zum Programm sozialdemokratischer Familienpolitik, während die nicht-sozialistischen Parteien solche Maßnahmen befürworten. Die Familienpolitik der Nachkriegszeit implementierte statt dessen ein einheitliches Kindergeld und einkommensabhängige Zuschüsse für Familien mit Kindern. Gleichzeitig wurden steuerfinanzierte Kinderbetreuungsangebote ausgebaut. Früher hing die Höhe der Kinderbetreuungsgebühren vom Einkommen der Eltern ab. Die Einführung einer Höchstgebühr besitzt demgegenüber weniger umverteilenden Charakter, da Eltern mit mittlerem und hohem Einkommen mehr davon profitieren als Eltern mit niedrigem Einkommen.

## Restrukturierung der Kinderbetreuungspolitik und Familienförderung: neue Prinzipien, neue Formen der Regulierung

Die wirtschaftliche Umstrukturierung der europäischen Wohlfahrtsstaaten, die Notwendigkeit, die Anzahl der erwerbstätigen Personen zu erhöhen, und die Überzeugung, dass Frauen und Männer über gleiche Chancen verfügen sollen, konstituieren einen Teil des neuen Handlungsrahmens, dem sich die einzelstaatliche

Politik gegenübersieht. Einige Länder haben nicht erst auf EU-Empfehlungen gewartet, um beispielsweise den Zugang zur Kinderbetreuung zu verbessern, obgleich die entsprechenden Maßnahmen divergierenden Prinzipien gefolgt sein mögen. Im Fall anderer Länder führten die europäischen Empfehlungen zu einer Revision sozialpolitischer Gesichtspunkte, vor allem bei der Austarierung von Wohlfahrt und Erwerbstätigkeit. Diese Reorientierungen werfen außerdem Fragen über die Motive politischer Maßnahmen und die Implikationen gegenwärtiger Veränderungen auf. Wenn die Rückkehr in den Arbeitsmarkt zum Dreh- und Angelpunkt der Politik wird, gerät auch eine traditionelle Arbeitsteilung zwischen den Geschlechtern, wie sie insbesondere in der Familie stattfindet, ins Wanken. Folglich nimmt auch die alte Debatte über die Sozialisation von Kindern, ob sie in der Familie oder durch die Gesellschaft erfolgen solle, eine neue Form an. Der Rekurs auf Kinderrechte (zum Beispiel das Recht auf Betreuung, das die meisten skandinavischen Länder anerkennen) erhält ebenfalls neue Bedeutung, obwohl diese Rechte in einer Reihe von Ländern noch nicht umgesetzt worden sind.

In den meisten EU-Ländern ereigneten sich während der 1990er Jahre politische Veränderungen. Mit dem Machtgewinn linksgerichteter Parteien in mehreren Mitgliedstaaten wandelten sich politische Auffassungen über die Familie. Während die Mehrheit der konservativen Regierungen die Familie als einen Wert und eine Norm begriff, die verteidigt werden müssten, galt dies nicht länger, als Regierungen gegen Ende der 1990er Jahre eine Pluralität privater Lebensstile anerkannten und auch die Definition der Familie änderten. Diese Entwicklung führte zu neuen Zielen und Schwerpunkten. Zu Beginn des dritten Jahrtausends verändert sich die politische Situation in vielen EU-Ländern erneut – mit möglichen Auswirkungen auf die Konzeptionalisierung von Familie.

Die Veränderungen von Familienstruktur und Arbeitsmarktverhältnissen führen auch zu einem Wandel sozialpolitischer Modelle. In dem Maße, in dem die Beschäftigungsförderung in das Zentrum der Wohlfahrtspolitik tritt, wird das männliche Ernährermodell vielerorts vom Modell des «erwachsenen Erwerbstätigen» (*adult worker model*) abgelöst, das die Integration aller Erwachsenen in den Arbeitsmarkt anstrebt, da ihm die Erwerbsarbeit als beste Form von Wohlfahrt gilt (Lewis 2000b) vgl. auch Lewis in diesem Band).

Allerdings entwickelt sich dieses Modell nicht in allen europäischen Ländern gleichermaßen, wenngleich sich die meisten Länder rhetorisch zu der politischen Vorgabe bekennen, die Arbeitsmarktbeteiligung von Frauen zu erhöhen und die Wohlfahrtsabhängigkeit zu mindern. Länder wie Frankreich oder Schweden, in denen die Vereinbarkeit von Beruf und Familie schon lange ein politisches Anliegen ist, haben diese Politik bekräftigt. Gleichzeitig findet eine leichte Verschiebung der politischen Handlungslogik statt, so dass die französische Familienpolitik heute den Eindruck mangelnder Kohärenz und Konsistenz vermittelt (Fagnani 1998 a). Trotz einer Annäherung der politischen Leitbilder entwickeln sich die Neuerungen nicht in einem Vakuum; sie müssen alten Leitbildern und bestehenden sozialpolitischen Regelungen Rechnung tragen und sind daher Gegenstand verschiedenster Kompromisse. Diese Situation verursacht unweigerlich Spannungen.

In Frankreich ist jede Regierung bei neuen politischen Rechtfertigungen vor die Notwendigkeit gestellt, ihre Kompetenzen bei der Bekämpfung von Arbeitslosigkeit zu demonstrieren: Seit den 1980er Jahren räumen sämtliche Regierungen der Neuschaffung von Arbeitsplätzen Priorität ein. Kinderbetreuung und Altenpflege kommen dabei als Sektoren mit Beschäftigungspotenzial in Betracht: Neue Programme wurden in Gang gesetzt, um wohnortnahe Beschäftigung (*emplois de proximité*) oder Arbeitsplätze in Familienhaushalten (*emplois familiaux*) zu schaffen, die als private Dienstleistungen für Familien im Bereich der Kinderbetreuung und Altenpflege konzipiert worden sind. Diese Programme fördern individualisierte Dienste zum Nachteil des Ideals öffentlicher Sozialleistungen und auf Kosten der kollektiven Kinderbetreuung etwa in den Krippen. Die Wiedereinführung von Beihilfen für die Betreuung von kleinen Kindern ist Teil dieses Trends (Fagnani 1998 b), der zu einer Individualisierung und Privatisierung von Maßnahmen (ihrer Bereitstellung, wenn nicht der Finanzierung) führt, auch wenn die neuen Arbeitsplätze staatlich subventioniert werden und die Familien finanzielle Unterstützung erhalten. All diese Veränderungen reagieren aber auch auf die Bedürfnisse und die wachsende Nachfrage von Eltern nach mehr Wahlmöglichkeiten und größerer Flexibilität im Bereich der Kinderbetreuung.

Der politische Wandel vollzieht sich nicht nur konzeptuell, sondern auch strukturell. Kinderbetreuung und andere Angebote für

Kinder werden nicht nur kommerzieller, sondern unterstehen zunehmend lokalen Behörden. Die Betreuungseinrichtungen binden Eltern im größeren Umfang ein, da keine Vermittlung durch Dritte oder öffentliche Körperschaften stattfindet.

Die skizzierten Entwicklungen verändern schließlich die Konzeptionalisierung der Kinderbetreuung als öffentliche Angelegenheit und repräsentieren die Auflösung eines gesellschaftlichen Konsenses gegenüber einem bestimmten Ideal von Kindheit. In Frankreich galten die Krippen als ein Symbol für die Chancengleichheit von Kindern und als notwendige Vorbereitung auf die Bildungsgrundsätze, die sie beginnend mit der *école maternelle* begleiten würden. Über eine bloße Betreuungsfunktion hinausgehend repräsentierten die Krippen eine bestimmte Auffassung über die Art und Weise, wie Kinder großgezogen werden sollten, wie ihre frühe Sozialisation und die Vorbereitung auf ihre Teilhabe an der Gesellschaft auszusehen habe. Insgesamt betrachtet stellten die Krippen ebenso ein Angebot an die Allgemeinheit dar, wie sie dem Wohl der Allgemeinheit verpflichtet waren.

Mit der Eröffnung neuer Wahlmöglichkeiten haben die Regeln des Marktes Einzug in die Interaktion zwischen Familie und Beruf erhalten. Tatsächlich führen die Veränderungen zu einer sozialen Stratifizierung von Angeboten: Haushaltshilfen, finanzielle Zuschüsse und Steuervorteile für wohlhabende Familien, Krippen für die Mittelschicht und für Mütter mit regelmäßigem Einkommen und, schließlich, lokale Netzwerke und Hilfe von Familienangehörigen für die Haushalte mit den niedrigsten Einkommen. Diese Entwicklung bricht mit dem republikanischen Ideal sozialer Gerechtigkeit und eines gleichberechtigten Zugangs zu öffentlichen Leistungen. Zusätzlich schafft sie eine Situation, in der einige Frauen zu Arbeitgeberinnen anderer Frauen werden, die ihrerseits zum Wohl der eigenen Kinder teilweise auf öffentliche Betreuungsressourcen zurückgreifen. Das heißt, dass die offizielle Rhetorik von der Notwendigkeit, die «Betreuungsangebote zu vervielfältigen», um die «Wahlfreiheit der Familien» zu erhöhen, in Wirklichkeit soziale Ungleichheiten beim Zugang zur Kinderbetreuung schafft (Fagnani 1998 b). Im Namen der Bekämpfung von Arbeitslosigkeit und als Antwort auf den Bedarf an neuen Arbeitsplätzen hat die Regierung den Ausbau einer individualisierten Kinderbetreuung gefördert, die nur Wohlhabenden und der Mittelschicht zugänglich ist. Dieser Politik kommt jedoch der Vorteil zu, Arbeitsverhältnisse, die vorher in der informellen Ökonomie verborgen lagen, sichtbar und legal zu machen. Die Kinderbetreuung gewinnt somit neue politische und ökonomische Anerkennung, während sie zugleich in größere Programme eingebettet ist: Mehr und mehr wird die Kinder- und Familienpolitik an die Beschäftigungspolitik und an Gleichberechtigungsgrundsätze gekoppelt.

Im Gegensatz zu der Entwicklung in Frankreich fördert Schweden die kollektive Kinderbetreuung weiterhin durch den Ausbau von Krippen (Kindertagesstätten), Freizeitzentren und Vorschulen. Die Anzahl der Kinder, die zu Hause von registrierten Tagesmüttern betreut werden, ist seit Mitte der 1980er Jahre zurückgegangen. Als Folge der Dezentralisierung, mit der die finanzielle Zuständigkeit und die Entscheidungskompetenzen im Bereich der Kinderbetreuung auf die Kommunen übergegangen sind, nahm in den 1990er Jahren die Vielfalt an Betreuungsangeboten zu. Familien und Personalvertretungen, gemeinnützige Organisationen und Arbeitgeber begannen, als Organisatoren nicht-staatlicher Kinderbetreuung aufzutreten, auch wenn diese noch immer aus öffentlichen Mitteln finanziert wurde. In einem bestimmten Sinn hat diese Entwicklung zu einer «Ent-Marktung» der Kinderbetreuung geführt, weil der Bedarf an privat organisierter und privat finanzierter Kinderbetreuung gesunken ist (Szebehely 1998).

In Schweden besteht seit langem eine Verknüpfung zwischen Familienpolitik, Beschäftigungsförderung und Gleichberechtigung, die durch die jüngste Expansion der öffentlichen Kinderbetreuung und das Senken von Betreuungskosten untermauert worden ist. Die Beseitigung ökonomischer Barrieren beim Zugang zur Kinderbetreuung verfolgt das Ziel, die Erwerbsbeteiligung von Frauen mit kleinen Kindern zu erhöhen. Zugleich gilt die Beschäftigungsförderung von Frauen als wesentliches Element der Gleichberechtigungspolitik. Der Ausbau der Kinderbetreuung soll außerdem der sozialen Ausgrenzung gegensteuern, indem die Kinder arbeitsloser Eltern, häufig Immigranten, in das öffentliche Betreuungssystem integriert werden.

Neben den Unterschieden zwischen Frankreich und Schweden weisen jüngere Entwicklungen auch eine Reihe von Gemeinsamkeiten auf. So integrierten beide Länder die Kinderbetreuung in eine breitere Politik für Kinder. Als Reaktion auf die Ratifizierung der UN-Konvention zu Kinderrechten aus dem Jahr 1989, nach der alle soziale Reformen die Perspektive von Kindern berücksichtigen müssen, bemühten sich die Regierungen um eine größere Kohärenz zwischen einzelnen Politikfeldern. Die Politik für Kinder ist Bestandteil der Familienpolitik geworden.

In beiden Ländern ergreift der Staat Initiativen, um das Angebot an Betreuungsressourcen zu vergrößern und das Verhältnis von Beruf und Familie gleichberechtigter auszubalancieren. Im Vergleich zu Schweden erfolgt die Bereitstellung der Betreuungsangebote in Frankreich in einem geringeren Ausmaß durch öffentliche Anbieter, doch in beiden Ländern findet ein Ausbau öffentlich finanzierter Kinderbetreuung satt. Zugleich gilt der Arbeitszeitpolitik und der Rolle von Vätern wachsende Aufmerksamkeit. Zwar ging es bei den französischen Gesetzen zur Arbeitzeitverkürzung aus den Jahren 1997 und 2000 in erster Linie um beschäftigungspolitische Gesichtspunkte, doch bestand ein weiteres Ziel darin, Männern und Frauen mehr Zeit für Elternaktivitäten und Freizeitbeschäftigungen einzuräumen. Die schwedische Diskussion zur Arbeitszeitgestaltung folgt ähnlichen Überlegungen und ist außerdem durch einen Bedarf an Flexibilisierung gekennzeichnet, da einige die Verlängerung des Jahresurlaubs einer Verkürzung der Wochenarbeitszeit vorziehen. In Schweden steht Eltern seit langem das Recht zu, ihre Wochenarbeitszeit zu verkürzen, allerdings auf eigene Kosten, es sei denn, sie verteilen ihren Elternurlaub auf mehrere Jahre. Arbeitszeitregelungen gelten als eines der Instrumente, um Väter zu einer größeren Übernahme familiärer Verpflichtungen zu ermutigen. Mit der Adressierung von Vätern nimmt Schweden zweifelsfrei eine Vorreiterrolle ein. Bereits in den 1970er Jahren orientierte sich die Ausgestaltung des Elternurlaubs am Modell der geteilten Elternschaft, das durch die Revision in den 1990er Jahren, jedem Elternteil einen Teil der Elternzeit exklusiv vorzubehalten, bestärkt wurde. Darüber hinaus haben Väter bei der Geburt eines Kindes Anspruch auf Vaterschaftsurlaub. Auch in Frankreich werden Väter zunehmend ermutigt, größere Verantwortung für ihre Kinder zu übernehmen. Doch anders als in Schweden, wo Eltern während ihres Elternurlaubs eine großzügige Lohnersatzleistung erhalten, bestehen in Frankreich kaum finanzielle Anreize, um Väter zu ermutigen, Elternzeiten in Anspruch zu nehmen. Im Januar 2002 wurde aber der Vaterschaftsurlaub auf eine Dauer von zwei Wochen nach der Geburt des Kindes erhöht. Diese Regelung ist Bestandteil des Arbeitsgesetzes und enthält das Recht der Väter, für ihre Kinder zu sorgen. Sozialpolitische Maßnahmen dieser Art deuten eine Veränderung in der Wahrnehmung der väterlichen Elternrolle an und reflektieren bis zu einem gewissen Grad, dass die innerfamiliäre Arbeitsaufteilung von Fragen der Erwerbsarbeit und Gleichberechtigung nicht zu trennen ist. Denn die familiären Betreuungsarrangements und die Geschlechterrollen sind dem politischen und kulturellen Kontext inhärent, der die Kinderbetreuung an ein breites Spektrum von Zielen, Politikfeldern und Handlungsprinzipien knüpft.

Constanza Tobío und Rossana Trifiletti

## Strategien, Alltagspraxis und sozialer Wandel

### Einleitung

Das Verhältnis von Erwerbs- und Betreuungsarbeit kann entweder aus der Perspektive der Sozialpolitik betrachtet werden – was im Allgemeinem einem Makroansatz entspräche – oder er kann aus Sicht der Alltagspraxis untersucht werden, d.h. ausgehend von der sozialen Praxis, die Individuen entwickeln, um ihrer Verantwortung in beiden Bereichen nachzukommen. Unser Beitrag folgt dem zweiten Ansatz und konzentriert sich in erster Linie auf die Betreuungsarbeit, da das Verhältnis von Arbeits- und Familienleben nicht symmetrisch ist. Im Fall der Erwerbsarbeit geben bestimmte Begleitumstände, vor allem die Arbeitszeiten, das Arbeitszeitvolumen und die Arbeitsinhalte, einen relativ klar definierten Rahmen vor, während die Betreuungs- und Hausarbeit weniger eindeutig begrenzt und in diesem Sinn flexibler ist; folglich muss das Familienleben zumeist an die Anforderungen des Arbeitslebens angepasst werden. Je weniger die traditionelle Familienverfassung, die auf der geschlechtlichen Arbeitsteilung beruht(e), noch die Norm darstellt, desto mehr wird die Vereinbarkeit von Beruf und Familie zu einem Thema und einer Anforderung, der sich insbesondere die erwerbstätigen Mütter gegenübersehen, die am deutlichsten den Widerspruch zwischen den beiden Welten repräsentieren. Obwohl man erwarten sollte, dass sich beide Sphären verändern würden, ist es vorrangig die Privatsphäre, in der die Anpassung an die neue Situation geleistet wird, und weniger die Arbeitswelt. Dabei sind es vor allem die Strategien von Frauen, die jene Kompatibilisierung ermöglichen, selbst wenn das Modell des erwachsenen Erwerbstätigen, das von der Berufstätigkeit aller Erwachsenen ausgeht, inzwischen gesellschaftlich akzeptiert ist (Lewis 2000 a und in diesem Band).

Der Begriff «Strategie» verweist auf zielgerichtetes, soziales Handeln. In der Soziologie stößt dieser Begriff seit einiger Zeit auf wachsende Popularität, und obgleich es sich um keinen traditionellen soziologischen Terminus wie etwa Struktur, Handeln oder soziale Klasse handelt, findet er in verschiedensten Kontexten Verwendung: in diversen Forschungsfeldern (internationale Beziehungen, Wirtschaftsbeziehungen, Sozialpolitik, Familien- und Geschlechtersoziologie oder Soziologie des Alltagslebens); mit Blick auf unterschiedliche Untersuchungsgegenstände (Nationen, Regierungen, soziale Gruppen, Individuen) und in verschiedenen theoretischen Ansätzen (*Rational Choice Theory* und Spieltheorie, Strukturierungstheorie, Theorie des Habitus oder Organisationstheorie). Die breite Verwendung des Begriffs «Strategie» hat zu kontroversen Diskussionen geführt (Crow 1989; Morgan 1989; Saraceno 1986; De Sandre 1984; Del Boca 1982; Sgritta 1986), die vor allem um die Frage kreisen, welche Formen individuellen oder kollektiven Handelns als Strategien bezeichnet werden können, d. h. als zielgerichtetes und (zweck)rationales Handeln, das ein bestimmtes Maß an willentlicher Entscheidung und Kalkulation voraussetzt.[1] Im Übrigen ist unklar, inwieweit überhaupt ein Konsens besteht, welches Konzept dem Begriff «Strategie» eigentlich zu Grunde liegt. So weisen verschiedene Autorinnen und Autoren (Morgan 1989; Hammersley 1988; Edwards und Ribbens 1991) darauf hin, dass das Verhältnis von sozialem Handeln und strukturellen Zwängen im Begriff der Strategie durchaus anklinge, doch ist nicht ausgemacht, ob dieser Aspekt auch im Strategiekonzept der *Rational Choice Theory* enthalten ist, die Strategien eindeutig in den Kontext sozialen Handelns stellt (Elster 1986). Demgegenüber betont Giddens in seiner Theorie der Strukturierung (1984) und argumentiert Bourdieu (1980) im Rahmen seines Habitus-Konzeptes, dass Strategien ein Bindeglied zwischen sozialem Handeln und strukturellen Zwängen darstellen.

In diesem Beitrag befragen wir das Konzept der Strategie auf seine Tauglichkeit als theoretisches Werkzeug, die Alltagspraxis von Frauen begreifen zu können. Der erste Teil des Aufsatzes skizziert, wie der Begriff «Strategie» in unterschiedlichen theoretischen Ansätzen und Länderkontexten verwendet wird. In der französischen Soziologie wird er häufig verwendet, um eine soziale Praxis zu beschreiben, die die gesellschaftliche Ordnung reproduziert. Bourdieu beispielsweise bedient sich seiner um zu untersuchen, wie der Habitus in der Praxis reproduziert wird, und spricht von teils unbewussten Strategien, d. h. von Handlungen ohne bewusste strategische Intention. Hingegen verwendet die historische und ökonomische Familienforschung in Italien und Großbritannien den Begriff auf ganz andere Weise, konzentriert sich vor allem darauf, wie Familien verschiedene Ressourcen zur Sicherung ihres Lebensunterhaltes kombinieren.

Der zweite Teil unseres Beitrags diskutiert, ob das Konzept der Strategie geeignet ist, um das Verhältnis von Erwerbstätigkeit und Mutterschaft zu untersuchen. Unser Augenmerk gilt der sozialen Praxis von Frauen im Kontext sozialen Wandels, dessen Hauptakteure sie sind. Eine unserer Leitfragen ist, ob das Alltagsleben von Frauen mit Hilfe eines Konzeptes verstanden werden kann, das Aspekte wie Ziele, Zwecke und Kalkulation in den Vordergrund stellt. Einige Autorinnen (Edward und Ribbens 1991) vertreten die These, dass das Leben von Frauen prozesshaft und nicht zielgerichtet sei, dass es auf Handlungen und Verhaltensweisen beruhe, die in sich selbst einen Wert darstellten und nicht lediglich Mittel zum Zweck seien. Wir hingegen vertreten die Auffassung, dass der soziale Wandel eine Schlüsselvariable ist, um intentionale und quasi-rationale Elemente sozialen Handelns begreifen zu können. In diesem Sinn wären Strategien als Handlungen zu verstehen, die für Zeiten sozialen Wandels charakteristisch sind, in denen sich die meisten Menschen neuen Problemen gegenübersehen, für die noch keine fertigen und erprobten Lösungen zur Verfügung stehen. In Ländern, in denen das Sozialsystem wenig ausgebaut ist, kommt der strategischen Komponente im sozialen Handeln von Frauen besondere Bedeutung zu, die weitgehend auf private und informelle Ressourcen angewiesen sind, um Familie und Beruf vereinbaren zu können. Eine solche Situation fällt häufig mit Zeiten und Orten zusammen, in bzw. an denen die Anforderungen des Modernisierungsprozesses eine schnelle Reaktion notwendig machen; sie entsteht typischerweise immer dann, wenn die Erwerbsquote von Frauen binnen kurzer Zeit ansteigt, ohne dass aber die Gesellschaft (Staat, Arbeitgeber, Gewerkschaften, Männer) der neuen Situation schon in nennenswertem Umfang Rechnung tragen würde.

Der dritte Teil des Aufsatzes stellt unterschiedliche Typen von Strategien vor, die erwerbstätige Mütter entwickeln, um Kinderbetreuung und Erwerbsarbeit vereinbaren zu können. Die Bandbreite reicht von «rationalen Strategien» – der wohl kalkulierten, bewussten Verfolgung eines Ziels, zu dessen Erreichung alle erforderlichen Mittel eingesetzt werden – zu «indirekten und unbewussten Strategien». Zu letzteren würde z. B. zählen, wenn Frauen nur wenige

Kinder haben möchten oder ihren Kinderwunsch aufschieben; es handelt sich um Strategien, die üblicherweise nicht ausdrücklich als ein Lösungsweg betrachtet werden, um mit der Doppelbelastung durch Beruf und Familie umzugehen. Zwischen diesen beiden Extremen liegen «Bündelungsstrategien», die in der Kombination verschiedenster Ressourcen (Betreuungseinrichtungen, Zeitmanagement, verwandtschaftliche Unterstützung etc.) bestehen, und «Bewältigungsstrategien», die benötigt werden, wenn dringend eine schnelle Lösung ansteht, die Handlungsoptionen aber gering sind.

## Strategie-Konzepte

In Bourdieus Theorie stehen Strategien in einem engen Bezug zum Habitus. Der Habitus stiftet den Zusammenhang zwischen sozialem Handeln und strukturellen Zwängen, zwischen Objektivem und Subjektivem, Aktivem und Passivem; er ist der Modus, durch den Strukturen reproduziert werden, wenngleich es sich dabei um einen kaum vorhersagbaren Prozess handelt. Der Habitus ist eine Disposition, sich in einer bestimmten Art und Weise zu verhalten; die Handlungsschemata werden im Prozess der Sozialisation erworben, auch wenn die Akteure aus freien Stücken zu handeln glauben. Strukturelle Zwänge werden von den Akteuren als Teil ihrer selbst verinnerlicht, und folglich gerät in Vergessenheit, dass es sich um Zwänge handelt. Héran (1978) hebt hervor, dass das eher deterministische Konzept des Habitus in ein Verhältnis zu Bourdieus Konzept der Strategie gesetzt werden müsse, das die Handlungsspielräume der Akteure erweitert. Doch zugleich ist Bourdieus Strategiebegriff sehr offen oder unscharf, weil nicht genau bestimmt ist, in welchem Umfang Strategien einen Zweck voraussetzen. Strategien sind die Modi oder Mittel, durch die der Habitus in der Praxis zur Geltung kommt. Der Habitus ist unbewusst, während Strategien in der Regel bewusst sind, obwohl es auch unbewusste Strategien gibt, die als solche nur durch den Blick von außen erkannt werden können. Der Habitus selbst ist empirisch nicht fassbar, sondern lässt sich nur durch die empirische Untersuchung der Strategien sozialer Gruppen ergründen.

Bourdieus (1994) Interesse richtet sich auf Strategien, die die soziale Ordnung reproduzieren, die *stratégies de reproduction*, die gemeinsam ein System ausbilden und zu denen unter anderen biologische, pädagogische, ökonomische, soziale oder symbolische Strategien gehören. In diesem Zusammenhang stellt die Familie eine grundlegende Instanz dar, auf der die verschiedenen Reproduktionsstrategien entwickelt und integriert werden. In gewissem Sinn dienten die Familienstrategien Bourdieu als erstes Beispiel, um nachzuvollziehen, wie individuelle, zweckorientierte Handlungen die Struktur reproduzieren (Bourdieu 1976): Die Vorherrschaft einer Klasse oder eines Geschlechts (Bourdieu 1998: 103–115) wird auf diese Weise immer wieder hergestellt.

Der Begriff «Strategie» setzt einen Akteur voraus, der das Subjekt der angestrebten Praxis ist, die ihn konstituiert. Die Art und Weise, in der Bourdieu das Konzept verwendet, tendiert dazu, soziale Strukturen als abstraktes Subjekt von Strategien in den Vordergrund zu rücken (und die Aufmerksamkeit weniger auf Familien oder Individuen als konkrete Subjekte von Strategien zu richten). Ganz am Rande (ebd.: 6) aber erwähnt er bewusste individuelle, manchmal kollektive, durch eine Krise der etablierten Lebensweise ausgelöste Strategien, die nicht zwangsläufig zur Reproduktion der Sozialstruktur beitragen. In Bourdieus Theorie stellen diese mit einer Krisensituation einhergehenden Strategien einen Sonderfall dar, und seine Ausführungen hierzu beschränken sich auf wenige Sätze. Kurzum, sein Strategie-Konzept ist in zweierlei Hinsicht unscharf: Erstens verwendet er ein und denselben Begriff, um verschiedene Prozesse zu beschreiben: Einmal geht es um den Prozess, durch den bestehende Sozialstrukturen reproduziert werden, im anderen Fall (dies allerdings nur am Rande) um Handlungen, durch die der dominierende Habitus in Frage gestellt wird – wenngleich Bourdieu eine Art Zirkularität zwischen beiden beschreibt. Zweitens gelten ihm Strukturen, Familien und Individuen gleichermaßen als Subjekte von Strategien. Unseres Erachtens sollte deutlicher unterschieden werden zwischen Handlungen, die die soziale Ordnung reproduzieren, und solchen, die sie in Frage stellen – auch wenn beide durch Rationalität und Intentionalität gekennzeichnet sind. Auch sollte der Unterschied zwischen den abstrakten und konkreten Subjekten sozialer Praxis (also zwischen Strukturen und individuellen oder kollektiven Akteuren) klarer zum Ausdruck kommen.

Die breite Palette von Handlungen, die Bourdieu als Strategien begreift, lässt darauf schließen, dass er dieses Konzept beinahe synonym zur sozialen Praxis verwendet.[2] Zweifellos ist es nicht leicht, Beispiele für menschliches Handeln zu finden, dem eine Zweckbestimmung oder Intentionalität gänzlich fremd ist; zugleich kann alles Handeln auf die eine oder andere Art und Weise durch einen bestimmten Habitus erklärt werden. Giddens' Verständnis von Strategien weist starke Ähnlichkeit mit Bourdieus Konzept auf, doch trifft Giddens eine klarere Unterscheidung zwischen strategischem Verhalten und institutioneller Analyse, die die «Dualität von Struktur» zum Ausdruck bringt (Giddens 1979; 1984). Soziale Institutionen werden ja durch die Rekursivität sozialen Handelns reproduziert, wobei das Handeln soziale Institutionen als historisch gebundene, konstruierte Strukturen ausbilden kann. Zwischen Struktur und Handeln besteht eine Doppelseitigkeit, d. h. es handelt sich um zwei Ebenen, die untrennbar miteinander verbunden sind. Die Analyse von Strategien richtet sich auf das praktische und diskursive Bewusstsein von Akteuren, Strukturen hingegen sind immer da und werden im Handeln reproduziert (Crow 1989: 16).

Ein anderes Strategiekonzept ist aus ökonomischer Perspektive entwickelt worden, um zu beschreiben, wie Familien verschiedene Ressourcen bündeln. In seiner Untersuchung zum italienischen Arbeitsmarkt, die vor allem die Netzwerke von Kleinbetrieben im *Terza Italia* betrachtet, kam Paci (1980) zu dem Ergebnis, dass die traditionelle Familiensolidarität in ihrer erneuerten Form Schlüsselvariable ist, um den Erfolg der regionalen Netzwerke zu verstehen. Die Lebenssicherung beruht auf der Kombination von Einkommensressourcen: von bezahlter und unbezahlter Arbeit, Vollzeitarbeit und Teilzeitjobs, formaler Beschäftigung und der Tätigkeit im informellen Sektor, von landwirtschaftlicher Subsistenzproduktion und der Erwerbsarbeit im industriellen oder im Dienstleistungssektor. Die Solidarität und das Bündeln von Ressourcen innerhalb der Familie sichern die Existenz der Kleinbetriebe, die sonst nur schwer zu verstehen wäre. Diese Organisation und Koordination von Ressourcen, die auf die Existenzsicherung zielt, wird dabei als Strategie konzeptionalisiert.

Das Bündeln von Ressourcen ist besonders wichtig, wenn das Familieneinkommen unterhalb des Existenzminimums liegt, also vor allem für Familien, die armen Minoritäten angehören (Stack 1975) oder in Entwicklungsländern leben. Insbesondere in Lateinamerika müssen Menschen, die an der Armutsgrenze leben, komplexe Strategien entwickeln, um den Auswirkungen des peripheren Kapitalismus begegnen zu können. Ihre Strategien bestehen etwa darin, ihre Gehälter zusammenzulegen, öffentliche Leistungen in Anspruch zu nehmen, Verdienstmöglichkeiten im informellen Sektor zu nutzen oder auf die Unterstützung von Solidaritätsnetzwerken zurückzugreifen (Lomnitz 1977; Schmink 1984).

Die historische Familienforschung hat ebenfalls die Bedeutung von Strategien hervorgehoben und gezeigt, dass das Bündeln unterschiedlicher Ressourcen innerhalb der Familie für den Lebensunterhalt notwenig war und außerdem in Migrationsprozessen eine zentrale Rolle spielte (Hareven 1982). Beispielsweise schildert Corner (1993) für die Zeit des italienischen Faschismus, dass die Erwerbsbeteiligung von Frauen trotz deren systematischer Verdrängung vom Arbeitsmarkt in bestimmten ländlichen Regionen zunahm, als die Männer im Krieg waren. In diesen Regionen, in denen das Familieneinkommen traditionell auf der Verknüpfung von Landwirtschaft und ländlicher Manufakturarbeit (Seiden- und Garnspinnerei) beruhte, konnte das Überleben des Familienverbandes dadurch gesichert werden, dass eine größere Anzahl von Familienmitgliedern die Arbeit in den verschiedenen Beschäftigungsfeldern übernahm. Pahls (1984) Untersuchung über existenzsichernde Strategien von Haushalten konzentriert sich ebenfalls auf die Aktivität von Familienmitgliedern, unterschiedliche Ressourcen zu bündeln, und sein Ansatz ist dem italienischen Konzept der Familienstrategien sehr ähnlich. Die Arbeiten von Historiker/-innen wie Tilly (1979), Anderson (1980) oder Tilly und Scott (1989) waren für diese Konzeptionalisierung von Familienstrategien wegweisend; sie basieren auf einem Verständnis, das den Begriff über die zweckrationale Handlungsdimension hinausgehend erweitert.

Diese beiden Ansätze, die in zwei anderen sozialwissenschaftlichen Disziplinen (den Wirtschafts- und Geschichtswissenschaften) entwickelt wurden, haben die Familiensoziologie stark beeinflusst, vor allem in Italien und Spanien, wo die verwandtschaftliche Unterstützung von enormer Bedeutung ist. Das Konzept der «Familienstrategien» findet in der Familiensoziologie breite Verwendung, auch seitens Vertreter/-innen, deren theoretischer und ideologischer Hintergrund ansonsten sehr unterschiedlich ist (Saraceno 1989; Del Boca 1982; Ingrosso 1984; Garrido Medina und Gil

Calvo 1993). Doch besteht eine Diskussion darüber, ob es legitim sei, koordinierte Verhaltensmuster zu beschreiben, ohne zwischen dem Handeln der einzelnen Familienangehörigen zu unterscheiden (Saraceno 1989). Autor/-innen wie Commaille (1993) oder Brannen und Moss (1988) haben individuelle Strategien innerhalb der Familie und hier vor allem die Strategien von Frauen untersucht und zeigen, dass sich letztere manchmal in Übereinstimmung mit den Familienstrategien, manchmal aber auch im Widerspruch dazu befinden. Auch bestehen große Unterschiede zwischen den Strategien, die Männer und Frauen jeweils mit Blick auf Familie und Beruf verfolgen. Wie Nicole-Drancourt (1989) in ihrer Untersuchung zum beruflichen Werdegang von Männern und Frauen zeigt, handelt es sich bei Familienstrategien in Wirklichkeit häufig um Strategien der Männer. Wenn ein Mann eine Karriere verfolgt, wird die gesamte Familie für die Erlangung dieses Ziels mobilisiert, während eine Frau, die ebenfalls eine beruflich Laufbahn anstrebt, auf sich gestellt bleibt und alleine Mittel und Wege finden muss, ihren Berufswunsch mit der Verantwortung für die Familie zu vereinbaren. Die männliche Karriere ist eine familiäre, die weibliche Karriere eine individuelle Strategie. Inwieweit dieser Umstand die Situation von Frauen erschwert, ist ein interessanter Forschungsgegenstand.

In der Literatur zum Alltagsleben (vor allem zum Alltagleben von Frauen) findet der Begriff «Strategie» eine breitere und offenere Verwendung, sowohl was den rationalen Gehalt (*rational component*) als auch die Dimension des Wahlhandelns (*choice component*) betrifft (Graham 1987; Finsch 1983; Brannen und Moss 1988; Condon 1998). Der Begriff «Strategie» taucht häufig in Form von Komposita auf – z.B. Bewältigungs-, Kompromiss- oder Ausweichstrategien –, um durch die Präzisierung ein gewisses Gegengewicht zur starken Konnotation des Wortes, vor allem zu seiner impliziten Betonung von Rationalität zu setzen. Jacques Commaille (1993) versucht, den «Willen» und die «Zwänge» im Konzept der Strategie zusammenzuführen, die er als zwei Hauptelemente eines komplexen Prozesses betrachtet, der gleichzeitig die Autonomie von Frauen ausdrückt und reproduziert. In dieser Perspektive erscheinen rationales und identitätsorientiertes Verhalten, Ziele und Prozesse nicht als Gegensätze, sondern vielmehr als ineinander greifende Elemente neuer und vielschichtiger Handlungsweisen, die von Frauen im Kontext sozialen Wandels weiter ausgestaltet und mit Bedeutung gefüllt werden müssen.

Gerade wegen des doppelten Charakters von bewussten/unbewussten Verhaltensmustern, den Bourdieu und Giddens hinsichtlich der Strategien hervorheben, ist es aus unserer Sicht keineswegs notwendig, die Familie wie ein handelndes Individuum zu betrachten. Louise Tilly zufolge handelt es sich bei Strategien um *«principles that inform bargained interdependent decisions»* (1987: 124), d. h. um Prinzipien, die Entscheidungen leiten, die ihrerseits aber in einem Kontext wechselseitiger Abhängigkeit getroffen werden und Gegenstand von Aushandlungsprozessen sind. Aushandlungsprozesse sind also Teil des Konzeptes, was zum einen bedeutet, dass die Beteiligten jeweils von einer anderen Position aus und mit anderer Autorität in die Verhandlung eintreten, und zum anderen impliziert, dass die Beteiligten auf routinisierte Verhaltensmuster zurückgreifen. Wir wenden uns nun Familienstrategien zu, wie sie aus der Sicht von Frauen beschrieben werden. Dabei berücksichtigen wir auch solche Strategien, die das soziale Umfeld einbinden und damit interdependente Verhaltensweisen widerspiegeln, wenngleich diese für unterschiedliche Beteiligte von unterschiedlicher Bedeutung sein mögen.

### Strategien von Frauen und sozialer Wandel

An dem Strategiekonzept wurde kritisiert, es sei ein ungeeignetes analytisches Werkzeug, um bestimmte Untersuchungsgegenstände, zum Beispiel das Alltagsleben von Menschen, erschließen zu können. Stephanie Condon (1998) argumentiert, Zukunftspläne von Menschen seien das Ergebnis von kurzfristigen Plänen, Entscheidungen und deren Modifikationen, die nacheinander oder parallel zueinander entstünden. Inbegriffen seien auch «Kontingenzpläne», die es erlaubten, sich wandelnden oder unvorhergesehenen Umständen Rechnung zu tragen. Ein Konzept, das die Rationalität der Individuen in den Vordergrund stelle, sei abzulehnen, da die Selbstwahrnehmung der Menschen, die Einschätzung eigener Einstellungen und Wünsche viel zu ungenau und wechselhaft sei. Ähnlich argumentieren Rosalind Edwards und Jane Ribbens (1991), die das Konzept der Strategie aus einer geschlechtsspezifischen Perspektive betrachten. Die Autorinnen kritisieren, dass das Konzept auf einem «maskulinistischen Welt-Bild» (ebd.: 484) beruhe, da es hierarchische Konnotationen mit einschließe, Menschen als Ressourcen ansehe und Konkurrenzverhalten impliziere, da es außerdem individuelle Bedürfnisse außer Acht und hinter einem übergeordneten Ziel zurückstehen lasse und schließlich menschliches Handeln als rational motiviertes, zweckbestimmtes Mittel begreife. Das Familienleben von Frauen sei jedoch im Gegenteil gerade prozess- und nicht zielorientiert und beruhe auf Handlungen und Verhaltensweisen, die einen Wert an sich darstellten und kein bloßes Mittel zum Zweck seien.

Strategien sind Typen sozialen Handelns, die durch ein bestimmtes Maß an rationaler Überlegung und Zweckbestimmtheit gekennzeichnet sind; welches Maß an Rationalität und Zweckorientierung aber gefordert ist, wird in verschiedenen theoretischen Ansätzen unterschiedlich bewertet. Crozier und Friedberg (1977) haben zu Recht darauf hingewiesen, dass der Rationalitätsgehalt von Strategien begrenzt ist, da sie im Rahmen konfliktreicher Aushandlungsprozesse zwischen mehreren Beteiligten entstehen: Rationalität ist das Ergebnis und nicht der Ausgangspunkt sozialer Interaktion. Sie muss diskursiv ermittelt werden – unter Berücksichtigung der sozialen Zwänge und Handlungschancen, die für die einzelnen Akteure bestehen. Dass der Rationalitätsgehalt von Strategien wenig eindeutig ist, zeigt sich auch daran, dass verschiedene Strategien zum selben Zeitpunkt gleichermaßen rational sein können.[3]

Zeiten sozialen Wandels sind erwartungsgemäß Momente, in denen der zweckgerichteten und rationalen Komponente menschlichen Handelns besondere Bedeutung zukommt. Die Individuen sehen sich neuen Problemen gegenüber, für die noch keine fertigen Lösungen bestehen, mit denen schon andere, vorherige Generationen Erfahrung gemacht hätten. Daher reproduzieren die Individuen nicht einfach auf mehr oder weniger originelle Art und Weise Verhaltensweisen der Vergangenheit, sondern sie verändern ihr Handeln unter neuen Umständen, die neue Probleme aufwerfen und neue Lösungen erfordern. Deshalb müssen sie innovativ sein und auf Situationen reagieren können, mit denen sie bisher nicht konfrontiert waren. Tilly und Scott (1989: 7–8) definieren den Begriff «Strategie» als die Art und Weise, «wie Menschen angesichts sich verändernder ökonomischer Umstände Entscheidungen fällen». In diesem Sinn geht es bei Strategien um ein Handeln, das die soziale Position des Akteurs verändert und auf die neuen Probleme reagiert, die damit verbunden sind. Bourdieus Verständnis des Habitus ist hilfreich, um Struktur und Handeln in ein Verhältnis zu setzen, lässt aber nicht viel Raum für sozialen Wandel und die Veränderung der individuellen Laufbahn offen. Dubar (1991) kritisiert an Bourdieus Ansatz, dass er «Objektivität» auf die Anordnung verschiedener Positionen innerhalb der Sozialstruktur verkürzt und «Subjektivität» auf die Tendenz reduziert, diese zu perpetuieren, was letztlich zu einer Reproduktion des etablierten Systems sozialer Positionen führe. Im Gegensatz dazu konzeptionalisiert Dubar das System der Positionen als eine strategische Möglichkeit für Individuen, ihre Vorhaben und Ziele zu verfolgen, und weist eine mechanische Gleichsetzung von Positionen und Strategien (bezüglich der individuellen Laufbahn) zurück. Letztere können eine Ressource sein, das etablierte System infrage zu stellen. Die bloße Reproduktion des Bestehenden ist kein zwangsläufig eintretendes Ergebnis: subjektive Strategien können sozialen Wandel bewirken.

Dieser Ansatz scheint eine Spannung zwischen Habitus und Strategie zu implizieren: Ersterer verweist auf die Reproduktion alter Rollen, auf eingespielte Verhaltensweisen und die Trägheit der sozialen Praxis, letzterer bezieht sich auf neue Handlungsweisen, die in Widerspruch zu alten Rollen und Institutionen geraten. So verstanden, setzt sich soziales Handeln in veränderlichem Maße aus Habitus und Strategie zusammen, über deren jeweiligen Anteil das relative Gewicht von Reproduktion und Innovation entscheidet. Wir verwenden den Begriff «Strategie» also zur Kennzeichnung von Handlungen, in denen sowohl zweckgerichtete als auch innovative Komponenten besondere Relevanz haben.

Aus dieser Perspektive wären Strategien von Frauen solche Handlungen, die auf die Veränderung ihrer ökonomischen und sozialen Position abzielen und zugleich Lösungen entwerfen, um auf die neuen Probleme und die – individuellen und kollektiven – Herausforderungen antworten zu können. Mit unserer Verwendung des Begriffs «Strategie» folgen wir daher Dubar, die den Zusammenhang zwischen Struktur und sozialem Handeln insofern neu konzeptionalisiert, als eine Veränderung und aktive Gestaltung der individuellen Laufbahn auch in einem etablierten System sozialer Positionen möglich ist, in dem für Frauen Chancen (und Zwänge) bestehen, ihre Vorhaben und Ziele zu verfolgen.

In allen europäischen Ländern sehen sich berufstätige Mütter einer neuen Situation gegenüber: der Notwendigkeit, Erwerbstätigkeit und Kinderbetreuung zu verbinden. In manchen Ländern, etwa in Spanien, Griechenland oder Holland, ist die Frauenerwerbsquote in jüngster Zeit rasant gestiegen, in anderen, z. B. in Schweden, Norwegen, Dänemark, Frankreich oder Deutschland, ist eine (unterschiedlich) breite Beteiligung von Frauen am Arbeitsmarkt schon seit vielen Jahren die Norm (Rubery et al. 1998; Rubery et al. 1999). In einem Teil dieser Länder hat der Staat die Erwerbstätigkeit von Frauen stark gefördert, in anderen wird das Thema von der Sozialpolitik vernachlässigt (Hantrais und Letablier 1996; Moss und Deven 1999; Gornick, Meyers und Ross 1997).

In Ländern, in denen die Erwerbsquote von Frauen binnen kurzer Zeit rasant gestiegen ist und in denen der Staat wie andere gesellschaftliche Institutionen die damit verbundenen neuen Anforderungen bislang kaum zur Kenntnis genommen haben, müssen Frauen Entscheidungen treffen, die es ihnen ermöglichen, ihre Rollen als Berufstätige und als Mütter miteinander zu verbinden. Sie müssen soziale Praktiken entwickeln, die in hohem Maß durch rationale und zielorientierte Erwägungen gekennzeichnet sind, um ihren Alltag in der Familie und im Berufsleben bewältigen zu können. Bei diesen sozialen Praktiken handelt es sich um Strategien, die trotz des rationalen und intentionalen Gehalts wohl breiter konzeptionalisiert werden können, als es der begriffliche Rahmen der *Rational Choice Theory* vorsieht. Das rationale Moment geht häufig mit Gefühlen oder sozialem Druck einher, und die Wahlmöglichkeiten sind zum Teil sehr begrenzt, so dass die Entscheidungen eher schrittweise erfolgen, während etwa Bourdieu von einer Strategie sagt, dass sie «im Rückblick als das einzig Machbare oder Sagbare erscheint» (Bourdieu und Wacquant 1992: 142).

In manchen Fällen handelt es sich um indirekte oder vielleicht sogar unbewusste Strategien, zum Beispiel wenn Frauen ihren Kinderwunsch verschieben oder sich für eine geringere Anzahl von Kindern entscheiden. Die Nutzung und Bündelung unterschiedlichster Ressourcen (öffentlicher und privater, bezahlter und unbezahlter, permanenter und temporärer, institutionalisierter und informeller) spielt eine wichtige Rolle bei der Aufgabe, Familienleben und Berufstätigkeit zu vereinbaren. In den südlichen Ländern, in geringerem Maße auch in Deutschland, bestehen Strategien von Müttern häufig darin, eine Situation zu bewältigen, in der nur sehr wenige Möglichkeiten offen stehen, von denen überdies keine sonderlich erstrebenswert erscheint. In Nordeuropa spielt das strategische Moment eine geringere Rolle, da die Vereinbarkeit von Kinderbetreuung und Erwerbstätigkeit kein Novum mehr darstellt. Berufstätig und Mutter zu sein ist das, was Staat und Gesellschaft von den meisten Frauen erwarten. Dessen ungeachtet ist aber der Prozentsatz teilzeitbeschäftigter Frauen hoch, der Anteil weiblicher Beschäftigter in der Privatwirtschaft gering, und noch immer beteiligen sich Männer nur in geringem Umfang (wenngleich in höherem Maß als in allen anderen europäischen Ländern) an der Kinderbetreuung. Diese und andere Umstände führen zu einer Situation, in der das um Veränderung bemühte Handeln von Frauen ebenfalls als Strategie begriffen werden könnte.

## Typen von Strategien

*Rationale Strategien*[4] Geld ist häufig ein klarer Indikator für rationale Strategien. Jemanden für die Kinderbetreuung und Mithilfe im Haushalt einzustellen mag für Familien der Oberschicht eine übliche Form der Alltagsorganisation sein, dabei kann es sich in anderen Fällen aber um eine sorgfältig geplante Strategie handeln. Mütter, die eine berufliche Karriere anstreben, wissen, dass sie lange Arbeitstage auf sich nehmen, zugleich aber kurzfristig «verfügbar» sein müssen. Kurz gesagt wird erwartet, dass sie sich an ein «männliches» Arbeitsmodell anpassen und, damit einhergehend, ihrer Arbeit höchste Priorität einräumen. Das Problem ist, dass Frauen erst viele Mittel aufwenden müssen, bevor sie in ihrem Beruf «erfolgreich» sein können, bevor klar ist, ob sich dieser Einsatz überhaupt gelohnt hat. Jemanden auf Ganztagsbasis für die Kinderbetreuung und Haushaltsarbeit einzustellen, bedeutet für die meisten Familien eine erhebliche finanzielle Belastung, so dass nicht selten überlegt wird, dass sich die Ausgaben reduzieren ließen, wenn ein Familienmitglied (in der Regel die Frau) diese Aufgaben irgendwie «mit erledigen» würde. Damit entsteht ein Widerspruch zwischen der Familienstrategie (Ausgaben dort zu senken, wo etwas nicht als unbedingt notwendig für die Familie erachtet wird) und der individuellen Strategie von Frauen, die wissen, dass sie beruflich nicht vorwärts kommen, wenn sie Dienstreisen oder die

Teilnahme an Geschäftsessen ablehnen, weil sie bei den Kindern bleiben müssen. – «Zunächst blieb ich bei den Kindern [wenn die Kinder krank waren, ging sie nicht zur Arbeit], doch dann entschloss ich mich, das zu ändern und lieber bei anderen Ausgaben zu sparen. Ich beschloss, dass es für mich nicht in Frage kommt, an den Kosten für das Kindermädchen zu sparen. Man meint immer, diese Ausgabe ließe sich verringern, aber ich blieb ruhig und sagte mir: ‹Dann esse ich lieber bloß Kartoffeln› ... Ich hab schon immer einen für Frauen untypischen Beruf gehabt, stand unter großem Druck, hatte viel Stress, kein typischer Frauenberuf. Die Umstände waren halt so, ich war nie auf einen bestimmten Posten aus, aber ich habe nie nein gesagt zu den Herausforderungen, mit denen ich konfrontiert worden bin.» (verheiratete Mutter von zwei Kindern, Generaldirektorin eines staatlichen Unternehmens, 44 Jahre alt, aus Madrid, Spanien).

Ein weiteres Beispiel für eine rationale Strategie kann im Fall von einkommensschwachen Müttern beobachtet werden, deren Arbeitszeiten teilweise von den Betreuungs- oder Schulzeiten der Kinder abweichen. Sofern keine Verwandte oder Freundin für sie einspringt, müssen sie jemanden einstellen, der die Lücke von ein oder zwei Stunden schließt. Außerdem sind sie während der Sommerferien auf zusätzliche Unterstützung angewiesen. Der Umfang bezahlter Hilfe ist in diesen Fällen sorgfältig geplant und strikt auf das Unverzichtbare beschränkt. – «Wenn sich unsere Arbeitszeiten im Sommer ändern, muss ich mir eine Haushaltshilfe für mehrere Stunden am Tag suchen. Normalerweise brauche ich sie nur drei Stunden pro Woche für die schwereren Sachen. Im Sommer brauche ich jemanden, der morgens auf die Kinder aufpasst, bis ich von der Arbeit nach Hause komme. Das verschlingt viel Geld, die Hälfte meines Einkommens, aber ich habe keine andere Wahl.» (allein erziehende Mutter, Hotelangestellte, 35 Jahre alt, aus Madrid, Spanien).

Für wohlhabende Familien ist die Einstellung einer Haushaltshilfe im Grunde genommen keine Strategie, sondern entspricht dem Habitus der sozialen Klasse, der sie angehören. Im Fall einkommensschwacher Frauen, die ohne diesen Hintergrund eine Karriere anstreben oder die schlicht arbeiten müssen bzw. möchten, kann die Einstellung einer Haushaltshilfe als Strategie im strengen Wortsinn betrachtet werden.

*Bündelungsstrategien*[5] In den mediterranen Ländern wäre es für allein erziehende Mütter oder Väter und für Paare, in denen beide Elternteile einer Erwerbsarbeit nachgehen, kaum möglich, Beruf und Kinderbetreuung zu vereinbaren, wenn sie lediglich auf institutionelle Betreuungseinrichtungen zurückgreifen könnten. Zumeist müssen sie die Nutzung von Kinderkrippen und anderen Einrichtungen mit der zusätzlichen Unterstützung durch das verwandtschaftliche Netzwerk verknüpfen. Das heißt, dass berufstätige Eltern in ihrem Arbeits- und Familienleben mit ständig wechselnden Betreuungsarrangements, Ressourcen und Zwängen konfrontiert sind. Ihre Kompatibilisierungsversuche und neuen Strategien, sich auf die wechselhaften Umstände einzustellen, beruhen immer darauf, öffentliche und private Betreuungsressourcen zu bündeln. Doch die Unkalkulierbarkeit von Veränderungen stellt ein permanentes Risiko dar, und viele Berufstätige sind gezwungen, hoch individualisierte und manchmal völlig neue Strategien zu entwickeln, um die Dilemmata zwischen Beruf und Familie zu lösen. Die Bandbreite praktischer Lösungen reicht von der managementähnlichen Organisation des Familienlebens mit klar festgelegten Routineaufgaben für alle Beteiligten – Eltern und Familienangehörige – über die Hinzuziehung verschiedenster anderer Personen bis hin zu «Elternschichten», die schwer planbar sind, von den Arbeitszeiten und dem Arbeitzeitvolumen der Eltern und anderen Umständen abhängig sind. Doch in jedem Fall muss ein sehr strukturierter und dichter Alltag bewältigt werden. – «Gemeinsam mit einer Reihe andere Leute war ich die Managerin meiner Tochter. Auf meine Mutter konnte ich mich nur zum Teil stützen, weil sie arbeitete, auf meine Schwiegermutter ebenfalls nur zum Teil, weil sie selbst sehr viel zu tun hatte, und auf die Urgroßmutter nur, wenn sie konnte. Als das Kind noch in die Krippe ging, war eine ganz gewöhnliche Erkältung eine organisatorische Tragödie [...] Wenn es mir nicht gelungen wäre, solche Situationen zu regeln, dann hätte das während der Krippen-Zeit für mich bedeutet, dass ich alles allein bewältigen muss, mein damaliger Ehemann war nie da, hat nie mitgeholfen, das alles zu organisieren.» (allein erziehende Mutter von einem Kind, Physiotherapeutin, 33 Jahre alt, aus Bologna, Italien). – «Ich führte dann buchstäblich Kalender, für jeden einzelnen Wochentag, wer in diesen Stunden Zeit hatte, wer verfügbar war; so wusste ich, auf wen ich mich stützen konnte, wenn ich nicht da war [...] Um all die Arbeit zu organisieren, die getan werden muss; nun ja, wir leiden ständig unter Zeitmangel, sind immer auf dem Sprung, haben nie genug Zeit für uns selbst und unsere Kinder.» (allein erziehender Vater von einem Kind, freiberuflicher Bühnentechniker, 39 Jahre alt, aus Florenz, Italien). «Ein Kind zu versorgen, das ist so, als würde man eine Firma leiten.» (allein erziehende Mutter von einem Kind, Verkäuferin in einem Geschäft, 30 Jahre alt, aus Vicchio, Italien).

Manche Familien (in stärkerem Maße Familien mit nur einem Elternteil) sind auf eine ständig variierende Zusammensetzung von öffentlichen und privaten Ressourcen – in Form von Kinderbetreuungseinrichtungen, bezahlten Diensten oder informellen Hilfen durch Verwandte – angewiesen und müssen darüber hinaus in nicht unerheblichem Umfang auch noch auf die Unterstützung durch Freundschafts- oder Nachbarschaftsnetzwerke zurückgreifen. – «Ich habe mich mit einer dieser Mütter abgewechselt, sie hat nachmittags gearbeitet, ich vormittags; wenn meine Kinder aufgewacht sind, haben sie diese Mutter angerufen, und sie ist gekommen und hat sie abgeholt. Sie sind bei ihr zu Hause geblieben, es waren vier oder fünf Kinder da, sie hat sie Hausaufgaben machen lassen, sie haben gespielt, und dann hat sie die Kinder für eine halbe Stunde vor den Fernseher gesetzt, und dann bin ich gekommen und mit ihnen in den Park gegangen. Eine Woche machten wir das so, dann machte ich dasselbe für die Tochter dieser Frau; sie hat mich morgens angerufen, und ich hab sie zu mir geholt. Wir sind sehr kreativ, wir sind eine kleine Gruppe von Eltern, die sich viel einfallen lässt, und es ist kein Problem, wenn ein anderes Kind in letzter Minute dazukommt, wir kennen einander ganz gut.» (allein erziehende Mutter von zwei Kindern, Erzieherin in einer Kinderkrippe, 40 Jahre alt, aus Bologna, Italien). – «Wenn die Kleine aufwacht, ist er [der Großvater] da, sie frühstückt und so weiter, dann geht sie runter zu den Nachbarn.» (allein erziehende Mutter von einem Kind, Verkäuferin in einem Geschäft, 30 Jahre alt, aus Vicchio, Italien).

In allen Familientypen ist klar, dass die Betreuungseinrichtungen nur einen (kleinen, aber wichtigen) Teil des Problems lösen und dass ihre Nutzung «gebündelt» werden muss: vor allem mit der unentbehrlichen Hilfe durch die ältere Generation, deren Unterstützung in bislang beispiellosem Maß als Ressource zur Verfügung steht. – «Ich glaube, die Aufgabe der Betreuungseinrichtungen ist, einen möglichst großen Freiraum und größtmögliche Flexibilität zu schaffen, auch im Hinblick auf die solidarischen Netzwerke, aber ganz gleich, wie kooperativ die Einrichtungen sind, um die Details der jeweiligen Situation können sie sich nicht kümmern ... klar, jede Unterstützung, die man hat, ist hilfreich, man braucht schließlich so viel Hilfe und so spezielle, die Arbeitszeiten sind so verschieden, dass nur die private Hilfe garantieren kann, es einem ermöglicht, irgendwie Zeiten und Orte zu koordinieren.» (verheiratete Mutter von einem Kind, Managerin, 42 Jahre alt, aus Florenz, Italien).

Die Bündelungsstrategien haben in den letzten Jahren immer extremere Formen angenommen, da durch die allgemeine Flexibilisierung des Arbeitsmarkts viele atypische Beschäftigungsverhältnisse, häufig mit familienfeindlichen Arbeitszeiten, entstanden sind (Rubery et al. 1999). Mütter kleiner Kinder, vor allem solche mit geringerer Qualifikation, arbeiten häufig an den Wochenenden oder am Abend, wenn ihr Partner zu Hause ist oder wenn verschiedene Formen der informellen Hilfe zusammengefügt werden können (Emerek 1999; Ellingsaeter und Rønsen 1996; Trifiletti 2003). Eine weitere Strategie von Eltern besteht darin, in versetzen Schichten zu arbeiten, oder die kürze Teilzeitbeschäftigung eines Elternteils zeitlich auf den Arbeitstag des Partners abzustimmen, was allerdings beiden kaum Zeit zur Erholung lässt. Den Beteiligten werden hierbei große persönliche Zugeständnisse abverlangt, die dem kreativen Umgang mit Nachteilen oder Zwängen allerdings nicht entgegenstehen.

*Bewältigungsstrategien* Bewältigungsstrategien können eine Möglichkeit darstellen, die Entscheidung zwischen zwei ungünstigen Alternativen zu umgehen, betreffen also Situationen, in denen kaum wirkliche Wahlmöglichkeiten bestehen, da sämtliche Alternativen wenig akzeptabel sind. Wenn Frauen keine Wahl bleibt oder wenn sie mit unerwünschten Alternativen konfrontiert sind, gestalten sie den Handlungsrahmen manchmal grundsätzlich um und greifen zu Lösungen, die im Kontext gegenwärtiger Konventionen häufig nicht legitimiert sind, sondern sich auf eine andere, oftmals auf eine traditionellere Kultur stützen.

Eine klassische Bewältigungsstrategie von jungen Müttern, die unvorgesehen und sofort einen Betreuungsengpass überbrücken müssen, besteht darin, ihre Kinder mit an den Arbeitsplatz zu nehmen. Angesichts der herrschenden Arbeitskultur ist das natürlich keine optimale Lösung – weder im Verhältnis zum Arbeitgeber oder als Erfahrung für das Kind noch hinsichtlich des eigenen Selbstverständnisses, «ernsthaft» einem Beruf nachzugehen. Doch mit dieser Entscheidung kann eine noch schlechtere Bewältigungsstrategie vermieden werden, mit der sich andere berufstätige Mütter manchmal abfinden müssen, nämlich das Kind alleine zu Hause zu lassen. Dieses Beispiel zeigt deutlich, dass der Rationalitätsgehalt vieler Strategien angesichts geringer Handlungsoptionen begrenzt ist und dass zahlreiche Entscheidungen nicht optimal sind (Crozier und Friedberg 1977).

Den wohl extremsten Typ einer Bewältigungsstrategie stellt der Fall vieler Immigrantinnen in Westeuropa dar, die sich – gerade dann, wenn sie als Haushaltshilfen oder Tagesmütter in privaten Haushalten arbeiten – früher oder später dafür entscheiden müssen, ihre eigenen Kinder in ein tausend Kilometer weit entferntes Herkunftsland zurück zu schicken. – «Meine Tochter … ging in einen Kindergarten …, dann hab ich sie aus einer Vielzahl von Gründen – das, worüber wir gerade gesprochen haben – dieses Jahr bei meiner Mutter in Marokko gelassen. Denn hier, hier sieht man ja wirklich, wie schwer es für ‹Ausländer› mit Kindern ist … Meine Tochter hat mich kaum zu Gesicht bekommen, sie wollte aber auch nicht bei jemand anderem bleiben, sie wurde immer wieder krank, bekam sogar Allergien; im Winter war sie ständig krank … Also habe ich gedacht, ich probier's mal für ein Jahr, sie bei meiner Mutter zu lassen … andererseits hatte ich aber schreckliche Angst davor. Ich dachte, es ist ‹zu ihrem eigenen Wohl›, ich sagte mir, ‹besser, ich lasse sie bei meiner Mama.› Vier Monate ist das jetzt her, mir kommt es wie vier Jahre vor. Aber sie macht sich wirklich gut.» (lebt mit einem Partner zusammen, Verkäuferin in einem Fleischwarengeschäft, 32 Jahre alt, aus Bassano, Italien).

*Indirekte und unbewusste Strategien* Die Entscheidung, wann eine Frau Kinder haben möchte und wie viele, ist oft eine indirekte Strategie, die aber nicht als solche erkannt wird. Spanien und Italien sind die Länder mit der niedrigsten Geburtenrate.[6] Paradoxerweise sind es auch Länder mit einer niedrigen Frauenerwerbsquote. Im Gegensatz dazu haben die nordeuropäischen Länder, in denen die Geburtenraten über dem europäischen Durchschnitt liegen, auch die höchsten Erwerbsquoten von Frauen. Dieser Nord-Süd-Unterschied ist leichter zu verstehen, wenn wir die neuere und rasante Entwicklung der Arbeitsmarktbeteiligung vor allem spanischer Frauen betrachten.[7] Sowohl in Spanien als auch in Italien findet derzeit ein Transformationsprozess statt, der den Übergang zu einem Doppelverdiener-Modell markiert, doch in beiden Ländern hat sich die Gesellschaft noch nicht auf die neue Situation eingestellt.

In den Aussagen berufstätiger Mütter wird kein direkter Zusammenhang zwischen der Anzahl gewünschter Kinder (und der zeitlichen Planung) und ihrer Erwerbstätigkeit hergestellt (Tobío et al. 1996). Jedoch sagen einige Mütter explizit, dass die wirtschaftliche Situation für die Familienplanung ausschlaggebend ist. Eltern gehen heute davon aus, dass Kinder viele Dinge brauchen, und sie wollen ihnen das als notwendig Erachtete bieten können. – «Wie viele Kinder? Das hängt nicht davon ab, ob ich einen Job habe oder nicht. Das hat mehr mit der finanziellen Lage zu tun, mit Geld, du gibst ihnen mehr und mehr und möchtest, dass sie diese Dinge haben, obwohl manche davon vielleicht nicht wirklich nötig sind – eigentlich, man glaubt es nur …» (verheiratete Mutter von einem Kind, Fabrikarbeiterin, 35 Jahre alt, aus Valencia, Spanien). – «Nur fühle ich mich im Moment sehr wohl [mit nur einem Kind], so, wie es jetzt ist, aber ich hätte schon noch gern ein zweites … doch dadurch käme natürlich alles durcheinander; andererseits finde ich Einzelkinder nicht so gut. Meiner Meinung nach haben es Einzelkinder schwer im Leben, und ich möchte nicht, dass er es schwer hat. Aber das ist ein Fragezeichen, zur Zeit ist unsere Situation die richtige, das Kind ist ruhig, und im Moment ist es so, wie es ist, in Ordnung.» (verheiratete Mutter von einem Kind, Verkäuferin in einem von der Familie geführten Geschäft, 37 Jahre alt, aus Florenz, Italien).

Wenn die wirtschaftliche Situation der Familie die wichtigste Variable bei der Kinderplanung ist (oder bei der Entscheidung für oder gegen Kinder), dann stellt die Erwerbstätigkeit kein Hindernis dar, sondern ermöglicht in vielen Fällen erst die Entscheidung für ein Kind, wenngleich mehr als zwei Kinder nicht in Frage kommen. Eine der interviewten Frauen sprach dies direkt an: «Wir [sie und ihr Mann] fanden, zwei Kinder sind am besten, und ich glaube, dabei bleibt es auch. Wenn ich nicht arbeiten würde, hätten wir vielleicht drei Kinder gehabt, aber mit nur einem Einkommen kann man sich drei Kinder nicht leisten.» (verheiratete Mutter von zwei

Kindern, Beschäftigte des öffentlichen Dienstes, 34 Jahre alt, aus Valencia, Spanien). Nach dieser Aussage sind zwei Kinder in einer Doppelverdienerfamilie die beste Wahl: Sind beide Eltern berufstätig, ist es beinahe unmöglich, für mehr als zwei Kinder zu sorgen. Angesichts der entstehenden Haushalts- und Betreuungsarbeit würden drei und mehr Kinder bedeuten, dass die Frau ganz zu Hause bleiben muss, doch zugleich wäre der Familienunterhalt mit nur einem Einkommen kaum zu bestreiten.

Im Zentrum des Diskurses über Kinder und Familienplanung stehen wirtschaftliche Notwendigkeiten. Vor diesem Hintergrund muss die Unterstellung, dass die Erwerbstätigkeit von Frauen per se zu niedrigen Geburtenraten führe, bezweifelt werden. Die Erwägungen und Argumente der Frauen können auch als eine indirekte oder sogar unbewusste Strategie interpretiert werden, ihre Erwerbstätigkeit zu verteidigen, die nicht bloß eine Notwendigkeit darstellt, sondern von den Frauen gewünscht ist und ihnen ein neues Selbstverständnis als Bürgerinnen und autonomen Individuen ermöglicht (Tobío 2001). Wiederholt taucht das Argument auf, wenngleich nicht immer explizit, dass die Berufstätigkeit von Müttern heute eine Voraussetzung für höhere Geburtenraten sei. Damit ist implizit auch gesagt, dass die Rückkehr zu alten Familienmodellen nicht mehr möglich ist. Das Beispiel Frankreichs oder Skandinaviens stützt diese Einschätzung.

### Fazit

Der Begriff «Strategie» ist häufig in etwas unkritischer Weise verwendet worden, um zu beschreiben, wie Frauen in ihrer Alltagspraxis Beruf und Familie vereinbaren. Dabei werden manchmal Komposita wie Bewältigungs- oder Kompromissstrategien verwendet, um ein Gegengewicht zur rationalen Konnotation des Begriffs zu setzen. In diesem Kapitel haben wir verschiedene Zugänge zu diesem Begriff beschrieben, die unterschiedlichen theoretischen Kontexten entsprechen. Wir haben außerdem diskutiert, ob das Konzept der Strategie ein geeignetes Instrumentarium darstellt, um die Entscheidungen und Handlungsweisen zu verstehen, auf deren Grundlage erwerbstätige Mütter die noch immer widersprüchlichen Welten von Erwerbsarbeit und Familie zu vereinbaren versuchen. In Anlehnung an Tilly und Scott (1989) begreifen wir

Strategien als Praktiken, die für Zeiten des sozialen Wandels kennzeichnend sind; diesen erleben momentan vor allem Frauen in den Ländern Südeuropas, in denen die Frauenerwerbsquote rapide steigt, während die staatliche Unterstützung sehr gering ist. In diesem Sinn definieren wir Strategien als ein dem Habitus entgegen gesetztes Konzept. Während das Konzept des Habitus verdeutlicht, wie Strukturen im Handeln reproduziert werden, verweist das Konzept der Strategie auf Umstände, in denen soziale Strukturen nicht länger reproduziert werden können und die Akteure und Akteurinnen folglich neue Wege gehen müssen.

Doch lassen sich verschiedene Typen von Strategien unterscheiden – abhängig von der Rationalität der Entscheidungen, den Entscheidungsspielräumen und dem Bewusstseinsgrad von Handlungen. Auf der Grundlage qualitativer Untersuchungen haben wir vier Hauptstrategien identifiziert: rationale Strategien, Bündelungs- und Bewältigungsstrategien sowie indirekte oder unbewusste Strategien. Beispielsweise ist die generationenübergreifende Hilfe durch nahe Verwandte (siehe Leira, Tobío, Trifiletti, in diesem Band) ein weit verbreitetes und wiederkehrendes Element in den Strategien berufstätiger Mütter. In der verwandtschaftlichen Unterstützung wird außerdem die Bedeutung des sozialen Kontextes für die Ausbildung von Strategien besonders sichtbar: Nicht nur hängen Ausmaß und Relevanz der verwandtschaftlichen Hilfe mit anderen verfügbaren Alternativen zusammen, sondern diese Form der Unterstützung setzt auch eine gewisse, reziproke Qualität der persönlichen Beziehungen voraus und verweist auf die sozialen Sinnzusammenhänge, in die die Strategien von Frauen eingebettet sind. Wahlmöglichkeiten bzw. Entscheidungsspielräume sind häufig erst das Ergebnis von Aushandlungsprozessen, die im Blick auf konkrete Alternativen geführt werden und in denen kulturelle Leitbilder und die Art und Weise, wie die Familiengeschichte – im Nachhinein – erzählt wird, eine wichtige Rolle spielen. Aus dieser Perspektive wird deutlich, dass zwischen Struktur, Handeln und Sinn eine an Durchführbarkeit orientierte Wechselwirkung besteht, die auf der Grundlage vereinfachter Rationalitätskonzepte nicht zu fassen ist. Tatsächlich sind die unbewussten und indirekten Strategien mit den höchsten emotionalen Kosten für Frauen verbunden, vielleicht gerade weil das Ziel als solches nicht klar erkannt wird.

Arnlaug Leira, Constanza Tobío, Rossana Trifiletti

## Verwandtschaftsnetze und informelle Unterstützung: Betreuungsressourcen für die erste Generation erwerbstätiger Mütter in Norwegen, Italien und Spanien

### Einleitung

Enge verwandtschaftliche Beziehungen und darauf gegründete Unterstützungsnetzwerke gelten gemeinhin als Merkmal traditioneller Gesellschaften, während die – weitgehend auf sich selbst gestellte – Kernfamilie häufig als eines der wesentlichen Kennzeichen des Modernisierungsprozesses angesehen wird. Solange die Arbeitsmarktbeteiligung von Frauen und die staatliche Unterstützung im Bereich der Kinderbetreuung gleichermaßen gering sind, können wir davon ausgehen, dass es vornehmlich Aufgabe der Familie ist, für die Betreuung und das Wohl ihrer abhängigen Mitglieder Sorge zu tragen. Ist hingegen die weibliche Erwerbsquote hoch, gilt eine umfangreiche sozialstaatliche Infrastruktur zumeist als notwendige Voraussetzung für die Berufstätigkeit von Müttern. Dies ist die Grundannahme von Gornick et al. (1997), die in ländervergleichender Perspektive das Verhältnis von sozialpolitischen Maßnahmen und den Erwerbsquoten von Müttern untersuchen, oder von Barrère-Maurisson (1995), die den Zusammenhang zwischen Wirtschaftssektoren, Familienformen, Arbeitszeitregelungen und staatlicher Regulierung analysiert und hiervon ausgehend eine Typologie historischer Phasen aufzeigt. Dieser Typologie zufolge entspricht die Doppelverdiener-Familie der letzten Phase, die durch den herausragenden Stellenwert des Dienstleistungssektors geprägt ist und in der die häusliche Betreuung durch die öffentliche und kollektive Kinderbetreuung abgelöst wird. Esping-Andersen (1990: 199) problematisiert mit Blick auf die von ihm entwickelten drei Idealtypen von Wohlfahrtsstaaten ebenfalls den Zusammenhang zwischen Politik und Frauenerwerbstätigkeit. Er geht davon aus, dass allein das sozialdemokratische Modell die Erwerbstätigkeit von Frauen fördert, während die liberalen und konservativen Wohlfahrtsregime eher die auf dem männlichen Alleinernährer beruhende Familie (das so genannte Ernährermodell) verteidigen. Sozialpolitik wird also von einer Reihe von Wissenschaftler/-innen entweder als Beitrag zur Verfestigung einer auf herkömmlichen Geschlechterrollen beruhenden Arbeitsteilung oder als deren Infragestellung interpretiert.

In diesem Aufsatz betrachten wir staatliche und familiäre Unterstützung für berufstätige Mütter aus einer anderen Perspektive. Wir untersuchen die Bedingungen, unter denen die erste Generation berufstätiger Mütter Erwerbsarbeit und Kinderbetreuung zu verbinden vermochte. Hiervon ausgehend vertreten wir die These, dass die vom Sozialstaat geleistete Unterstützung überschätzt und der Rückgriff auf Verwandte und andere Formen informeller Hilfen unterschätzt wird. Die geschlechtsspezifische Dimension des Themas liegt auf der Hand, da die generationenübergreifende Hilfe bei der Kinderbetreuung, wie die nicht-elterliche Kinderbetreuung überhaupt, in der Regel Sache der Frauen ist.

Welche Bedeutung sozialpolitische Maßnahmen für den Wandel der Mutterrolle haben, erfährt kontroverse Einschätzungen (siehe z.B. Leira 1992; 2002; Pfau-Effinger 1999a; Duncan und Edwards 1999). Sogar in den skandinavischen Ländern, in denen die gesellschaftliche Reproduktion gemeinhin als öffentliche Angelegenheit betrachtet wird, strömten Mütter in großer Zahl auf den Arbeitsmarkt, bevor die öffentliche Hand ein großzügiges Unterstützungsangebot im Bereich der Kinderbetreuung bereitstellte (Leira 1992). Ländervergleichende Daten zu Westeuropa legen für die 1990er Jahre nahe, dass die wachsende Arbeitsmarktbeteiligung von Müttern nicht etwa durch ein dichtes Netz von Kinderbetreuungseinrichtungen, sondern durch eine veränderte Nachfragesituation auf dem Arbeitsmarkt ausgelöst wurde (EC Childcare Network 1996; Moss und Deven 1999). Der Blick auf die Vielfalt an Betreuungsarrangements, die im Alltag der verschiedenen EU-Länder bestehen, legt nahe, dass informelle Hilfen häufig in Anspruch genommen werden – obgleich ihr Stellenwert nicht genau beziffert werden kann, da informelle Hilfsangebote und ihre Nutzung kaum erfasst sind (Karlsson 1995). Vergleicht man die Erwerbsquoten von Müttern mit Kindern bis zu 3 Jahren mit den öffentlichen Betreuungskapazitäten, lässt aber die Kluft zwischen Angebot und Nachfrage den Schluss zu, dass in den meisten Mitgliedsstaaten anderen Formen der Kinderbetreuung, die von der Familie, von Verwandten, Nachbarn, privaten Tagesmüttern oder sogar von kommerziellen Diensten bereitgestellt werden, in der Praxis eine hohe Bedeutung zukommt.[1]

Aktuelle Vergleichszahlen für die EU (Eurostat 1997 b: 5–7) verweisen auf große länderspezifische Unterschiede in Bezug auf die Relevanz, die verwandtschaftliche Hilfen für Familien mit Kleinkindern besitzen. In Italien oder in Griechenland betreuen mehr als 20% aller Frauen über 50 Jahren täglich kostenlos Kinder, in der Regel ihre Enkel. In Spanien ist der Prozentsatz zwar geringer, doch diejenigen, die den Eltern bei der täglichen Betreuung behilflich sind, beaufsichtigen die Kinder für eine überdurchschnittlich hohe Anzahl an Stunden. In Dänemark[2] erfüllen weniger als 5% aller Frauen desselben Alters diese Funktion. Offenbar besteht ein Zusammenhang zwischen einem hohen Maß an verwandtschaftlicher Unterstützung und einer niedrigen Frauenerwerbsquote (wobei Portugal eine der offensichtlichen Ausnahmen darstellt). Traditionelle Werte oder Lebensweisen scheinen also mit einer ausgeprägten gesellschaftlichen Arbeitsteilung zwischen Männern und Frauen einherzugehen. Jedoch gehen wir davon aus, dass enge Familienbande und generationenübergreifende Hilfe zu den Ressourcen gehören, die berufstätige Mütter für die Betreuung von Kleinkindern mobilisieren können, wenn staatliche Unterstützung fehlt bzw. nicht ausreicht oder wenn Mütter nicht ausschließlich darauf zurückgreifen wollen.[3] Dabei nehmen wir eine Gegenposition zu einem Großteil der Sozialpolitikforschung aus den 1990er Jahren (Esping-Andersen 1990, 1999) ein und behaupten, dass verwandtschaftliche Hilfe durchaus eine Rolle bei der Veränderung der traditionellen Arbeitsteilung zwischen den Geschlechtern spielen kann. In verschiedenen Ländern wurde oder wird diese Form der Hilfe in Anspruch genommen: vor allem von der ersten Generation berufstätiger Mütter, denen oft keine anderen Möglichkeiten zur Betreuung ihrer Kinder zur Verfügung standen oder stehen. Unsere Kernthese ist, dass die generationenübergreifende Unterstützung eine provisorische Lösung darstellt, die für eine Phase des Umbruchs charakteristisch ist, in der sich der Übergang vom Ernährer- zu einem Doppelverdienermodell vollzieht. In manchen Ländern sind traditionell enge Verwandtschaftsbeziehungen oft die Voraussetzung dafür, dass Frauen überhaupt am Arbeitsleben teilhaben können; dadurch entsteht eine vollkommen neue Situation, die wiederum die Familie verändert. Ob es sich hierbei um eine kulturelle Besonderheit der südlichen Länder handelt, bleibt eine offene Frage.

Unserem spezifischen Blickwinkel folgend vergleichen wir den Prozess des sozialen Wandels (des massenhaften Zustroms von Frauen auf den Arbeitsmarkt), wie er sich in unterschiedlichen Ländern zu verschiedenen Zeiten ereignete. Wir wollen nachvollziehen, welche Betreuungsarrangements berufstätige Eltern getroffen haben, um den von Beruf und Kinderbetreuung gestellten Anforderungen gerecht zu werden. Am Beispiel von Norwegen, Italien und Spanien konzentrieren wir uns vor allem auf verwandtschaftliche Unterstützung und andere Formen informeller Hilfen als Ressourcen, die den sozialen Wandel ermöglicht haben. Wir untersuchen den Stellenwert dieser Ressourcen für die erste Generation berufstätiger Mütter, deren Arbeitsmarktbeteiligung so anstieg, dass sie die «kritische Masse» erreichte – hier verstanden als 30–40% aller Mütter von Kindern bis zu 3 Jahren. Im Fall von Italien und Spanien liegt der Schwerpunkt auf dem Anstieg der Erwerbstätigkeit von Müttern seit den 1980er Jahren und auf dem Rückgriff auf verwandtschaftliche Hilfe in den 1990er Jahren. Demgegenüber liegt der Betrachtungszeitraum in Norwegen in den frühen 1970er Jahren. Anders gesagt: Um detaillierte Informationen darüber zu erlangen, wie Mütter den Modernisierungsprozess bewältigten, von dem der Übergang zu einer Beschäftigung zeugt, betrachten wir ähnliche Prozesse zu drei verschiedenen historischen Zeitpunkten in drei verschiedenen Wohlfahrtsstaaten. Unsere Untersuchung stützt sich dabei einerseits auf die Auswertung vorhandener Länderdaten, zum anderen auf qualitative Fallstudien der Autorinnen, die ebenfalls zu verschiedenen Zeitpunkten durchgeführt wurden.

Zunächst stellen wir die Ausgangslage in den drei unterschiedlichen Ländern dar. Besonderes Augenmerk gilt den sich verändernden Arbeitsmarktbedingungen und dem Stellenwert, den staatliche und informelle Betreuungsangebote für die erste Generation erwerbstätiger Mütter besitzen. Im Anschluss daran stellen wir einen Vergleich an, welche Bewältigungsstrategien (vgl. dazu Tobío und Trifiletti in diesem Band) berufstätige Mütter in diesen Ländern entwickeln, um Beruf und Betreuungsarbeit zu verbinden, und beleuchten zentrale Elemente, die der gesellschaftlichen und politischen Konstruktion von Mutterschaft zugrunde liegen. Kulturelle und ideologische Auseinandersetzungen über Wertvorstellungen zu Mutterschaft und Familie finden dabei nur am Rande Erwähnung. In der Schlussbetrachtung kehren wir zu der Frage zurück, welche Bedeutung verwandtschaftliche und informelle Hilfen für die Pioniergenerationen erwerbstätiger Mütter hatten.

## Die norwegische Geschichte: Wie erwerbstätige Mütter die doppelte Verantwortung meisterten

Die zehn bis fünfzehn Jahre nach dem Zweiten Weltkrieg werden in Norwegen als «Ära der Hausfrau» bezeichnet. Frauen gaben ihre Berufstätigkeit üblicherweise mit der Heirat oder der Geburt ihres ersten Kindes auf, und zwar für längere Zeit, manchmal sogar für immer. Das Ernährermodell galt als unhinterfragte Norm, und das Heim war im buchstäblichen Sinne der Platz verheirateter Mütter. Demgegenüber wurde von unverheirateten Müttern in aller Regel erwartet, dass sie für ihren Unterhalt und den ihrer Kinder selbst aufkamen. Welchen Einfluss der Familienstand auf die Erwerbstätigkeit von Müttern hatte, spiegelt sich in der 1960 durchgeführten Volkszählung wider: Lediglich 5% aller verheirateten Mütter mit Kindern unter 7 Jahren gingen einer Erwerbstätigkeit nach, ihnen standen 42% aller geschiedenen und 55% aller ledigen Mütter gegenüber (Selid 1968: 15).

Zu dieser Zeit waren die ideologischen Vorbehalte gegen berufstätige Mütter sehr ausgeprägt. Verheiratete Mütter, die einer außerhäuslichen, bezahlten Beschäftigung nachgingen, begegneten gesellschaftlicher Ablehnung und hatten mit einer Reihe von Schwierigkeiten zu kämpfen. Es gab nur wenige Teilzeitstellen, und öffentliche Kinderbetreuungseinrichtungen waren zu dieser Zeit so gut wie nicht vorhanden. Wie es diesen berufstätigen Müttern dennoch gelang, Beruf und Familie zu vereinbaren, ist nicht systematisch erfasst. Wir können aber davon ausgehen, dass gut ausgebildete, wohlhabende Frauen häufig jemanden zur Betreuung der Kinder und zur Bewältigung des Haushalts einstellten, während Mütter mit niedrigerem Einkommen vermutlich Hilfe von Familie und Verwandtschaft – von Großmüttern, Tanten oder den älteren Geschwistern der Kinder – erhielten.

*Die Modernisierung von Mutterschaft* Ende der 1960er Jahre setzte in Norwegen ein Transformationsprozess ein, der durch eine Neustrukturierung des Arbeitsmarkts, durch sozialstaatliche Reformen, den Wandel von Familienstrukturen und Veränderungen in der Erwerbsbevölkerung gekennzeichnet war – Prozesse, an denen Frauen aktiv teil hatten. Immer mehr verheiratete Frauen nahmen eine Erwerbstätigkeit auf. 1968 waren einer landesweiten Erhebung zufolge vier von zehn verheirateten Frauen im Alter zwischen 15 und 59 Jahren in irgendeiner Form erwerbstätig, sei es auf Voll- oder Teilzeitbasis, als Gelegenheitsarbeiterinnen oder als Saisonkräfte. Eine von drei verheirateten Frauen war Mutter eines Kindes bis zu 11 Jahren. Wie vereinbarten diese Mütter, denen keine öffentlichen Kinderbetreuungseinrichtungen zur Verfügung standen, Beruf und Familie? Die Hälfte der Kinder wurde von ihren Eltern versorgt, hauptsächlich von den berufstätigen Müttern selbst. Tagesmütter, Hausangestellte und Nachbarn übernahmen bei einem von vier Kindern die Betreuung, und jedes zehnte Kind wurde von seinen Großeltern versorgt (Statistisk Sentralbyrå 1969, Tabelle 41: 60). In Ausnahmesituationen, etwa bei Krankheit eines Kindes oder in den Schulferien, waren nach Aussage der Mütter Verwandte die wichtigsten Betreuungspersonen außerhalb der Kernfamilie.

In Skandinavien ist ausgiebig diskutiert worden, was diesen neuen Trend zur Frauenerwerbstätigkeit letztlich ausgelöst hatte. Zu den entscheidenden Faktoren zählten in Norwegen die veränderte Nachfragesituation auf dem Arbeitsmarkt, ein sich insgesamt (wenngleich mit regionalen Unterschieden) verengender Arbeitsmarkt und der Ende der 1960er/Anfang der 1970er Jahre einsetzende Ausbau des Wohlfahrtsstaates als Dienstleistungsstaat. Mit der Erweiterung des öffentlichen Gesundheits-, Sozial- und Bildungswesens und mit der Zunahme einfacher und mittlerer Verwaltungstätigkeiten entstanden neue lokale Beschäftigungsmöglichkeiten in Bereichen, die traditionell als «Frauenarbeit» galten. Auch auf der Angebotsseite des Arbeitsmarktes fanden Veränderungen statt: In den 1970er Jahren verfügten Frauen über ein ungleich höheres Maß an Selbstbestimmung sowohl über ihre Arbeitskraft als auch über ihre Fortpflanzung, als das für Frauen früherer Generationen der Fall war. Die durchschnittliche Geburtenrate sank von 2,88 im Jahre 1960 auf 1,7 im Jahre 1980. Die kleinere Kernfamilie und die gestiegenen Bildungsstandards begünstigten die Berufstätigkeit von Frauen. Zudem bahnte sich ein Wandel in den Wertvorstellungen zu Familie und Mutterschaft an, augenfällig etwa im Wiedererstarken der feministischen Bewegung. Die Gleichberechtigung der Geschlechter gelangte auf die politische Agenda und mündete in Gesetze, die ausdrücklich das Ziel verfolgten, den Zugang von Frauen zu bezahlter Arbeit zu erleichtern. Die Vereinbarkeit von Beruf und Elternschaft erfuhr eine Neukonzeptionalisierung als politisches Thema und galt seit Ende der 1970er Jahre als eine Angelegenheit von Müttern wie Vätern. Zu diesem Zeitpunkt ging bereits die Hälfte aller Mütter mit Kindern im Vorschulalter einer Erwerbstätigkeit nach, und obwohl die meisten von ihnen in Teilzeit beschäftigt waren, zeichnete sich bereits eine Zunahme auch des Arbeitszeitvolumens ab. Mit der Veränderung des Geschlechterverhältnisses am Arbeitsmarkt setzte sich die Doppelverdienerfamilie de facto durch – sogar in Familien mit sehr kleinen Kindern. In normativer Perspektive blieb das herkömmliche, auf einer geschlechtsspezifischen Arbeitsteilung beruhende Familienleitbild zwar noch intakt, geriet aber zunehmend unter Druck, als Mütter auch ökonomisch mehr zum Familienunterhalt beitrugen. Der rasche Zuwachs erwerbstätiger Mütter löste eine steigende Nachfrage nach staatlich subventionierten Kinderbetreuungseinrichtungen aus und stellte somit traditionelle Grenzziehungen zwischen den Verantwortungsbereichen von Staat und Eltern in Frage.

Im Vergleich zu den Erwerbsquoten von Müttern nahm das politische Engagement im Bereich der Kinderbetreuung allerdings nur langsam zu. In den 1970er Jahren unternahm der Sozialstaat keine größeren Anstrengungen, um die Vereinbarkeit von Beruf und Familie zu fördern. Berufstätige Mütter verfolgten daher vor allem zwei informelle Strategien, um beides unter einen Hut zu bringen. Sie stützen sich einmal auf das gewachsene Angebot an Teilzeitbeschäftigung – von einer Beobachterin als «informelle Arbeitsmarktreform» bezeichnet (Strømsheim 1983) –, zum anderen auf ein ganzes Bündel privater und/oder informeller Kinderbetreuungsarrangements (Leira 1992; 2002).

*Formen und Entwicklung der Kinderbetreuung* Der Schaffung gesetzlicher Rahmenbedingungen zur Kinderbetreuung ging in Norwegen eine fast 30 Jahre andauernde Diskussion voran, die bereits in den 1940er Jahren begonnen hatte. Die Politik verhielt sich gegenüber der staatlichen Einmischung in die Privatsphäre der Familie lange Zeit ausgesprochen ambivalent oder ablehnend, nicht zuletzt aus Sorge um die damit verbundenen Kosten. Allerdings fand ein Gesetz zur Regelung der Kinderbetreuung, das die sozialdemokratische Minderheitsregierung 1975 eingebracht hatte, parlamentarische Unterstützung.

Im Jahr 1975 erfasste eine landesweite Erhebung die bestehenden Formen der Betreuung von Kindern unter 7 Jahren (Statistisk Sentralbyrå 1975). Mit Blick auf Familien, in denen die Mutter erwerbstätig war, gab es zwei verblüffende Ergebnisse: Zum einen berichtete die Hälfte dieser Familien, dass sie ohne außerfamiliäre Hilfe zurechtkamen, zum anderen stellten private Betreuungsarrangements, auf die fast 40% der Familien zurückgriffen, eine wichtigere Ressource dar als die öffentlichen Betreuungseinrichtungen, die nur von 11% der entsprechenden Haushalte in Anspruch genommen wurden (Leira 1992: 136). In manchen Familien, die ganz ohne die Hilfe Dritter auskamen, versorgten Mütter ihre Kinder am Arbeitsplatz. Für die tägliche Kinderbetreuung spielte auch die Schichtarbeit eine große Rolle, d.h. die Eltern gingen zu unterschiedlichen Tageszeiten zur Arbeit und wechselten sich bei der Betreuung ihrer Kinder ab. Sehr interessant ist, dass diese Daten auch auf das nur selten dokumentierte, väterliche Engagement bei der Kinderbetreuung hinweisen. Private Betreuungsarrangements umfassten die Unterstützung durch Haushaltshilfen, Kinderfrauen oder Tagesmütter, aber auch den Rückgriff auf enge Freunde oder Verwandte. Großmütter spielten in diesem Gefüge zweifellos eine wichtige Rolle, doch da viele Frauen der Großmütter-Generation bereits selbst erwerbstätig waren, dürften nur wenige für eine Vollzeitbetreuung ihrer Enkel in Frage gekommen sein. Den Erhebungen der 1970er Jahre zufolge erhielten Freunde und Nachbarn – und vielleicht auch Familienangehörige – für ihre Betreuungsleistungen eine finanzielle Entlohnung. So gesehen überschnitten sich soziale Netzwerke und informelle Arbeitsmärkte.

Viele der privaten, informellen Betreuungsarrangements basierten auf engen Beziehungen zwischen Müttern und Tagesmüttern, bauten auf Freundschaften oder auf Beziehungen zu Verwandten, Nachbarinnen und Kolleginnen auf. Soziale Netzwerke spielten außerdem eine Mittlerrolle zwischen Müttern und Betreuungspersonen; beispielsweise berichteten Frauen in Interviews, dass Kinderfrauen von Mutter zu Mutter «weitergereicht» wurden. In anderen Fällen waren die Beziehungen distanzierter bzw. primär als Arbeitsverhältnis bestimmt, etwa wenn ein Au-pair-Mädchen oder eine Tagesmutter eingestellt wurde bzw. wenn die Kinderbetreuung über Stellenanzeigen oder durch die Vermittlung von Agenturen zustande kam. Die privaten Betreuungsarrangements (einschließlich der Unterstützung durch Verwandte und soziale Netzwerke) schufen in ihrer Gesamtheit einen informellen Arbeitsmarkt, in dem die informelle Beschäftigung einiger Frauen die formale Beschäftigung von Müttern mit Kleinkindern ermöglichte. Aus der Arbeitsmarktperspektive betrachtet stellte die informelle Kinderbetreuung eines der wesentlichen Beschäftigungsfelder für Frauen dar (Leira 1992).

Im Jahr 1985 waren über 50% aller Mütter von Kindern unter 3 Jahren und 70% aller Mütter von Kindern zwischen 3 und 6 Jahren berufstätig. Obwohl ein Ausbau öffentlicher Kinderbetreuungsplätze stattgefunden hatte, überstieg die Nachfrage noch immer das Angebot. Eine 1985 durchgeführte Erhebung über Betreuungsarrangements von Familien mit Kindern im Vorschulalter (Bogen 1987) verwies auf einen Rückgang verwandtschaftlicher Hilfe, die nur noch von jeder achten Familie in Anspruch genommen wurde, während außerfamiliäre Formen der Kinderbetreuung in zweifacher Hinsicht an Bedeutung gewannen: Fast die Hälfte aller Familien traf private Arrangements, suchte zumeist die Unterstützung durch bezahlte Tagesmütter oder Haushaltshilfen. Außerdem nutzte etwa jede dritte Familie staatlich geförderte Kinderbetreuungseinrichtungen. Andere Untersuchungen zeigen, dass Familie und Verwandtschaft unter bestimmten Umständen eine wichtige Ressource für die Kinderbetreuung darstellten, beispielsweise wenn ein Kind oder ein Elternteil krank war oder wenn außerhalb der regulären Betreuungszeiten ein Babysitter benötigt wurde (Gautun 1990).

Das Kinderbetreuungssystem blieb bis weit in die 1980er Jahre unterentwickelt, d.h. während des gesamten Zeitraums, in dem ein erheblicher Anteil der Mütter von Kindern im Vorschulalter in den Arbeitsmarkt eintrat, standen nur wenige öffentliche Betreuungsressourcen zur Verfügung. Die Erwerbstätigkeit der Mütter hing deshalb in starkem Maß davon ab, dass andere Frauen als Arbeitskräfte für informelle Betreuungsarrangements zur Verfügung standen. Als die Zahl der öffentlichen Einrichtungen schließlich zunahm, erleichterte das die Vereinbarkeit von Beruf und Betreuungsarbeit. Ein spürbarer Wandel der Betreuungssituation zeichnete sich in den späten 1980er Jahren ab. Erstmals nutzten Familien, in denen die Mütter erwerbstätig waren, häufiger öffentlich geförderte Einrichtungen als private Ressourcen. Der Mangel an qualitativ hochwertiger, öffentlicher Kinderbetreuung blieb jedoch ein Problem, und noch im Jahre 2002 klaffte in manchen Regionen eine Lücke zwischen Angebot und Nachfrage.

*Die politischen Reformen der 1990er Jahre* Die familien- und sozialpolitischen Reformen der 1990er Jahre sind durch heterogene Entwicklungen und Ziele gekennzeichnet. Einerseits verstärkte der Staat seine Unterstützung für die defamiliarisierte Kinderbetreuung in öffentlichen Einrichtungen. Andererseits zielten wichtige familienpolitische Reformen wie die Verlängerung der Elternzeit oder die Einführung eines Betreuungsgeldes auf eine «Refamiliarisierung» der Kinderbetreuung. Drei Maßnahmen sind besonders hervorzuheben:

- Während der 1990er Jahre versprachen Regierungen unterschiedlicher Couleur eine Bedarfssättigung im Bereich öffentlich geförderter Kinderbetreuung, die spätestens bis 2005 erreicht werden soll.
- Die Elternzeit wurde auf 52 Wochen bei einer 80 %igen Gehaltskompensation verlängert (bzw. auf 43 Wochen bei 100 %igem Lohnersatz). Auch wurden die Rechte von Vätern gestärkt: Zusätzlich zu dem zweiwöchigen Vaterschaftsurlaub nach der Geburt eines Kindes und dem Recht, den größten Teil der bezahlten Elternzeit mit der Partnerin zu teilen, sind inzwischen vier Wochen des Elternurlaubs exklusiv den Vätern vorbehalten und verfallen bei Nichtinanspruchnahme.
- Seit der Einführung staatlicher Beihilfen für die private Kinderbetreuung haben Eltern von Kindern im Alter zwischen 12 und 36 Monaten einen Anspruch auf ein Betreuungsgeld, sofern das Kind keine staatlich finanzierte Einrichtung besucht.

Diese Reformen fördern offenbar divergierende Familienwerte und -formen. Da das Betreuungsgeld nicht einem Existenz sichernden

Einkommen entspricht, setzt die Reform eine traditionelle Familienform voraus, in der der (zumeist weibliche) Leistungsempfänger ökonomisch von Anderen abhängig ist. Die staatliche Subventionierung von Kinderbetreuungseinrichtungen fördert demgegenüber die Berufstätigkeit von Müttern und Doppelverdienerfamilien; die bezahlte Elternzeit und die an Väter gerichteten Maßnahmen unterstützen dabei gerade solche Doppelverdiener-Familien, in denen sich die Eltern die Betreuungsaufgaben partnerschaftlich teilen. Über die Gesamtwirkung dieser Maßnahmen ist nur wenig bekannt, doch verweisen einzelne Studien auf eine größere Polarisierung, betrachtet man die Erwerbs- und Betreuungsarrangements von Familien mit kleinen Kindern (Leira 2002): Am einen Ende der Skala stehen Familien, die für eine traditionelle geschlechtsspezifische Aufteilung von Erwerbs- und Fürsorgearbeit optieren, am anderen Ende befinden sich Familien, in denen die Eltern Beruf und Betreuungsaufgaben gleichberechtigt teilen.

## Verwandtschaftliche Hilfe: Eine notwendige Ressource für berufstätige Mütter in Italien

In Italien ist die Frauenerwerbsquote noch immer niedrig, doch hat sich das traditionelle Erwerbsmuster von Frauen verändert, das sich dadurch auszeichnete, dass viele junge Italienerinnen ihre Beschäftigung nach der Geburt des ersten oder zweiten Kindes aufgaben. Ihnen war zumeist klar, dass kaum Chancen auf eine Rückkehr in den Arbeitsmarkt bestanden. Eine Ausnahme bildeten lediglich die informellen Arbeitsverhältnisse in der «Schattenwirtschaft», die Teilzeitbeschäftigungen bot, an denen es auf dem regulären Arbeitsmarkt mangelte. Heute beginnen viele junge Frauen erst später eine Berufstätigkeit und investieren in ihr kulturelles Kapital. Zugleich wächst die Anzahl verheirateter Frauen, die länger einer Vollzeitbeschäftigung nachgehen, indem sie erst später Kinder bekommen und/oder sich entscheiden, nur wenige Kinder zu haben. Dank der Hilfe von Verwandten können Mütter einer Erwerbstätigkeit nachgehen, doch erleben sie ihre Berufstätigkeit auch als Entbehrung und Belastung, so dass es nicht wundernimmt, dass ihr Verbleib auf dem Arbeitsmarkt von kürzerer Dauer ist.

Seit Ende der 1970er Jahre betrachten italienische Frauen die Erwerbstätigkeit als «normales Mittel», ihre Autonomie zu verwirklichen und einen vollwertigen Status als Staatbürgerinnen zu erreichen. In der Regel akzeptieren sie lange Arbeitzeiten und Bedingungen, die traditionell auf Männer zugeschnitten sind, als Ausdruck ihrer beruflichen Identität. Die Existenz eines großen informellen Arbeitsmarktes hat seitens der Frauen, aber auch seitens der Gewerkschaften, längst zu tiefem Misstrauen gegenüber der Teilzeitarbeit geführt. Die Zahl der auf Teilzeitbasis beschäftigten Frauen lag bis vor kurzem relativ stabil bei 11–12 %, erhöhte sich aber infolge eines im Jahr 2000 verabschiedeten Gesetzes zur Erleichterung von Teilzeitarbeit auf 16 %. Allerdings bleibt die Teilzeitbeschäftigung in aller Regel an prekäre Arbeitsbedingungen gekoppelt, da sie in der Praxis zumeist nur im Rahmen befristeter Arbeitsverhältnisse oder auf der Grundlage semi-selbstständiger Beschäftigungsverhältnisse angeboten wird. Langzeitstudien zum Statuswechsel zwischen Erwerbsarbeit und Hausfrauendasein zeigen eindeutig, dass Teilzeitverträge weniger den Wiedereinstieg in den Arbeitsmarkt erleichtern (Solera 2001), sondern – verglichen mit Vollzeitverträgen – Frauen vor ein größeres Risiko stellen, vom Arbeitsmarkt verdrängt zu werden (Bernardi 1999); bestenfalls bieten sie einen prekären Ersteinstieg für junge Frauen oder ermöglichen eine abgefederte vorzeitige Pensionierung (Addabo 1997). Das mag das Paradoxon erklären, dass Frauen in Meinungsumfragen eine Teilzeitarbeit zwar häufig als erstrebenswert bezeichnen, während es gleichzeitig in keinem anderen Land (außer in Portugal) so viele Beschäftigte gibt, die unfreiwillig auf Teilzeitbasis arbeiten. Vor diesem Hintergrund ist auch verständlich, dass die ältere Frauengeneration, die nur für kurze Zeit und in jungem Alter (in der Regel bis zur Geburt des ersten Kindes) berufstätig war, nun als Mütter und Großmütter in besonderem Maße bereit ist, ihre Töchter zu unterstützen, damit diese eine reguläre Anstellung behalten können und unter allen Umständen davor bewahrt bleiben, in den informellen Arbeitsmarkt abzurutschen. Es handelt sich um zwei Generationen im Mannheimschen Sinn, die einander sehr nahe sind (vgl. Arber und Attias-Donfut 2000).

Die Erwerbssituation von Frauen ist in weit stärkerem Maß der Rigidität eines dualen Arbeitsmarktes als etwa einem vorherrschenden Familienbild geschuldet. Kurz gefasst ließe sich sagen, dass sich in Italien nie eine voll ausgebildete fordistische Ökonomie entwickelt und sich in der Konsequenz auch die Ideologie des Ernährermodells nicht durchgesetzt hat, zumindest nicht in der unmittelbaren Nachkriegszeit, als dieses Modell in den meisten anderen Ländern zum vorherrschenden Familienleitbild wurde. Nachdem das faschistische Regime Frauen mit drastischen gesetzlichen Regelungen aus dem Arbeitsmarkt hinausgedrängt hatte, war es dem demokratischen Staat zudem nicht mehr möglich, ähnliche Maßnahmen zu riskieren. Die sozialstaatliche Familienpolitik ermutigte Frauen in Italien nicht zur Hausfrauenehe. Sogar das Steuersystem war nicht dazu angetan, Frauen von einer Erwerbstätigkeit Abstand nehmen zu lassen. Vielmehr begünstigte es ein zweites Familieneinkommen nur dann, wenn dieses hoch genug war (Gambale 1994), womit ein deutlicher Unterschied zur steuerlichen Privilegierung des auf «anderthalb Verdiener» erweiterten, klassischen Familienmodells bezeichnet ist.

Die Tatsache, dass die Frauenerwerbsquote in Italien nicht wie in vielen anderen Ländern stetig angestiegen, sondern unter dem Einfluss der Rezession stagniert, verweist auf die anhaltend prekäre Situation vor allem von Frauen mit niedrigerem Bildungsgrad. Wenn es zutrifft, dass alle Frauen das Gefühl eines «doppelten Daseins» kennen, sich potenziell als Mütter und als Berufstätige sehen (Balbo 1978), dann verläuft die Trennlinie zwischen unterschiedlichen Gruppen von Frauen nicht entlang der Entscheidung, entweder in die Familie oder in die Karriere zu investieren (Hakim 1995), sondern sie besteht zwischen Frauen, die es sich leisten können, in beides zu investieren, und dabei Unterstützung erhalten, und Frauen, denen das nicht möglich ist und die gezwungen sind, eine von beiden Optionen aufzugeben. Die Frauen der zweiten Gruppe verdienen niedrige Gehälter, arbeiten in unsicheren Beschäftigungsverhältnissen, erhalten keine Unterstützung durch die Sozialpolitik und erfahren auch weniger Hilfe von Verwandten, so dass diese Frauen – sollten sie ihre Berufstätigkeit einmal unterbrechen – viel stärker Gefahr laufen, gänzlich aus dem Arbeitsmarkt heraus zu fallen.[4] Wie es für Portugal belegt ist (Wall et al. 2001), gibt es auch in Italien Anzeichen dafür, dass erwerbstätige Frauen mit niedrigerem Bildungsgrad weniger informelle Unterstützung erhalten als besser ausgebildete Frauen; dies ist besonders für Frauen in Süditalien der Fall (Sabbadini 1994: 44). Und dennoch: Landesweit erhöhte sich der Anteil von Familien mit Kindern unter 14 Jahren, in denen beide Eltern berufstätig waren, von 30,9 %

im Jahr 1983 auf 36,8 % in den Jahren 1988–89 und auf 40,4 % im Jahre 1998. Das bedeutet einen Zuwachs von 10 Prozentpunkten in nur 15 Jahren (eine Zuwachsrate, die über derjenigen für die Frauenerwerbstätigkeit insgesamt liegt), der einen schnellen Wandel im Erwerbsverhalten von Frauen zumindest in den frühen Jahren der Mutterschaft anzeigt.

*Generationenübergreifende Hilfe für berufstätige Mütter* Anders als die Mütter in anderen europäischen Ländern neigen italienische Mütter mit Kleinkindern eher dazu, ihre Erwerbstätigkeit fortzusetzen, als Mütter von Schulkindern, und sie nutzen die Elternzeit in geringerem Umfang als möglich. Paradoxerweise fallen die höchsten Erwerbsquoten von Frauen mit Lebensumständen zusammen, in denen ein sehr hoher Betreuungsbedarf besteht, etwa wenn Kleinkinder vorhanden sind oder im Fall allein erziehender Mütter von Kindern aller Altersstufen. Die verwandtschaftliche Hilfe durch die ältere Frauengeneration spielt eine zentrale Rolle für diese paradoxe Situation. Diese Generation teilt mit ihren Töchtern (oder Nichten und Schwiegertöchtern) das starke Gefühl eines gemeinsamen Anliegens, die Männergesellschaft zu verändern. In anderen Ländern dagegen brachten zum Beispiel Studierende zum Ausdruck, es sei eher eine mögliche Ursache für Konflikte, wenn eine Tochter durch ihren beruflichen Erfolg stellvertretend die Wünsche der Großmutter nach Selbstverwirklichung befriedigt (Bloch und Buisson 1998). Die Wirklichkeit ist freilich vielschichtig, aber wir dürfen nicht vergessen, dass diese Formen der Hilfe in Italien viel weiter verbreitet sind und dass dort das gesamte Netzwerk einer Familie zugunsten des jungen Paares mobilisiert wird, um ihm gesellschaftliches Vorankommen zu ermöglichen (vgl. Arber und Attias-Donfut 2000) und zu verhindern, dass es verarmt.

In erweiterten Kleinfamilien, in denen ein zusätzliches Familienmitglied lebt, und in Großfamilien ist die Frauenerwerbstätigkeit höher als in Kleinfamilien, die sich ausschließlich aus Eltern und Kindern zusammensetzen. Allein erziehende Mütter sind grundsätzlich häufiger berufstätig als Mütter mit Partnern, doch auch bei ersteren nimmt die Arbeitsmarktbeteiligung prozentual noch einmal zu, wenn ein weiteres Familienmitglied (in der Regel die Großmutter) mit im Haushalt lebt und zur Verfügung steht. Es ist bemerkenswert, dass diese Form verwandtschaftlicher Unterstützung in jüngster Zeit die Erwerbstätigkeit von Müttern sichtlich begünstigt hat, auch wenn allein erziehende Eltern und erweiterte Familien eine Minderheit darstellen. Betrachten wir die Erwerbsbeteiligung von Frauen in «traditionellen» Familienstrukturen, können wir dieselben «Modernisierungsprozesse», z.B. die Verlängerung der Lebensarbeitszeit auch von Frauen, beobachten, die in der Kernfamilie anderer Länder seit der Jahrhundertmitte stattgefunden haben. Die Vorteile des Zusammenlebens mit Verwandten sind so offensichtlich, dass wir ähnliche Formen der Unterstützung für andere Wohnkonstellationen beobachten können: Viele Kleinfamilien, die einen separaten Hausstand vorziehen, entscheiden sich, in der Nähe ihrer Eltern zu leben und vergewissern sich dadurch ebenfalls der Unterstützung durch die ältere Generation.

Die Verfügbarkeit von Großeltern – vor allem von Großeltern mütterlicherseits – ist eine Voraussetzung dafür, dass Mütter überhaupt einer Erwerbstätigkeit nachgehen können. Großeltern stellen den Grundpfeiler in der Organisation des Alltagslebens dar, auch wenn zusätzlich andere Formen der Kinderbetreuung genutzt werden. Letztere spielen vor allem für Familien der Mittelschicht eine Rolle, da das Einkommen der Frauen die Kinderbetreuungskosten zu decken vermag, während Frauen im Niedriglohnsektor in der Hilfe der Großeltern die kostengünstigste Betreuungsalternative finden – und die einzige, bei der sich eine Erwerbsarbeit trotz niedrigen Gehalts noch auszahlt. Unter diesen Umständen ist das Zusammenleben der Generationen eine nahe liegende Lösung: 9,5 % aller Großeltern bzw. 11,2 % aller Großmütter (sogar 18,6 % aller Großmütter über 75 Jahre) leben mit mindestens einem Enkel unter einem Dach (Istat 1999a).

Durch ihre Unterstützung überbrücken Großeltern die Betreuungslücke für Kinder unter 3 Jahren. Doch auch wenn sich die Betreuungssituation für Kinder ab 3 Jahren bessert, bleiben die Großeltern weiterhin von größter Bedeutung und springen in allen Ausnahmesituationen ein – in den Ferien, im Falle eines Streiks in Schulen oder Betreuungseinrichtungen, bei Krankheit der Kinder, längerer Abwesenheit der Eltern etc. Der besondere Charakter der großelterlichen Fürsorge, ihre bedingungslose Verfügbarkeit in jeder unerwarteten Lage und Krise, scheint den Kindern außerdem etwas zu geben, was ihnen keine qualitativ noch so gute staatliche Betreuung bieten kann. Voraussetzung dafür ist aber die räumliche

Nähe zwischen den Generationen. Von allen Paaren, die zwischen 1987 und 1997 eine Ehe eingingen, lebten immerhin noch 11,7 % in der ersten Zeit nach der Eheschließung mit einem Elternteil zusammen. 34,5 % wohnten weniger als einen Kilometer von den Eltern der Frau, 36,6 % weniger als einen Kilometer von denen des Mannes, 20 % weniger als einen Kilometer von beiden Eltern entfernt, und 51,1 % bezogen eine Wohnung, die weniger als einen Kilometer von zumindest einem Familienmitglied aus der Großelterngeneration entfernt lag. In den Folgejahren hat die Zahl der Mehrgenerationenhaushalte zwar abgenommen, doch ist die Zahl der Familien, in denen die Generationen nah beieinander wohnen, gestiegen (Istat 1999b).

*Verwandtschaftliche Hilfe als Ergänzung* Die Hilfe der Großeltern macht die Nutzung anderer Betreuungsmöglichkeiten nicht überflüssig. Nur dort, wo große Verwandtschaftsnetze in räumlicher Nähe vorhanden sind, können die Großeltern die gesamte Tagesbetreuung mit Hilfe von anderen Verwandten oder bezahlten Haushaltskräften übernehmen. Das erklärt vielleicht, warum in einem neueren europäischen Bericht zur Betreuungssituation von Kindern (Bettio und Préchal 1998: 13) Italien einen der Spitzenplätze einnimmt: mit der höchsten Prozentzahl von Großmüttern, die ihre Enkelkinder täglich betreuen. Nach einer Erhebung über Kinder in staatlich geförderten Betreuungseinrichtungen, die in der Emilia Romagna durchgeführt wurde, der Region mit dem größten Angebot an öffentlichen Betreuungsplätzen für Kinder bis zu 3 Jahren (und mit einer Frauenerwerbsquote, die zu den höchsten Italiens zählt), übernehmen über 40 % aller Großmütter mehrmals pro Woche die Betreuung ihrer Enkel – auch dann, wenn sie selbst berufstätig sind (Musatti und D'Amico 1996).[5] Dies lässt den Schluss zu, dass die Betreuung durch die Großeltern nicht den ganzen Tag umfasst (wie es in Spanien und Portugal zu sein scheint), sondern stundenweise auf strategisch wichtige Zeiten beschränkt ist. Viele Großeltern leisten außerdem finanzielle Unterstützung (derselben Studie zufolge über 20 %), während ein kleiner Teil der Großeltern (3,3 %) seinerseits eine finanzielle Gegenleistung erhält, wenn er die Enkel ganztags betreut; etwa 15 % aller Großmütter erhalten von ihren Töchtern außerdem Hilfe beim Hausputz oder Einkaufen.

Hinter der überragenden Gestalt der Großmutter wird zunehmend aber auch der Großvater sichtbar, der eine wichtige komplementäre Rolle übernimmt – vielleicht aus keinem anderen Grunde als dem, dass er früher als die Großmutter in den Ruhestand getreten ist. Dabei ist zu beachten, dass die heutigen Großväter wohl zur ersten Generation von Rentnern gehören, die in großer Zahl von einer komfortablen Altersicherung profitieren und mit einer langen Lebenserwartung rechnen dürfen. Das Großvatersein zu genießen, ist heute ein weit verbreitetes soziales Anliegen, mit dem das – stolze – Bewusstsein einhergeht, heute als Großvater so modern und «innovativ» zu sein, wie es die Großmütter schon lange sind (Attias-Donfut und Segalen 1998). Da sie zu strategisch wichtigen Zeiten des Tages verfügbar sind, wird die Rolle von Großvätern als Betreuungspersonen zunehmend wichtiger.

In gewisser Hinsicht ist die Kinderbetreuung immer ein Patchwork verschiedener Ressourcen (vgl. dazu auch Knijn, Jönsson, Klammer in diesem Band). Beispielsweise ist die Möglichkeit, auf Großeltern zurückgreifen zu können, oft schon eine Voraussetzung dafür, öffentliche Betreuungseinrichtungen überhaupt nutzen zu können, denn deren Öffnungszeiten fallen de facto nie mit den üblichen Arbeitszeiten zusammen. Das Bündeln von Ressourcen beschreibt die Tätigkeit von Müttern (und Vätern), die tägliche Organisation der Kinderbetreuung zu koordinieren; eine Arbeit, die sie nicht aus der Hand geben. Berufstätige Mütter delegieren die Kinderbetreuung niemals vollständig an Großmütter, die sich vielmehr mit den erzieherischen Ansprüchen oder Maßstäben ihrer Töchter und Schwiegertöchter arrangieren müssen.[6] Im allgemeinen achten Großmütter in Italien darauf, nicht die Rolle der Ersatzmutter zu spielen. Die verwandtschaftliche Unterstützung schafft eine Situation der Nähe, die nicht frei von schwelenden Konflikten und vielleicht Ausdruck einer ganz neuen Form von Reziprozität ist, die beide Seiten erst einmal erkunden müssen. Vollzeitbeschäftigte Mütter, die täglich viele Stunden von ihren Kindern getrennt sind, halten sich für das Zusammensein mit ihren Kindern bestimmte Zeiten frei, um symbolisch bedeutsame Dinge zu unternehmen. Sie ziehen, in Italien wie an vielen anderen Orten, bewusst die «Qualität» der Mutter-Kind-Beziehung der «Quantität» an Zeit vor.

Das oben skizzierte Verhältnis zwischen den Generationen ist durch eine «Geschenkethik» gekennzeichnet, die allerdings den Realitäten einkommensschwacher Schichten oder allein erziehender Mütter insofern entgegensteht, als die Kinderbetreuung seitens der Großeltern ein Wirtschaftsgut darstellt. Dies trägt zur weiteren Polarisierung zwischen verschiedenen Gruppen von berufstätigen Müttern bei und unterstreicht, dass diese Betreuungsarrangements auf Dauer vermutlich nicht stabil sind, so dass in naher Zukunft ein größeres Angebot an staatlicher Unterstützung benötigt werden dürfte. Untersuchungen zur «Geschenkökonomie» von Hilfeleistungen haben ergeben, dass zwar der Anteil der Personen, die zwischen 1983 und 1998 bei der Betreuung und Versorgung von Angehörigen geholfen haben, gestiegen ist (von 20,8 % auf 22,5 % aller Personen), der Prozentsatz der Familien (alle Typen), die Hilfe erhalten haben, jedoch von 23,3 % auf 14,8 % gesunken ist. Im Fall von Familien mit minderjährigen Kindern, in denen die Mutter berufstätig war, kann bislang allerdings ein gegenläufiger Trend beobachtet werden: 1998 erhielten 31,2 % dieser Familien Unterstützung durch Personen, die nicht mit im Haushalt lebten, verglichen mit 30,9 % im Jahr 1983. Diese Zahlen und ihre Entwicklung legen nahe, dass momentan zwar noch genügend Betreuungsressourcen vorhanden sind, verweisen aber auch auf eine wachsende Nachfrage nach einer größeren Zahl von Betreuungspersonen (Freguja und Sabbadini 2000).

Zugleich steht ein radikalerer Wandel bezüglich der Verantwortung beider Partner noch aus. Selbst das im Wesentlichen symbolische (am 8. März 2000 verabschiedete) Gesetz über die Elternzeit, das gleichermaßen für Mütter und Väter gilt und explizit beide Elternteile ermutigt, die Elternzeit – sogar gemeinsam – zu nutzen, enthält keinen universellen Rechtsanspruch, und seine Verwirklichung hängt noch immer von der Kooperation der Arbeitgeber ab. Damit setzt das neue Gesetz letztlich einen Mentalitätswandel in der Arbeitswelt voraus, der nicht eben wahrscheinlich ist. Dass Frauen ein Berufsleben haben, gewinnt an Selbstverständlichkeit. Die außerordentliche Verfügbarkeit von Großmüttern, die nicht zuletzt die Väter bei der Wahrnehmung von Betreuungsaufgaben ersetzen, wird demgegenüber gerade durch ihre zumeist kürzeren und diskontinuierlichen Erwerbsbiographien ermöglicht. Wenn Väter nicht bereit sind, mehr Zeit zu Hause zu verbringen und eine größere Rolle im Leben ihrer Kinder zu spielen, stehen Frauen in Zukunft kaum Alternativen zu atypischen und flexiblen Formen der Beschäftigung offen. Die Zahl der Frauen, die in befristeten Arbeitsverhältnissen, semi-selbständigen Jobs und bei Zeitarbeitsagenturen beschäftigt sind, steigt schon jetzt rapide an.

### Verwandtschaftliche Hilfe: Eine notwendige Ressource für die heutige Generation erwerbstätiger Mütter in Spanien[7]

Anders als in den mittel- und nordeuropäischen Ländern avanciert die Erwerbstätigkeit spanischer Frauen während einer Phase wirtschaftlicher Rezession und hoher Arbeitslosigkeit zum Regelfall. Dieses Paradox ist dadurch zu erklären, dass die Wirtschaftskrise der späten 1970er und der 1980er Jahre vor allem den auf männlicher Beschäftigung beruhenden industriellen Sektor traf, während im Dienstleistungssektor und im öffentlichen Dienst in bescheidenem Umfang neue Arbeitsplätze entstanden. Dieser Wandel fiel in Spanien mit dem Übergang von der Diktatur zur Demokratie wie auch mit der Aufnahme des Landes in die Europäische Union zusammen. Zwischen 1982 und 1996 regierte eine sozialdemokratische Mehrheit, die trotz ungünstiger wirtschaftlicher Rahmenbedingungen einige wesentliche Elemente des modernen Sozialstaats einführte – vor allem in den Bereichen Gesundheit, Bildung und Erziehung, außerdem bei der Arbeitslosenunterstützung und der Altersversorgung. Durch all diese Maßnahmen entstanden Stellen, die zu einem beträchtlichen Anteil von Frauen besetzt wurden. Während die Anzahl erwerbstätiger Männer zwischen 1975 und 1991 nur von 9,4 auf 9,7 Millionen stieg, wuchs die Zahl erwerbstätiger Frauen von 3,8 auf 5,4 Millionen (Navarro 1993).

Im Vergleich zu anderen entwickelten Industrienationen ist der Anteil berufstätiger Frauen in Spanien gering. So lag die Frauenerwerbsquote im Jahr 2000 im EU-Durchschnitt bei 59,8 %, während die Vergleichszahl für Spanien 50,7 % betrug (Eurostat 2001). Dennoch ist auch hier die Erwerbsquote von Frauen in den vergangenen zwanzig Jahren erheblich gestiegen, insbesondere für Frauen der Altersgruppe unter 40. Mit der jüngeren Generation entsteht ein neues Erwerbsmuster; inzwischen ergreifen die meisten Frauen einen Beruf und, wichtiger noch, behalten ihn auch. Noch vor zwanzig Jahren waren die meisten Frauen mittleren Alters, zumeist Mütter, Hausfrauen; jetzt haben zwei Drittel der Frauen dieser Altersgruppe am Arbeitsmarkt teil. Noch im Jahr 1990 war die Mehrzahl aller Mütter zwischen 25 und 44 Jahren nicht beschäftigt; im Jahr 2000 geht die Mehrzahl einer Erwerbstätigkeit nach (Arbeitskräfte-Erhebung).

Die gesellschaftlichen Auffassungen über die Erwerbstätigkeit von Frauen haben sich zügig verändert. Vor zwanzig Jahren besaß die auf traditionellen Geschlechterrollen basierende Familienideologie noch weitgehend unangefochtene Geltung. Erhebungen aus den Jahren 1980/81 zufolge sprach sich ein Großteil der Bevölkerung (61 %) gegen die Erwerbstätigkeit von Müttern mit Kleinkindern aus, und 40 % lehnten grundsätzlich die Arbeitsmarktbeteiligung von verheirateten Frauen ab (Martínez Quintana 1992: 18–20). Die Einstellungen zu Familie und Frauenerwerbstätigkeit wandelten sich im Laufe der Jahre grundlegend. Im Jahr 1994 vertrat die Hälfte der Bevölkerung (51 %) die Ansicht, die ideale Familie sei dadurch charakterisiert, dass sowohl Männer als auch Frauen einer Erwerbsarbeit nachgehen und sich die Hausarbeit und Kinderbetreuung teilen (Cruz Cantero 1995: 56). In einer 1997 durchgeführten Erhebung zu den Einstellungen junger Spanier/ -innen zwischen 15 und 29 Jahren sprach sich eine deutliche Mehrheit (75 %) für ein Familienmodell aus, das auf Geschlechtergleichheit beruht; dabei befürworteten sogar 82 % aller Frauen dieses Familiemodell und 86 % aller Frauen mit höherem Bildungsgrad (C.I.S. 1999).

*Wenige Sozialleistungen für junge Mütter* Die heutigen Mütter stellen die erste Frauengeneration in Spanien dar, die mehrheitlich einer Erwerbstätigkeit nachgeht; die heutigen Großmütter repräsentieren demgegenüber die letzte Hausfrauengeneration. Mütter betrachten sich gegenwärtig selbst als eine Generation im Übergang, die sich grundlegend von der Generation ihrer Mütter unterscheidet, aber auch von der ihrer Töchter, die, so glauben sie, den von ihnen eingeschlagenen Weg fortsetzen wird. Die Großmütter stehen stellvertretend für eine Vergangenheit, in der Frauen von der Familie oder, genauer gesagt, von den Männern in der Familie abhängig waren. Jetzt haben sich die Regeln geändert. Die Erwerbstätigkeit gilt Müttern heute als wichtigster Garant für ihre persönliche Autonomie, sie ist zugleich Kennzeichen und Voraussetzung einer neuen, von ihnen angestrebten Identität. Allerdings bestehen zahlreiche Hindernisse und Schwierigkeiten, wenn Familie und Beruf vereinbart werden sollen, da die gesellschaftlichen Rahmenbedingungen den neuen Realitäten berufstätiger Mütter noch nicht angepasst worden sind.

Teilzeitarbeit ist in Spanien weniger verbreitet als in den meisten europäischen Ländern. Seit 1980 verfolgten verschiedene Reformen das Ziel, genauer festzulegen, was Teilzeitarbeit ist, und ihre Attraktivität angesichts hoher Arbeitslosenquoten zu erhöhen. Neuere Daten zeigen, dass 8,1 % der erwerbstätigen Bevölkerung teilzeitbeschäftigt sind, wobei die Teilzeitquoten von Frauen mit 17,2 % den Durchschnitt um mehr als das Doppelte übersteigen (Instituto Nacional de Estadística 1999). Das Angebot an Teilzeitarbeitsplätzen nimmt nur langsam zu – vor allem für gering qualifizierte, junge Frauen bestehen kaum Teilzeitoptionen –, was allem Anschein nach mehr mit Unternehmensstrategien denn mit den Präferenzen von Frauen zusammenhängt.

1999 verabschiedete das spanische Parlament ein Gesetz zur besseren Vereinbarkeit von Familie und Beruf. Es setzte die Europäische Richtlinie zum Elternurlaub von 1996 (96/34/EG) in nationales Recht um und gewährt Eltern mit Kindern bis zu 8 Jahren erstmalig das Recht, maximal drei Jahre lang Elternurlaub zu nehmen und sich überdies für maximal ein Jahr freistellen zu lassen, falls andere Verwandte pflegebedürftig sind. Mit dem neuen Gesetz findet erstmals eine rechtliche Würdigung der Probleme berufstätiger Frauen statt. Da die Freistellung aber unbezahlt ist, werden letztendlich wohl nur wenige Mütter und Väter davon profitieren können.

Betreuungseinrichtungen sowie Schulen und Vorschulen gehören auch in Spanien zu den wesentlichen Ressourcen, um Beruf und Familie besser in Einklang bringen zu können. Daten aus dem akademischen Jahr 2000/01 zeigen, dass 100 % aller 4-jährigen Kinder eine schulische Einrichtung besuchen und 87 % aller 3-jährigen in einen Kindergarten oder ebenfalls in eine Vorschule gehen (Ministerio de Educación y Ciencia 2000). Das wirkliche Problem stellen die ersten drei Lebensjahre des Kindes dar (0 bis 2 Jahre), da die Nachfrage nach Betreuungseinrichtungen für Kinder dieser Altergruppe das Angebot weit übersteigt. Die Kommunen sind

zwar verpflichtet, dafür Sorge zu tragen, dass genügend Betreuungskapazitäten für Kinder dieses Alters zur Verfügung stehen,
haben diese Aufgabe bislang aber nicht erfüllt. Die institutionelle
Anbindung (an lokale, regionale bzw. zentralstaatliche Körperschaften oder an gemeinnützige und private Träger) dieser Einrichtungen für Kinder unter 3 Jahren variiert; dabei spielt der private Sektor in diesem Bereich eine wichtigere Rolle als bei der
Vorschulerziehung von älteren Kindern. Bis zum Jahre 1999 konnten Eltern 15 % der Betreuungskosten steuerlich geltend machen.
Infolge einer Neuregelung erhalten Eltern nun Steuerfreibeträge,
die vom Alter und von der Anzahl der Kinder abhängen.

*Großmütter und das verwandtschaftliche Netzwerk* Großmütter
spielen eine entscheidende Rolle für den rapiden Anstieg der
Frauenerwerbstätigkeit. Der Widerspruch zwischen der neuen
Rolle auf dem Arbeitsmarkt und der traditionellen Rolle in der
Familie wird teilweise mit Hilfe der älteren Frauengeneration
gelöst, die sich um die Enkel kümmert, während ihre Töchter
arbeiten. Eine quantitative Studie aus dem Jahr 1998 (die ECFE-
Studie)[8] weist darauf hin, dass im Fall der meisten berufstätigen
Mütter (77 %) zumindest ein enges Familienmitglied in derselben
Stadt lebt; zumeist die eigene Mutter (in 56 % der Fälle). Der Rückgriff auf die Hilfe der Großmütter gehört zu den Bewältigungsstrategien berufstätiger Mütter, um ihre doppelte Verantwortung
für Familie und Beruf zu meistern.

Die großelterliche Unterstützung besteht vornehmlich in der
Beaufsichtigung der Enkelkinder. In der Hälfte aller Fälle (in 52 %)
betreuen Großmütter mütterlicherseits ihre Enkel im Vorschulalter
(wenn sie in derselben Stadt wohnen und wenn die berufstätige
Mutter mindestens ein Kind unter 4 Jahren hat). In weiteren 44,5 %
der Fälle betreuen sie ihre Enkel nach der Schule – entweder in der
eigenen Wohnung oder in der ihrer Tochter. Oft (23 %) bereiten sie
auch Mahlzeiten für ihre Kinder und Enkel zu oder sie bringen die
Enkel zur Schule und holen sie nachmittags wieder ab (22 %).

Die von der älteren Generation geleistete Hilfe folgt der doppelten Logik von Blutsverwandtschaft und Geschlechtszugehörig-
keit. Einerseits leisten Blutsverwandte mehr Unterstützung, was
erklärt, warum Mütter ihren Töchtern häufiger helfen als Schwiegermütter ihren Schwiegertöchtern. Andererseits leisten Frauen

größere Unterstützung als Männer, was erklärt, warum Mütter häufiger helfen als Väter und Schwiegermütter häufiger als Schwiegerväter. Die Hilfe des Großvaters kann durchaus wichtig sein, hängt aber in hohem Maße davon ab, dass die Großmutter (seine Ehefrau) die Hilfe organisiert, Verantwortlichkeiten koordiniert und ihm sagt, was er tun soll. Wenn Großväter allein stehen, nimmt ihre Hilfe spürbar ab. Die Betreuungsleistung von Großeltern gewinnt in schwierigen Situationen, etwa bei Krankheit der Enkelkinder oder in den Schulferien, zusätzlich an Bedeutung. Zwei Drittel aller berufstätigen Mütter verlassen sich darauf, dass ihre Mütter sich abends oder an den Wochenenden um die Kinder kümmern, sofern sie in derselben Stadt leben.

Es besteht ein klarer Zusammenhang zwischen generationenübergreifender Hilfe und räumlicher Nähe. Die Hälfte der berufstätigen Mütter, die am selben Ort wie ihre Mütter leben, wohnt sogar im selben Viertel, aber nur selten (11%) im selben Haus. Allein erziehende Mütter leben häufiger mit den eigenen Müttern zusammen[9] (29%). Sind auch die Großmütter allein stehend, so leben sogar 60% der alleinerziehenden Töchter mit ihnen zusammen. Zusammenfassend lässt sich feststellen: je dichter das familiäre Netzwerk, desto umfangreicher die von Verwandten geleistete Hilfe. In der Nähe der Großeltern zu wohnen ist manchmal eine Komplementärstrategie, die berufstätige Mütter entwickeln, um die Unterstützung zu erleichtern.

*Ersatzmütter* Eine weitere private und informelle Strategie besteht in der Einstellung einer Kinderfrau, die in aller Regel die Kinder im Haushalt der Eltern betreut. Den Daten der ECFE-Studie zufolge greift eine von vier berufstätigen spanischen Müttern (27%) auf diese Form der Unterstützung zurück, die in den meisten Fällen (21%) aber auf ein paar Stunden pro Woche beschränkt bleibt. Gewöhnlich können sich nur finanziell besser gestellte Familien eine private Kinderbetreuung im eigenen Haushalt leisten. Wenn aber keine helfenden Familienangehörige zur Verfügung stehen, bleibt erwerbstätigen Müttern keine andere Wahl, auch wenn das bedeutet, dass ein großer Teil ihres Einkommens in die Kinderbetreuung fließt.

Die Betreuung durch Kinderfrauen und Angehörige hat gemein, dass eine andere Frau die Mutter während ihrer Abwesenheit vertritt. Das Spannungsverhältnis zwischen Familie und Beruf bleibt dadurch ein Frauenproblem, eine Angelegenheit, die zwischen Frauen geregelt wird. Zwischen den beiden Strategien bestehen weitere Verbindungslinien. Tagesmütter können eine Alternative zur verwandtschaftlichen Unterstützung darstellen oder diese ergänzen, wenn die Hilfe durch Angehörige die Bedürfnisse von Kindern und Familie nicht allein abzudecken vermag. Gleichzeitig stützen sich Kinderfrauen häufig selbst auf verwandtschaftliche Unterstützungsressourcen als Strategie, ihrerseits Familie und Beruf vereinbaren zu können. Immigrantinnen, die als Tagesmütter arbeiten, übergeben ihre eigenen Kinder oft der Obhut von Großmüttern und weiblichen Verwandten im Herkunftsland, lassen sie in der «globalen Betreuungskette» (Hochschild 2000) zurück, die der zunehmenden Vermarktung der Kinderbetreuung unterliegt. Doch eines unterscheidet die beiden Strategien in Spanien: Verwandtschaftliche Hilfe wird selten entlohnt.

Großmütter übernehmen stellvertretend die Rolle der Mutter, agieren als Ersatzmütter. Die Hilfe wird dabei vorwiegend über die weibliche Linie weitergegeben, wie es auch in anderen Ländern geschieht (Bloch und Buisson 1998; Dench und Ogg 2001). Großmütter sind häufig bereit zu helfen, damit ihre Töchter ihr Bedürfnis nach Unabhängigkeit erfüllen können; eine Unabhängigkeit, die die jüngeren Frauen auf sich allein gestellt nicht erlangen könnten. Großmütter stehen zur Verfügung, weil sie größtenteils ihr Leben lang Hausfrauen gewesen sind. Den Angaben ihrer Töchter zufolge bereitet es vielen große Freude, sich um ihre Enkel zu kümmern, setzen sie doch eine Arbeit fort, die sie ihr ganzes Leben lang geleistet haben. Doch möglicherweise hängt die Hilfsbereitschaft der Großmütter auch mit traditionellen Ideologien zu Geschlechterrollen und zur «Opferbereitschaft» von Frauen zusammen.

Die erste Generation berufstätiger Mütter erfährt also in Spanien eine weit reichende und unentbehrliche Unterstützung durch die ältere Generation. Die starken familiären Bande zwischen Müttern und Töchtern, die für die traditionelle Familie typisch sind, spielen eine entscheidende Rolle für die Arbeitsmarktintegration der jüngeren Frauengeneration. Die Zunahme der Frauenerwerbstätigkeit führt bereits heute zu einem Wandel der Familie und wird wohl in Zukunft weiter dazu beitragen. Durch die Hilfe der Großmütter für ihre Töchter wirkt die traditionelle Familie aktiv am Prozess ihres eigenen Wandels mit.

## Die Konstruktion berufstätiger Mütter in Norwegen, Italien und Spanien

In allen drei Ländern beruhte das traditionelle Hausfrauenmodell nicht allein auf dem Status von Mutterschaft, sondern auch auf dem Familienstand der Ehe. Allein erziehende Mütter waren längst in großer Zahl berufstätig, bevor die Erwerbstätigkeit auch für verheiratete Mütter zum Regelfall wurde. Außerdem beeinflusst der Zeitpunkt des Arbeitsmarkteinstiegs die Erwerbssituation von Müttern auf Grund der unterschiedlichen ökonomischen, politischen und ideologischen Rahmenbedingungen. In Norwegen treten verheiratete Mütter zu einem – aus volkswirtschaftlicher Sicht – opportunen Zeitpunkt in die Arbeitswelt ein. Eine expandierende Wirtschaft benötigt ihre Arbeitskraft, während es der Frauenbewegung außerdem gelingt, ihre Forderungen auf die politische Agenda zu bringen. Allerdings beweist das an traditionellen Geschlechterrollen orientierte Familienleitbild eine Zählebigkeit, die bis zu einem gewissen Grad zu erklären vermag, warum sozialpolitische Maßnahmen im Bereich der Kinderbetreuung erst mit langer Verzögerung in größerem Stil umgesetzt werden. Wie in vielen anderen Ländern spielt auch in Norwegen, Italien und Spanien der Bedeutungszuwachs des Dienstleistungssektors eine entscheidende Rolle für die Entwicklung der Frauenerwerbstätigkeit (Fine 1992; Jacobs 1995). Viele Stellen im Dienstleistungsbereich sind wegen der dafür benötigten Fähigkeiten und der Arbeitsumstände besser für Frauen geeignet, auch wenn sie nicht ausdrücklich als Frauenarbeitsplätze definiert werden. Der Ausbau des Dienstleistungssektors erklärt auch in Spanien, warum Frauen in den 1980er und 1990er Jahren massenhaft auf den Arbeitsmarkt drängten – trotz Wirtschaftskrise im industriellen Sektor, Arbeitsplatzabbau und Arbeitslosigkeit. Der Beschäftigungszuwachs auf Seiten der Frauen gleicht, insgesamt gesehen, zum Teil die Arbeitsplatzverluste der Männer aus. Zugleich sind Frauen aber überproportional von Arbeitslosigkeit betroffen, fassen häufig erst nach einer Zeit bzw. nach wiederholten Phasen der Erwerbslosigkeit wieder Fuß am Arbeitsmarkt. Die hohe Arbeitslosenquote von

Frauen dürfte einen der Gründe darstellen, warum erwerbstätige Frauen keine gebührende Anerkennung als Wirtschaftsfaktor finden, obwohl kaum noch Ressentiments gegen die Berufstätigkeit von Frauen bestehen. Das zweite Einkommen, das sie beisteuern, ist willkommen, ja inzwischen sogar notwendig, doch in Gesellschaft und Staat hat sich noch nicht die Einsicht durchgesetzt, dass diese neue Realität Veränderungen erforderlich macht, die alle angehen.

In Italien liegen die Dinge anders, weil sich dort der Übergang zur Doppelverdienerfamilie viel langsamer als in Norwegen oder Spanien vollzieht und weil die Rolle von Frauen als mithelfende Angehörige im Familienbetrieb eine ebenso lange Tradition hat wie ihre Erwerbstätigkeit im informellen Sektor. In den 1980er und 1990er Jahren nahm die Arbeitsmarktbeteiligung von Frauen zwar langsam zu, doch gehört die Frauenerwerbsquote Italiens noch immer zu den niedrigsten in Europa. Auf Grund eines großen informellen Arbeitsmarktes mit traditionell hoher Frauenbeschäftigung lässt sich die erste Generation berufstätiger Mütter weniger eindeutig abgrenzen. Ein deutlicher neuer Trend ist jedoch, dass Frauen, auch verheiratete Mütter, zunehmend attraktive Stellen auf dem ersten Arbeitsmarkt zu Bedingungen der Männer besetzen.

In Norwegen nahm das Angebot an Teilzeitarbeitsplätzen für Frauen in den 1970er Jahren spürbar zu. Dies ließe sich als Kompromiss interpretieren, einerseits die ökonomische Notwendigkeit der Arbeitsmarktbeteiligung von Frauen anzuerkennen, ohne andererseits die bestehenden Vorbehalte gegenüber einem fundamentaleren Wandel von Mutterschaft aufgeben zu müssen. Die Teilzeitarbeit erlaubte es, Mutter- und Arbeiterrolle zu vereinen. Doch schon bald gingen immer mehr Mütter einer Vollzeitbeschäftigung nach und mussten Strategien entwickeln, um ihre Erwerbstätigkeit fortzusetzen, wenn keine Vollzeitbetreuung für ihre Kinder zur Verfügung stand. Der Mangel an Betreuungsressourcen vor allem für Kinder im Vorschulalter erforderte individuelle und informelle Strategien: die Unterstützung durch Angehörige, Hilfe von Freunden und Nachbarn oder die Einstellung von Tagesmüttern.

In Italien und Spanien spielt die Teilzeitbeschäftigung eine geringere Rolle für die Frauenerwerbstätigkeit. Was «adäquate» Frauenarbeitsplätze sein könnten, ist gesellschaftlich nicht definiert, da Frauen nicht als «notwendiger» Faktor am Arbeitsmarkt wahrgenommen werden (obgleich sie es sind). Arbeitsplätze und -bedingungen sind auf männliche Beschäftigungsmuster zugeschnitten, denen sich Frauen so gut es geht anpassen müssen. Die wichtigste Unterstützung erfahren sie durch die Hilfe der älteren Frauengeneration.

Familiäre Netzwerke stellen in allen drei Ländern eine zentrale Ressource für die erste Generation berufstätiger Mütter dar, doch unterscheiden sich Stellenwert und Charakteristika der verwandtschaftlichen Hilfe. Die verfügbaren Daten lassen den Schluss zu, dass die verwandtschaftliche Unterstützung bei der Kinderbetreuung in Italien und Spanien stärker in Anspruch genommen wird als in Norwegen. Hier stehen Frauen mehr Optionen zur Verfügung, um Familie und Beruf zu vereinbaren, so dass der Rückgriff auf außerfamiliäre Ressourcen oftmals nicht nötig ist. Sogar für die 1970er Jahre kann in Norwegen eine größere Unabhängigkeit der Kernfamilie beobachtet werden als in den südlichen Ländern. Ähnlich wie in Italien ist auch in Norwegen die erste Generation berufstätiger Mütter nicht ganz so eindeutig von der letzten Hausfrauengeneration abgrenzbar wie in Spanien; viele norwegische Großmütter waren in den 1970er Jahren selbst berufstätig und standen deshalb seltener für die Kinderbetreuung zur Verfügung. Über den genauen Umfang verwandtschaftlicher Hilfe wissen wir im Fall Norwegens nur wenig, können aber sagen, dass informelle Hilfen im weiteren Sinn bis in die ausgehenden 1980er Jahre eine wichtige Ressource für die Kinderbetreuung darstellten. Für Italien und Spanien liegen aussagekräftigere Daten vor, die auf interessante Unterschiede in der Nutzung verwandtschaftlicher Hilfe schließen lassen. Im Vergleich zu Spanien versorgen in Italien mehr Großeltern ihre Enkel auf täglicher Basis, jedoch für weniger Stunden. Die Hilfe der Großeltern besitzt eine komplementäre Funktion – ergänzt die Einrichtungen zur Kinder- und Vorschulerziehung, die von den meisten Kindern besucht werden – und schließt die Lücken, die zwischen dem Tagesablauf der Kinder und der Arbeitszeit der Eltern bestehen. In Spanien betreuen in einem von drei Fällen Großeltern kleine Kinder während der Abwesenheit der Eltern (sofern die Mutter berufstätig ist) – häufig für die Dauer des gesamten Arbeitstages. Sie stellen eine zentrale Ressource in einer Phase des Übergangs dar, wie es auch für andere Länder, etwa für Deutschland (die ehemalige DDR; Herlyn 2001) und Russland

(Gessat-Anstett 2001), berichtet wird. Außerdem überbrücken auch spanische Großeltern Betreuungslücken im Alltag von Kindern, die einen Kindergarten oder eine schulische Einrichtung besuchen.

In allen drei Ländern ist die verwandtschaftliche Hilfe in Ausnahmesituationen besonders wichtig: bei Krankheit der Kinder, in den Schulferien, bei außerhäuslichen Verpflichtungen der Eltern oder anderen unerwarteten Ereignissen. Familienangehörige, vor allem die Großeltern, sind die letzte Ressource, auf die Doppelverdiener-Familien zurückgreifen können, wenn in der alltäglichen Organisation der Kinderbetreuung Engpässe auftreten. Einen ähnlichen Befund gibt es sogar für Länder, in denen die staatliche Unterstützung sehr ausgeprägt ist, z.B. für Frankreich, wo die Hilfe von Großeltern in Ausnahmesituationen ebenfalls von Bedeutung ist und während der letzten dreißig Jahre zugenommen hat (Attias-Donfut und Segalen 1998: 74–79). Ein weiteres gemeinsames Merkmal besteht darin, dass die verwandtschaftliche Unterstützung entlang der weiblichen Linie verläuft auch wenn für Norwegen nur wenige empirische Belege vorliegen.

In Norwegen wird die Unterstützung durch Verwandte als externe Hilfe wahrgenommen, die von außerhalb der Kernfamilie, bei der die Verantwortung für die Kinderbetreuung liegt, beigesteuert wird. In Spanien und Italien fühlt sich das familiäre Netzwerk, fühlen sich vor allem die Großmütter dafür verantwortlich, dass die Mütter ihren Arbeitsplatz behalten können und die Kinder betreut sind. Ob Familienangehörige für ihre Hilfe Geld erhalten oder nicht, ist ebenfalls Ausdruck unterschiedlicher Auffassungen über die Familie, hängt von den Erwartungshaltungen gegenüber den Angehörigen außerhalb der Kernfamilie ab. In Norwegen ist es beispielsweise nicht ausgeschlossen, dass Verwandte eine Bezahlung erhalten, wenn sie die Kinder regelmäßig betreuen. Von einer Entlohnung verwandtschaftlicher Hilfe hört man in Italien nur selten, und sie ist undenkbar in Spanien, obgleich die Kinderbetreuung durch Angehörige auch hier nicht mehr als selbstverständlich gilt, vor allem nicht mit Blick auf die Zukunft.

Während die Grenze zwischen Kern- und Restfamilie in Norwegen also klarer ist als in den anderen beiden Ländern, wird nicht so deutlich zwischen der Unterstützung durch Verwandte und andere Betreuungspersonen unterschieden. Die erste Generation berufstätiger Mütter verließ sich in Norwegen häufig auf private

Tagesmütter, Kinderfrauen und Haushaltshilfen, die oftmals durch informelle Netzwerke, Verwandte, Freunde oder Nachbarn vermittelt wurden, so dass zwischen Müttern und Betreuungspersonen ein enges Vertrauensverhältnis bestand.

## Schlussfolgerung

Trotz der unterschiedlichen ökonomischen und kulturellen Rahmenbedingungen, auf die die erste Generation erwerbstätiger Mütter in den drei Ländern traf, sind eine Reihe von Gemeinsamkeiten bemerkenswert: Keiner der (sehr unterschiedlichen) Wohlfahrtsstaaten hat für diese Generation von Müttern die Vereinbarkeit von Beruf und Familie in nennenswertem Umfang erleichtert. Die Modernisierung von Mutterschaft ist den sozialpolitischen Reformen vorausgegangen. Die Nachfrage des Marktes nach weiblichen Arbeitskräften und die Nachfrage von Frauen nach bezahlter Arbeit hat nicht nur zu einem signifikanten Anstieg der Frauenerwerbstätigkeit geführt, sondern auch zu einem Wandel von Familienmodellen, brachte Doppelverdiener-Familien und Familien mit allein erziehenden Verdienern hervor. Diese Familien sind auf externe Betreuungsressourcen angewiesen. In allen drei Ländern ist es berufstätigen Müttern (und ihren Partnern) gelungen, ihrer doppelten Verpflichtung durch die Mobilisierung von Verwandten oder mit Hilfe sozialer Netzwerke und anderer informeller Arrangements nachzukommen. Die Bedeutung informeller Betreuungsressourcen als Voraussetzung für die Erwerbstätigkeit von Müttern wird in der Literatur zumeist unterschätzt. Statt dessen gilt die Intervention des Sozialstaates im Falle Skandinaviens häufig als Voraussetzung für die Erwerbstätigkeit von Müttern, während familiäre Verpflichtungen in Südeuropa als ein Hindernis für die Berufstätigkeit von Müttern betrachtet werden. Unsere Untersuchungen zeigen jedoch eine andere Geschichte. In den von uns berücksichtigten Ländern spielt die informelle Hilfe bei der Kinderbetreuung in den ersten Stadien massenhafter Frauenerwerbstätigkeit eine wichtigere Rolle als die vom Sozialstaat bereitgestellten Angebote.

Die Geschlechterdimension ist überall von Belang. Die informellen Betreuungsarrangements der Mütter bauen größtenteils darauf

auf, dass andere Frauen – Großmütter, weibliche Verwandte, Freundinnen, Nachbarinnen oder Kinderfrauen – verfügbar sind. Während die informelle Unterstützung in Italien und Spanien üblicherweise von Verwandten, vor allem von den Großeltern ausgeht, stützte sich die erste Generation erwerbstätiger Mütter in Norwegen häufiger auf die Mithilfe von Tagesmüttern und Haushaltshilfen. Der Fall Norwegens zeigt, dass das sozialstaatliche Engagement die Erwerbstätigkeit späterer Generationen berufstätiger Mütter erleichtert hat. Mit dem Ausbau öffentlicher Betreuungseinrichtungen verloren informelle Lösungen seit Ende der 1980er Jahre an Bedeutung. Dennoch entsprechen die öffentlichen Angebote nicht immer den Bedürfnissen der Familien, so dass informelle Hilfen noch immer beansprucht werden, vor allem für Kinder unter 3 Jahren.

Der hohe Stellenwert verwandtschaftlicher Hilfe in Spanien und Italien dürfte zum einen damit zusammenhängen, dass familiäre Verpflichtungen in den südlichen Ländern ausgeprägter und kulturell akzeptiert sind. Zum anderen ist der «Familialismus» – die Vorrangigkeit familiärer vor staatlicher Zuständigkeit – ein wirksamer Orientierungsmaßstab für die Politik (Saraceno 1994). Doch darf auch die Arbeitsmarktsituation von Großmüttern und anderen Verwandten bzw. ihre Verfügbarkeit für die tägliche, zeitaufwändige Kinderbetreuung nicht außer Acht gelassen werden.

Betrachten wir die sozialpolitische Entwicklung aus der Perspektive von «Pfadabhängigkeiten» (Esping-Andersen 1999), ist es unwahrscheinlich, dass Italien und Spanien dem Beispiel Norwegens und anderer skandinavischer Länder folgen werden, in denen die gesellschaftliche Reproduktion zum «öffentlichen Anliegen» geworden ist. Wenn die Erwerbsquote von Müttern auf dem derzeitigen Niveau bleibt oder, wie zu vermuten ist, steigt, kann die Verfügbarkeit von Familienangehörigen nicht länger vorausgesetzt werden, sobald die zweite oder dritte Generation von Müttern ins Berufsleben eintritt. Die Betreuungsarrangements italienischer und spanischer Mütter werden sich zukünftig wohl auf eine größere Vielfalt an Ressourcen stützen müssen. Das erfordert eine Erweiterung des Betreuungsangebotes, mit der aller Voraussicht nach eine Zunahme haushaltsnaher Tätigkeiten – staatlich gefördert wie in Frankreich oder nicht – einhergehen wird wie auch eine Ausweitung der Angebote des Dienstleistungssektors und grundsätzlich eine wachsende Vermarktung der Kinderbetreuung. In jüngerer Zeit scheint vor allem die Bedeutung der Kinderbetreuung im Haushalt der Eltern zu wachsen (Angebote von Tagesmüttern, die fremde Kinder bei sich zu Hause betreuen, sind praktisch nicht vorhanden), um den Rückgang verwandtschaftlicher Hilfe zu kompensieren. Dabei besteht ein eindeutiger Zusammenhang zwischen dem Arbeitsangebot von Immigrantinnen, der zunehmenden Berufstätigkeit von Müttern und den nach wie vor unzureichenden familien- und sozialpolitischen Maßnahmen. Der Mangel an staatlicher Förderung sollte jedoch nicht einfach als Faktum konstatiert werden. Im sozialpolitischen Leistungsumfang spiegeln sich kollektive Prioritäten und Optionen wider, die sich verändern können, vor allem im Horizont der erwarteten demographischen Entwicklung, in deren Kontext Frauen als Arbeitskräfte und Mütter zunehmend gebraucht werden.

Während wir dies schreiben, scheint in Spanien etwas in Bewegung zu kommen, wird die staatliche Unterstützung für berufstätige Mütter Gegenstand einer Auseinandersetzung zwischen den beiden großen politischen Parteien. Gleichzeitig regt die Europäische Kommission ehrgeizigere Ziele im Bereich der Kinderbetreuung an, plädiert dafür (laut eines Mitte März 2002 in Barcelona vorgestellten Berichts), bis 2010 wenigstens für eines von drei Kindern unter 3 Jahren und für neun von zehn älteren Kindern einen Betreuungsplatz zur Verfügung zu stellen. Sollten diese Vorschläge in bindende Richtlinien für die Mitgliedsstaaten münden, könnte im Bereich der Kinderbetreuung ein Angleichungsprozess einsetzen, der mit Blick auf die Entwicklung der Frauenerwerbsquoten in Westeuropa bereits in vollem Gang ist.

*Trudie Knijn, Ingrid Jönsson, Ute Klammer*

## Betreuungspakete schnüren:
## Zur Alltagsorganisation berufstätiger Mütter

### Einleitung

Die Arbeitsmarktbeteiligung von Frauen steigt heute viel schneller als das Betreuungsangebot für Kinder, und wir können nicht sicher sein, ob in naher Zukunft ein Gleichgewicht zwischen der Erwerbstätigkeit von Frauen und öffentlichen Betreuungsplätzen erreicht wird. Vielmehr befördern der Investitionsrückgang der Wohlfahrtsstaaten, das neoliberale Credo der Eigenverantwortung und die wiederbelebte Rhetorik zivilgesellschaftlicher Verantwortung einen Wohlfahrtspluralismus, in dessen Rahmen die Rolle des Staates an Bedeutung verliert. Nichtstaatliche Säulen des Wohlfahrtspluralismus, vor allem der Markt, die Familie und der gemeinnützige Sektor, haben neben den Kommunen eine wachsende Bedeutung bei der Bereitstellung von Kinderbetreuungsangeboten. Zugleich gehen immer mehr Mütter in Europa einer Berufstätigkeit nach. Angesichts der Zurückhaltung von Wohlfahrtsstaaten, die Zuständigkeit für die Betreuung von Kindern zu übernehmen, während die Mütter einer bezahlten Beschäftigung nachgehen, führen diese Entwicklungen zu der Frage, die Kristin Smith (2000) in ihrem US Census-Artikel über Kinderbetreuung aufwirft: «Und wer sorgt für die Kinder?»

In unserem Artikel versuchen wir, diese Frage zu beantworten, indem wir sowohl die Makroebene sozialpolitischer Regelungen und statistischer Daten berücksichtigen als auch auf Interviews mit erwerbstätigen Müttern in Schweden, Deutschland und den Niederlanden zurückgreifen, die im Rahmen qualitativer Fallstudien entstanden sind.[1] Wir führen das Konzept der «Betreuungspakete» ein, um deutlich zu machen, wie Mütter verfügbare Ressourcen kombinieren, damit sie eine Erwerbstätigkeit aufnehmen oder fortsetzen können. Diese Ressourcen umfassen verschiedene Formen der Kinderbetreuung (öffentliche, familiäre/informelle oder marktförmig organisierte) und eine Vielzahl von Arbeitszeitmodellen (Teilzeitbeschäftigung, Elternzeiten, flexible Arbeitszeiten oder Schichtarbeit). «Betreuungspakete zu schnüren» bezeichnet die Aktivität, eine individuelle Zusammenstellung aus den verfügbaren Ressourcen zu treffen, die von den institutionellen Säulen des Wohlfahrtspluralismus bereitgestellt werden, d. h. von Staat, Markt, Familie und von gemeinnützigen Organisationen (vgl. Leira, Tobío, Trifiletti sowie Tobío und Trifiletti, in diesem Band, zu Strategien erwerbstätiger Mütter). Der Begriff «Betreuungspaket» ist dem analogen Konzept des «Einkommenspakets» entlehnt, das Martin Rein und Lee Rainwater entworfen haben (Rein und Rainwater 1980; Rainwater, Rein und Schwartz 1986), um aus einer Akteursperspektive zu analysieren, wie einkommensschwache Familien verschiedene Einkommensressourcen bündeln, die unterschiedlichen Einnahmequellen des Wohlfahrtspluralismus entspringen. Dieser Ansatz hat sich in empirischen Untersuchungen bewährt, da er zu vergleichen erlaubt, wie verschiedene Bevölkerungsgruppen im Laufe ihres Lebens finanzielle Ressourcen kombinieren und/oder kompensieren (Hobson 1994), und ist auch für eine ländervergleichende Perspektive wertvoll, da sich die Ressourcen von Land zu Land unterscheiden, wie Jane Lewis (Lewis u. a. 1997) in ihrer Untersuchung über allein erziehende Mütter gezeigt hat.

Menschen schnüren nicht nur Einkommenspakete. Von Rein und Rainwater angeregt, kam Laura Balbo in ihrem einflussreichen Artikel «Crazy Quilts» (1987) zu dem Ergebnis, dass die «Dienstleistungsarbeit» von Frauen dem Knüpfen eines Flickenteppichs entspricht, d.h. vor allem darin besteht, verfügbare Mittel zusammenzufügen. Indem sie aus Versatzstücken ein Ganzes herstellen, ein Patchwork erstellen, verknüpfen Frauen die Ressourcen in einer Weise, die nicht nur ihren Familien und ihrem näheren Umfeld dienen, sondern der Gesellschaft als ganzer. «In der heutigen Gesellschaft werden die Ressourcen von einer Vielzahl externer sozialer Institutionen an Individuen, oder besser Familien, verteilt. Diese müssen zwischen bestehenden Alternativen auswählen; zur Verfügung stehende Mittel von verschiedenen Behörden und Institutionen, seien es öffentliche oder private, ‹kombinieren›; sie an die spezifischen Anforderungen jedes einzelnen Familienmitglieds ‹anpassen› und Dienstleistungen bereitstellen, die nicht oder nicht in ausreichendem Umfang von anderen Institutionen zur Verfügung gestellt werden.» (Balbo 1987: 48)

Wir können annehmen, dass die Organisation der Kinderbetreuung ebenfalls einem solchen Patchwork entspricht. Erwerbstätige Mütter ziehen sich nicht einfach aus der Kinderbetreuung zurück, vielmehr fordern sie alternative Betreuungsmöglichkeiten ein. Sie wenden sich an ihre Familien, den Staat oder ihre Arbeitgeber, um Unterstützung bei der Kinderbetreuung zu erhalten, damit sie sowohl ihre Beschäftigung fortsetzen als auch mit der Betreuungssituation ihrer Kinder zufrieden sein können. Rainwater, Rein und Schwartz (1986) machen deutlich, dass aufgrund der spezifischen Beschaffenheit des Wohlfahrtspluralismus nicht mit allen Teilen des Einkommenspakets Rechte einhergehen. Einige Teile müssen auf der Grundlage von moralischen Normen, Reziprozität oder Solidarität «eingefordert» werden. Manche Betreuungsressourcen sind an Rechte geknüpft, während andere das Ergebnis von Bitten und Appellen sind. Oft müssen andere Personen erst davon überzeugt werden, dass ihre Unterstützung notwendig ist, damit die Mütter weiterhin berufstätig bleiben können. Konzepte wie «fordern» oder «Forderungen stellen» verweisen daher auf informelle Betreuungsressourcen. Was Mütter fordern, hängt von sozialen Konventionen und ihren Vorstellungen über eine gute Kinderbetreuung ab und ist in ein System von Rechten, Gewohnheiten und Institutionen eingebettet, die – oder die nicht – berücksichtigen, dass erwerbstätige Mütter alternative Betreuungsressourcen benötigen. «Forderungen» verweisen auf das, was Mütter wollen, hoffen und teilweise erhalten.

Wir sind uns bewusst, dass es politisch korrekter wäre, von erwerbstätigen Eltern auszugehen statt vorrangig von erwerbstätigen Müttern. Der Vater kann in unserer Analyse nicht unberücksichtigt bleiben. Aber es sind immer noch die Mütter, die den Hauptteil der Betreuungsarbeit leisten, und offenbar ist es eben ihre Erwerbstätigkeit, die als «elastischer» gilt. Auch wenn sich Väter heute in einer Reihe europäischer Länder stärker an der Kinderbetreuung beteiligen, besonders in den skandinavischen Ländern und in den Niederlanden, steht ihre Berufstätigkeit selten auf dem Spiel, wenn sich den Eltern keine zufriedenstellende Lösung für die Versorgung ihrer Kinder bietet. Aus diesem Grund betrachten wir die Väter – zumindest momentan – als eine der potenziellen Ressourcen, die erwerbstätige Mütter bei der Organisation der Kinderbetreuung einsetzen.

**Forderungen nach alternativen Betreuungsmöglichkeiten**

Zum Wesen der Forderungen nach Betreuungsmöglichkeiten gehört (Rainwater, Rein und Schwartz 1986), dass Mütter voraussetzen können, dass die Kinderbetreuung stabil, sicher, qualitativ hochwertig und erschwinglich ist, denn nur dann ist ihre Berufstätigkeit realistisch. Mütter werden nicht länger einer Erwerbstätigkeit nachgehen, wenn es dem Wohlergehen oder der Entwicklung ihrer Kinder schadet. Zudem hängt der Zugang zu Betreuungsangeboten von den entstehenden Kosten ab. Die Höhe der Gebühren und ihr Verhältnis zum Einkommen variieren von Land zu Land ebenso wie die Qualität und sogar die Zielsetzung der Kinderbetreuung. Paradoxerweise kann es sein, dass die Erwerbstätigkeit von Müttern stärker gefördert wird, wenn sich die Kinderbetreuung programmatisch an der Entwicklung von Kindern orientiert und erzieherische Aufgaben mit einschließt, wie es in Schweden und Dänemark der Fall ist, als wenn sie lediglich als Dienstleistung zur Förderung der Frauenerwerbstätigkeit konzipiert wird, wie es der offiziellen Definition in den Niederlanden entspricht. Die erzieherische Ausrichtung der Kinderbetreuung trägt möglicherweise zu ihrer Vertrauenswürdigkeit bei, während ihre Funktionalisierung im Namen der Frauenerwerbstätigkeit Müttern den Eindruck vermitteln mag, dass es sich um reine Aufbewahrungsanstalten handelt.

Forderungen von Müttern können sich an verschiedene Personen und Institutionen richten. Im Rekurs auf das Konzept des Wohlfahrtspluralismus betrachten wir den Staat, gemeinnützige Institutionen bzw. Organisationen, den Markt und die Familie als potenziell zuständige Instanzen für die Bereitstellung von Betreuungsangeboten. Jeder der vier Bereiche folgt einer Eigenlogik und verfügt über sein eigenes Vokabular bezüglich der Forderungen nach Betreuungsressourcen (Knijn 1998; 2000). Der für die Kinderbetreuung typische «Wohlfahrtsmix» verändert sich gegenwärtig; die beiden grundlegenden Tendenzen bestehen dabei in der Marktorientierung und Dezentralisierung. Der Markt spielt vor allem in den Niederlanden eine große Rolle, wo erst zu Beginn der 1990er Jahre ein Ausbau der öffentlichen Kinderbetreuung einsetzte. Die holländische Regierung erklärte von Anfang an, dass es eine dreiseitige Verantwortung für die Kinderbetreuung geben müsse, was eine Aufteilung der Kosten zwischen Regierung, Arbeitgebern und Familien implizierte. Zudem fand eine Dezentralisierung statt, mit der die Kommunen die Verantwortung für den Ausbau der Kinderbetreuung übernahmen. Auch die Mittel für die Kinderbetreuung gingen an die Kommunen über, flossen aber in deren allgemeinen Sozialetat und verloren damit ihre Zweckbindung. Die Kommunen erhielten außerdem den Auftrag, mit den vor Ort ansässigen Unternehmen «Kinderbetreuungsverträge» über Plätze in lokalen Betreuungseinrichtungen zu schließen. Das Ergebnis war zum einen eine rapide Zunahme der Kinderbetreuungsplätze (1990 hatten 4% aller Kinder im Vorschulalter einen Platz in einer Betreuungseinrichtung, 1998 waren es 15%). Zum anderen wuchs der Beitrag, den Arbeitgeber und Eltern zu deren Finanzierung leisteten. Ein neues Gesetz (*Wet Basisvoorziening Kinderopvang*, 2001) legt fest, dass die lokalen Behörden nur die Qualität der Kinderbetreuung und ihrer Anbieter überwachen und steuern sollen, während die Bereitstellung allein privaten Anbietern überlassen bleibt. Einen Rechtsanspruch auf einen Kinderbetreuungsplatz wird es allerdings wohl auch in Zukunft nicht geben. Sofern es Eltern dennoch gelingt, einen Betreuungsplatz für ihre Kinder zu finden, müssen sie gemeinsam mit ihren Arbeitgebern die Kosten tragen, die dann für beide steuerlich absetzbar sind.

In Deutschland und Schweden beteiligen sich die Unternehmen kaum an den Kinderbetreuungskosten. Die Finanzierung erfolgt staatlicherseits und die Bereitstellung wird auf regionaler oder kommunaler Ebene gesteuert. In Deutschland räumt § 24 des Achten Sozialgesetzbuches (SGB VIII) allen Kindern ab 3 Jahren einen Rechtsanspruch auf einen Halbtagsplatz in einem Kindergarten ein (seit 1996), doch das Gesetz ist bislang noch nicht flächendeckend umgesetzt worden, da die bereitgestellten Mittel nicht ausreichen. Während sich die Kinderbetreuungseinrichtungen in den neuen Bundesländern zumeist in kommunaler Trägerschaft befinden, werden sie in den alten Bundesländern zu 70% von gemeinnützigen Institutionen, etwa den Kirchen, betrieben (Schweiwe 1995; Ostner 1998). In Schweden hat der Ausbau der öffentlichen Kinderbetreuung – die teilweise von den Kommunen, teilweise von anderen Trägern bereitgestellt wird und in beiden Fällen staatlich finanziert ist – sogar zu einer «Ent-Marktung» geführt: In den 1990er Jahren fand eine Dezentralisierung statt, die den Kommunen größere

Autonomie gegenüber staatlicher Regulierung zugestand, um auf lokaler Ebene einen «Wohlfahrtsmix» zu fördern (Kröger 1997). Zugleich wurden die Betreuungsgebühren durch die Einführung eines Pauschalbetrags im Jahr 2001 vereinheitlicht. Der Trend zur Vereinheitlichung und «Ent-Marktung» der Kinderbetreuung wurde außerdem durch ein Angebot des Staates bestärkt, allen Kommunen zusätzliche Gelder zu bewilligen, sofern sie in einem festgelegten Umfang Kinderbetreuungsplätze schaffen – ein Angebot, das keine Kommune zurückwies.

### Kinderbetreuung und Betreuungspakete: Muster und Konventionen in Schweden, Deutschland und den Niederlanden

Die verschiedenen institutionellen Säulen des Wohlfahrtspluralismus und ihre jeweilige Eigenlogik bilden den Kontext, in dem erwerbstätige Mütter ihre Forderungen nach Unterstützung bei der Kinderbetreuung formulieren. Sie treffen eine Auswahl aus verschiedenen Betreuungsressourcen, die sie miteinander kombinieren. Welches Betreuungspaket sie schnüren, ist teilweise vom Betreuungssystem und den Wahlmöglichkeiten, die es eröffnet, abhängig und teilweise von bestehenden Konventionen und persönlichen Präferenzen.[2] Im Folgenden wenden wir uns den Kinderbetreuungssystemen in Schweden, Deutschland und den Niederlanden zu und beleuchten die zur Verfügung stehenden Alternativen, wobei wir auch berücksichtigen werden, wie sich die Betreuungssituation ändert, wenn die Kinder älter werden. Dabei können wir unsere Untersuchung nicht auf sozialpolitische Maßnahmen beschränken, denn erstens gibt es keine klare Zielrichtung und Konsistenz in der staatlichen Politik zur Kinderbetreuung,[3] und zweitens greifen Mütter nicht nur auf öffentliche Leistungen und Einrichtungen zurück, sondern nutzen auch andere Ressourcen.

Niederländische, deutsche und schwedische Frauen mit Kindern handeln unterschiedlich, wenn sie Berufstätigkeit und Mutterschaft zu vereinbaren versuchen. Was sind die verbreiteten Muster der Kinderbetreuung in diesen drei Ländern – zu dem Zeitpunkt, zu dem das Kind zur Welt kommt, während dessen ersten Lebensjahren und im Schulalter? Unsere Untersuchung nimmt verschiedene Betreuungsalternativen und ihre Handhabung durch die Mütter in den Blick: Wir berücksichtigen Elternzeiten bzw. die Unterbrechung der Erwerbstätigkeit, die Verkürzung und Anpassung von Arbeitszeiten, die Nutzung öffentlicher Betreuungseinrichtungen und anderer Formen der bezahlten Kinderbetreuung, außerdem die unbezahlte Kinderbetreuung durch Väter, Verwandte und Freunde und schließlich die Betreuungssituation von Schulkindern. Der letzte Teil des Beitrags untersucht, wie diese Ressourcen verbunden werden und wie Rechte und Forderungen in den Betreuungspaketen zusammenkommen.

*Eine Auszeit nehmen*  Die Unterbrechung der Erwerbstätigkeit nach der Geburt eines Kindes ist eine der wichtigsten Komponenten des Betreuungspaketes von holländischen und deutschen Müttern. Die Hälfte der holländischen Mütter mit kleinen Kindern (0–5 Jahre) war im Jahr 1998 nicht erwerbstätig; obwohl der Prozentsatz von berufstätigen Müttern, die ihre Erwerbsarbeit unterbrechen, zwischen 1980 und 1998 stark zurückgegangen ist, nämlich von 46 % auf 24 %. Betrachtet man die Entscheidungen für oder gegen Familienpausen, zeigen sich große Unterschiede zwischen höher und niedriger qualifizierten Müttern. Zur Zeit ziehen sich ca. 75 % der Mütter mit niedrigerem Bildungsgrad und nur 30 % der besser ausgebildeten Mütter aus dem Berufsleben zurück (Keuzenkamp und Oudhof 2000). Die meisten Mütter, die in den Niederlanden ihre Erwerbstätigkeit unterbrechen, erhalten keine finanzielle Kompensation. Nur Angestellte des öffentlichen Dienstes haben ein Anrecht auf bezahlte Elternzeit, während sich der Rechtsanspruch anderer Arbeitnehmer/-innen lediglich auf die unbezahlte Elternzeit erstreckt; in manchen Branchen bestehen allerdings kollektive Vereinbarungen mit den Arbeitgebern, die einen finanziellen Ausgleich vorsehen. Bis 1999 hatten nur Beschäftigte, die mehr als 20 Stunden pro Woche arbeiteten, ein Anrecht auf die Elternzeit, so dass viele Mütter mit geringerem Arbeitszeitvolumen ohnehin davon ausgeschlossen waren. Heute besteht zwar für 75 % aller erwerbstätigen Mütter ein entsprechender Rechtsanspruch, doch nur 27 % machen davon Gebrauch, da die Elternzeit in den meisten Fällen eben nicht bezahlt wird (OECD 2001: Kap. 4).

Westdeutsche Mütter sind den niederländischen in ihrem Erwerbsverhalten sehr ähnlich. Der Rückzug vom Arbeitsmarkt ist der übliche Weg, um die Versorgung eines neugeborenen Kindes zu regeln. In Deutschland gewährt das Bundeserziehungsgeldgesetz eine Elternzeit von bis zu drei Jahren und garantiert eine anschließende Rückkehr in den Arbeitsmarkt. Das Erziehungsgeld ist bescheiden und ersetzt nicht das Einkommen: Die Eltern erhalten einkommensabhängig maximal zwei Jahre lang bis zu € 307 pro Monat; das dritte Jahr ist immer unbezahlt. Wer sich entscheidet, die Elternzeit auf ein Jahr zu beschränken, erhält seit der Reform des Bundeserziehungsgeldgesetzes im Jahr 2001 ein höheres Erziehungsgeld von bis zu € 460 pro Monat. Die Elternzeit ist in Deutschland unter Müttern sehr populär. Seit 1992 haben in den alten Bundesländern mehr als zwei Drittel aller erwerbstätigen Mütter die Elternzeit in Anspruch genommen. Viele unterbrechen ihre Erwerbstätigkeit für die gesamte Dauer von drei Jahren, obwohl die meisten aufgrund der Einkommensgrenzen nur ein halbes Jahr lang Erziehungsgeld beziehen. In den neuen Bundesländern nutzen heute sogar etwas mehr Mütter die Elternzeit als in Westdeutschland, allerdings im Durchschnitt für einen kürzeren Zeitraum (Engelbrech und Jungkunst 2001 b; Beckmann und Kurtz 2001). Ein Drittel aller ostdeutschen Mütter, die in letzter Zeit nach einer Familienphase in den Arbeitsmarkt zurückgekehrt sind, hat Elternzeiten von maximal einem Jahr in Anspruch genommen. Neben ökonomischen Beweggründen dürfte dabei auch die soziale Fortgeltung der früheren DDR-Regelungen, nach der die Elternzeit nur aus einem «Babyjahr» bestand, eine Rolle spielen.

Kaum eine schwedische Mutter verlässt ihren Arbeitsplatz für längere Zeit. Nur 15 % der Mütter von 1- bis 5-jährigen Kindern sind nicht erwerbstätig, und die meisten dieser Frauen befinden sich in der Elternzeit (12 % aller Mütter von Kindern zwischen 1 und 5 Jahren; vgl. Haas und Hwang 1999). Fast jede schwedische Mutter nimmt die Elternzeit für eine Dauer von durchschnittlich elf Monaten in Anspruch, wenn das Kind noch klein ist. Die Bezahlung der Elternzeit erfolgt in Schweden als versicherungsbasierte Leistung und ist im Vergleich zu den anderen beiden Ländern am höchsten. Eltern erhalten für die Dauer von einem Jahr einen 80 %igen Lohnersatz (Angestellte des öffentlichen Dienstes beziehen sogar 90 % ihres Einkommens), und für weitere 90 Tage, von denen 30 für den jeweils anderen Elternteil reserviert sind, gewährt der Staat einen Pauschalbetrag. Die Elternzeit kann auf Ganztags-Basis oder in

Form einer Arbeitszeitverkürzung genutzt werden, und der Anspruch bleibt erhalten, bis das Kind 8 Jahre alt ist. Kein Wunder, dass die meisten schwedischen Mütter die Elternzeit voll ausschöpfen (95–98 %) (SCB 2000).

Eine Auszeit zu nehmen, bedeutet in allen Ländern, dass die Mutter die Hauptverantwortung für die Betreuung ihrer Kinder übernimmt und wahrscheinlich nur gelegentlich die Unterstützung Dritter benötigt. In Schweden erhalten Mütter während ihrer Familienpause großzügige Leistungen, während sie zugleich an den Arbeitsmarkt angebunden bleiben. Demgegenüber führt der Rückzug vom Erwerbsleben in den Niederlanden häufig dazu, dass Frauen ihre Anbindung an den Arbeitsmarkt verlieren. In vielen Fällen nehmen sie ihre Auszeit nicht im Rahmen der Elternzeit, wobei auch diese in den meisten Fällen unbezahlt ist. In Deutschland erfreuen sich Frauen, die Elternzeiten in Anspruch nehmen, einer – juristisch – relativ guten Arbeitsmarktanbindung, doch in den meisten Fällen wird das bescheidene Erziehungsgeld nur für sechs Monate gezahlt.

Erwerbstätige Mütter in den Niederlanden, Deutschland und Schweden nennen verschiedene Gründe, warum sie ihre Berufstätigkeit nach der Geburt ihrer Kinder unterbrechen. Die Hälfte der interviewten holländischen Mütter mit niedrigerem Bildungsgrad ist bei der Geburt ihres ersten Kindes erst einmal vollständig aus dem Arbeitsleben ausgeschieden. Die meisten von ihnen erklären, dass es schon immer ihre Absicht gewesen sei, während der ersten Lebensjahre ihres Kindes ausschließlich Hausfrau zu sein: «Ja, ich habe immer gesagt, dass ich zu Hause bleiben werde, wenn ich Kinder kriege. Und wenn sie dann in die Schule gehen, werde ich entscheiden können, was ich tun will. Vielleicht bleibe ich zu Hause, vielleicht suche ich mir eine Arbeit.» (holländische Mutter von zwei Kindern; arbeitet inzwischen 20 Stunden pro Woche). Westdeutsche Mütter argumentieren häufig in gleicher Weise. Demgegenüber gibt es in Schweden und Ostdeutschland so gut wie keine Hausfrauen, die sich weder in der Elternzeit befinden, noch arbeitslos gemeldet sind. Das heißt nicht, dass alle Mütter mit der Länge und Bezahlung der Elternzeit zufrieden sind. Einige der befragten Mütter sagen, dass sie gerne ein paar Jahre länger zu Hause geblieben wären, sich das aber nicht leisten konnten. Die meisten holländischen Mütter haben keine Elternzeit in Anspruch genommen, weil sie zumeist unbezahlt ist. Tatsächlich nutzen Arbeitnehmerinnen die Elternzeit sehr viel häufiger, wenn ihnen ein finanzieller Ausgleich zusteht, als wenn sie keine Bezahlung zu erwarten haben (Keuzenkamp und Oudhof 2000). Doch auch die Aussicht auf eine Teilzeitstelle kann ein Grund sein, auf die Elternzeit zu verzichten: «Als mein Arbeitgeber damit einverstanden war, dass ich meine Arbeitszeit auf drei Tage in der Woche reduziere, war es nicht notwendig, die Elternzeit zu nehmen. Hätte man mir nicht erlaubt, meine Arbeitszeit zu reduzieren, hätte ich die Elternzeit genommen.» (holländische Mutter eines Einzelkindes; arbeitet jetzt 24 Stunden pro Woche).

Männer nehmen seltener eine Auszeit, wenn sie Väter werden. In Schweden[4] ist ein Teil der Elternzeit zwischen den Elternteilen nicht übertragbar, d.h. dieser Teil geht verloren, wenn er nicht genutzt wird (*«use-it-or-lose-it»*) (OECD 2001). Eine solche Regelung besteht weder in den Niederlanden noch in Deutschland; sämtliche Bestimmungen zur Elternzeit gelten hier formal für Mütter und Väter gleichermaßen. Im Jahr 1999 nutzten in Schweden 36% der Väter die Elternzeit, während die niederländische Vergleichszahl in den Jahren 1996 bis 1998 kontinuierlich bei etwa 11% pro Jahr lag. Unter allen Eltern, die in Deutschland seit 1992 Elternzeiten in Anspruch genommen haben, waren die Väter nur mit einem Anteil von 2% vertreten. In allen drei Ländern nehmen Väter außerdem nur einen kleinen Teil der ihnen zustehenden Auszeit in Anspruch (z.B. 12% der Elternzeit in Schweden). In den Niederlanden und in Deutschland kommt es selten vor, dass sich Eltern die Elternzeit teilen (Keuzenkamp und Oudhof 2000). Doch auch in Schweden ist es für Mütter selbstverständlich, dass sie bei dem Neugeborenen bleiben. Alle Partner der befragten Mütter haben nur den «Papa-Monat» in Anspruch genommen – nicht zuletzt, weil er sonst verfallen wäre.

Dass Väter sehr selten eine Auszeit nehmen, hängt vor allem mit ihrem – höheren – Einkommen zusammen. Das höchste Einkommen in der Familie zu verlieren, hat einfach negative Auswirkungen auf das Familienbudget: «Wenn es ein kleineres und ein größeres Einkommen gibt und derjenige mit dem höheren Einkommen zu Hause bleibt, verliert man Geld.» (schwedische Mutter dreier Kinder; arbeitet jetzt 30 Stunden pro Woche).[5] Aus diesem Grund ist die geschlechtliche Arbeitsteilung den meisten Müttern selbstverständlich. Doch auch die «Arbeitskultur» am Arbeitsplatz des Vaters kann seine Bereitschaft beeinflussen, Elternzeiten in Anspruch zu nehmen. Für Männer, die im öffentlichen Dienst arbeiten, ist es einfacher, ihr Recht geltend zu machen, als für Männer, die in Wirtschaftssektoren mit hohem Arbeitslosenanteil beschäftigt sind und vielleicht befürchten, ihre Anstellung zu verlieren. Andere Väter wiederum sehen ihre berufliche Karriere gefährdet: «Mein Mann hat sich überlegt, die Elternzeit in Anspruch zu nehmen und seine Arbeitszeit auf vier Tage pro Woche zu reduzieren, aber das würde wahrscheinlich seine Karriere behindern. Wir haben beschlossen, dass er die Elternzeit nicht nehmen soll; man schmeißt seine Karriere nicht weg wegen einer solchen Elterzeit!» (holländische Mutter eines Einzelkindes, arbeitet 24 Stunden die Woche).

Während die meisten der befragten Mütter in allen drei Ländern gerne ihre Elternzeit verlängert hätten, gab es auch Frauen, die binnen weniger Monate nach der Geburt ihres Kindes an ihren Arbeitsplatz zurück wollten. Nicht alle Mütter genießen es, zu Hause zu bleiben: «Als mein Sohn ungefähr vier Monate alt war, habe ich meine Arbeit für eine Nacht pro Woche wieder aufgenommen. Das habe ich für mich getan. Ich genoss es, wieder zu arbeiten.» (schwedische Mutter von zwei Kindern; arbeitet jetzt 34 Stunden in der Woche). – «Ich habe nur den Mutterschaftsurlaub genommen. Ich wollte wieder arbeiten. Ich hatte kein Bedürfnis, die Elternzeit zu nehmen. Da bist du nur zu Hause, es gibt kein Auto, und das ist, wie zu Hause eingesperrt zu sein.» (holländische Mutter von drei Kindern; arbeitet jetzt 24 Stunden in der Woche). – «In den Zeiten, wo ich nur zu Hause war, als mein Sohn ganz klein war, bin ich wahnsinnig geworden. [...] Dieses Nur-zu-Hause-Sitzen, immer auf Abruf sein. Keiner, keiner Betätigung gezielt und bis zu einem bestimmten Abschluss nachgehen zu können, das – und auf Jahre – das ertrage ich nicht, ganz platt: ertrage ich nicht!» (westdeutsche Mutter von zwei Kindern; arbeitet jetzt Vollzeit).

In allen drei Ländern will ein Großteil der Mütter die Berufstätigkeit aussetzen, um eine Zeit lang für die Kinder zu sorgen, allerdings gibt es in jedem Land eine Bandbreite verschiedener Einstellungen. Statistisch sind die Unterschiede zwischen den Ländern eindeutig. Ungefähr die Hälfte der holländischen Mütter, vor allem Mütter mit geringer Qualifikation, bleibt zu Hause, bis ihre Kinder das Schulalter erreichen. Die Mehrzahl der westdeutschen Mütter legt eine Pause von drei Jahren ein, und ein Großteil der schwedischen und ostdeutschen Mütter kehrt binnen ein oder zwei Jahren nach der Geburt des Kindes in das Erwerbsleben zurück. Die unterschiedlichen Regelungen zur Elternzeit können manche Differenzen erklären, z. B. die Unterschiede im Verhalten von holländischen und schwedischen Müttern. Allerdings zeigt das Beispiel west- und ostdeutscher Mütter, dass sich ihr Erwerbsverhalten trotz gleicher rechtlicher Rahmenbedingungen unterscheidet. Soziale Konventionen zur Kinderbetreuung und die ökonomische Situation der Familie haben ebenso Einfluss auf das Verhalten der Mütter wie die Sozialpolitik.

*Teilzeitarbeit/Arbeitszeitverkürzung*  Nach ihrer Rückkehr in den Arbeitsmarkt verkürzen viele Mütter ihre Arbeitszeit – auch das ist Bestandteil ihres Betreuungspakets. Das Teilzeitverhalten von Frauen variiert erheblich zwischen den drei Ländern, ebenso das, was unter «Teilzeit» verstanden wird. Die meisten schwedischen Mütter kehren auf Teilzeitbasis in die Berufstätigkeit zurück, doch auch dann ist ihre Wochenarbeitszeit noch immer so lang, dass ihre Teilzeitbeschäftigung von der Europäischen Kommission nicht einmal als solche erfasst wird (Blossfeld und Hakim 1997). Das Arbeitszeitvolumen nimmt mit dem Bildungsgrad zu. Insgesamt arbeiten 70 % aller schwedischen Mütter von Kindern zwischen 0 und 18 Jahren Vollzeit, während nur etwa die Hälfte der Frauen mit niedrigem Bildungsgrad einer Vollzeitbeschäftigung nachgeht (SCB 2000). Im Unterschied dazu arbeitet in den Niederlanden fast keine erwerbstätige Mutter mehr als 32 Stunden pro Woche (Knijn und Van Wel 2001 b). Von den Müttern mit geringerer Qualifikation zieht sich ein Drittel vom Erwerbsleben zurück und weitere 20 % reduzieren die Arbeitszeit. Demgegenüber verlassen nur 10 % der besser ausgebildeten Mütter den Arbeitsmarkt und weitere 50 % verringern ihre Arbeitszeit (Keuzenkamp und Oudhof 2000).

Im Westen der BRD kehren die meisten Mütter nach der Elternzeit auf Teilzeitbasis in das Berufsleben zurück, während die meisten Mütter in den neuen Bundesländern wieder eine Vollzeitbeschäftigung aufnehmen. Im Jahr 1999 arbeiteten 52 % aller erwerbstätigen westdeutschen Mütter von Kindern unter 10 Jahren weniger als 20 Stunden pro Woche; weitere 17 % arbeiteten «lange Teilzeit», d. h. zwischen 21 und 36 Wochenstunden, und nur rund ein Drittel

(31 %) war vollzeitbeschäftigt. Im Gegensatz dazu arbeiten in den neuen Bundesländern rund zwei Drittel (65 %) aller erwerbstätigen Mütter mit Kindern desselben Alters Vollzeit, 23 % arbeiteten zwischen 21 und 36 Stunden und nur 12 % weniger als 20 Stunden in der Woche (Statistisches Bundesamt, Mikrozensus 2000). Das heißt, wenn ostdeutsche Frauen einer Teilzeitbeschäftigung nachgehen, bestehen sehr viel größere Ähnlichkeiten zum schwedischen Muster «langer Teilzeitarbeit» als zum westdeutschen Muster.

In den Niederlanden stellt die Arbeitszeitverkürzung vor allem für weniger gut ausgebildete Mütter eine vorrangige Strategie dar. Diese Mütter sagen übereinstimmend, dass sie andernfalls ihre Anstellung aufgegeben hätten. Sie fordern Zeit für ihre Kinder ein, zahlen sie aber aus eigener Tasche. Nicht nur nehmen sie akut einen geringeren Verdienst hin, sondern die Gehaltseinbußen führen auch zu niedrigeren Renten, wenngleich der Verlust geringer ist, als er in Deutschland wäre.

Vollzeitbeschäftigte Frauen fühlen sich in den Niederlanden und in Westdeutschland häufig überfordert, wünschen sich eine Verkürzung ihrer Arbeitszeit oder gar, ihre Berufstätigkeit ganz aufgeben zu können. Studien aus den frühen 1990er Jahren zeigen, dass ostdeutsche Mütter ihren Vollzeitarbeitsplatz demgegenüber als etwas ganz Normales betrachteten (44 % der Mütter mit Partnern und Kindern zwischen 3 und 10 Jahren arbeiteten Vollzeit, GSOEP 1996). Ein interessantes Ergebnis unseres Forschungsprojektes[6] ist allerdings, dass viele ostdeutsche Mütter offensichtlich begonnen haben, über kürzere Arbeitszeiten nachzudenken, um Erwerbstätigkeit und Betreuungsarbeit besser in Einklang bringen zu können. Fast zwei Drittel der befragten ostdeutschen Mütter erwähnen Teilzeitarbeit (zumeist für sich selbst, in manchen Fällen aber auch für beide Elternteile) als ideale Lösung für ihren Mangel an Zeit – wie eine Mutter, die sagt, dass es ihrer großer Wunsch sei, «irgendwann Teilzeit zu arbeiten. Das wäre ja ganz günstig, wenn einer in die Schule kommt. […] Aber das geht gar nicht bei uns, da gibt's keine Teilzeitarbeit.» (ostdeutsche Mutter von zwei Kindern; arbeitet Vollzeit). Die Übereinstimmungen in den Wunschvorstellungen ostdeutscher Mütter sind überraschend. Die meisten betrachten eine Arbeitszeit von 30 Stunden als idealen Weg, um Erwerbstätigkeit und Betreuung zu vereinbaren. Ein Jahrzehnt nach der Wiedervereinigung haben sich in Ostdeutschland offenbar die Einstellungen gegenüber Berufstätigkeit und Mutterschaft verändert. Zugleich hat allerdings keine der befragten Frauen tatsächliche, konkrete Pläne zur Verkürzung ihrer Arbeitszeit, entweder weil die finanzielle Situation dies nicht zulässt oder weil es keine adäquaten Teilzeitstellen gibt.

In allen drei Ländern bestehen inzwischen, wie auch im EU-Recht, rechtliche Regelungen zur Teilzeitarbeit. In den Niederlanden haben Teilzeitbeschäftigte den gleichen Beschäftigungsschutz wie Vollzeitbeschäftigte. Auch Mindestlöhne, Arbeitsbedingungen, Krankenversicherung etc. unterliegen vergleichbaren Standards. Die Einführung eines Gesetzes zur Anpassung der Arbeitszeit aus dem Jahr 2002 hat außerdem den Wechsel von einer Vollzeit- zu einer Teilzeitstelle erleichtert. Dieses Gesetz gibt Arbeitnehmern das Recht, ihre Arbeitszeit zu verkürzen (oder zu verlängern), und Arbeitgeber können dies nur verweigern, wenn sie nachweisen können, dass die Interessen des Betriebes gefährdet sind. In Deutschland hat die rot-grüne Bundesregierung kürzlich ein ähnliches Gesetz verabschiedet. In Schweden sind Eltern dazu berechtigt, ihre Arbeitszeit um 25% zu verkürzen, bis das Kind 8 Jahre alt ist. Darüber hinaus wurde im Jahr 2002 das Recht von Eltern gestärkt, darüber entscheiden zu können, wann sie sich frei nehmen wollen.

*Arbeitszeiten und ihre Flexibilität* Sowohl vollzeit- als auch teilzeitbeschäftigte Mütter versuchen oftmals, ihre Arbeitszeiten flexibel zu gestalten, z.B. nur während der Schulstunden zu arbeiten, früh morgens anzufangen, die Mittagspause zu verkürzen, Nacht- und Wochenendschichten zu übernehmen oder (zumindest zum Teil) zu Hause zu arbeiten. Gut ausgebildeten Müttern, die häufig im öffentlichen Dienst arbeiten, ist eine flexible Arbeitszeitgestaltung eher möglich als Müttern mit niedrigerer Qualifikation. Lehrerinnen können sich z.B. ohnehin darauf verlassen, dass ihre Arbeitszeiten den Unterrichtszeiten der Kinder weitgehend angepasst sind, und Mitarbeiter/-innen der öffentlichen Verwaltung verfügen häufig über die Möglichkeit, von Zeit zu Zeit zu Hause zu arbeiten. «Lehrerin ist der einzige Beruf, den Sie ausüben können, ohne unentwegt in diese Probleme [z.B. die Betreuung während der Schulferien] zu geraten. Und ich bin auch heilfroh, dass das geklappt hat.» (westdeutsche Mutter von einem Kind; arbeitet Vollzeit).

Mütter mit geringerem Bildungsgrad arbeiten oft in sozialen Berufen, vor allem in Pflegeberufen, oder gehen einfachen Verwaltungstätigkeiten nach. In diesen Bereichen lassen sich die Arbeitszeiten nicht ohne weiteres ändern. In allen drei Ländern betonen die befragten Mütter, dass flexible Arbeitszeiten eine Voraussetzung sind, um überhaupt oder in dem von ihnen geleisteten Umfang erwerbstätig zu sein. Allerdings bestehen in den drei Ländern unterschiedliche Auffassungen darüber, wie weitgehend die Arbeitszeiten auf die Bedürfnisse von Partnern und Kindern abgestimmt sein sollten. In den Niederlanden fordern viele Mütter Arbeitszeiten, die an die Unterrichtszeiten ihrer Schulkinder, die Arbeitszeiten ihrer Partner und manchmal sogar an die Schulferien angepasst sind oder werden können – obwohl die meisten von ihnen ohnehin einer Teilzeitbeschäftigung nachgehen. Vor allem Mütter mit geringerer Qualifikation betrachten ihre Berufstätigkeit als eine Option, die ihr Familienleben nicht beeinträchtigen darf. Diese Mütter betonen, dass sie keine Erwerbstätigkeit aufgenommen hätten, wenn Arbeits- und Familienzeit miteinander in Konflikt geraten wären. Sie fordern angepasste Arbeitzeiten ein, um das «Beste beider Welten» verbinden zu können, wobei sie den Verlust ökonomischer Unabhängigkeit nicht besonders hoch bewerten. Dieses Verhalten ist allerdings nur unter den gegenwärtigen Bedingungen einer boomenden holländischen Ökonomie Erfolg versprechend, denn die Arbeitgeber sind mehr als glücklich, überhaupt Angestellte zu finden.

Im Fall von vollzeitbeschäftigten Müttern heißt eine Arbeitszeitanpassung oft, dass sie zu ungewöhnlichen Tageszeiten arbeiten. Dadurch ist es ihnen möglich, ihren «mütterlichen Pflichten» nachzukommen, wenn auch um den Preis von Erschöpfung und Schuldgefühlen: «Du fühlst dich schuldig. Es war schwierig, aber es musste gehen. Und du musst dir sagen: Die Kinder waren es nie anders gewöhnt. Also kennen sie auch nichts anderes. Aber ich würde am liebsten einfach zu Hause bleiben. Aber dann hatten wir dieses Haus gekauft, und der Zinssatz stieg. Wir mussten das einfach bezahlen.» (schwedische Mutter zweier Kinder; arbeitet 40 Stunden in der Woche). In Schweden hat die Regierung Forderungen nach einer generellen Arbeitszeitverkürzung auf 35 Wochenstunden abgelehnt. Im Gespräch sind stattdessen eine Verlängerung des Jahresurlaubs und eine Flexibilisierung der Arbeitszeitgestaltung (mit Blick sowohl auf den Arbeitstag als auch auf das Arbeitsjahr).

Die interviewten westdeutschen Mütter beschreiben es als sehr ermüdend, die Verantwortung für ihre Kinder mit einer Vollzeitstelle vereinbaren zu müssen, auch wenn sich die meisten damit zufrieden zeigen, wie sie ihre Arbeitszeit angepasst haben. Als ermüdend empfinden sie die Mehrfachbelastung durch Erwerbs-, Haus-, und Betreuungsarbeit. Eine flexible Arbeitszeitgestaltung ist für viele schwedische, einige deutsche Mütter, aber nur eine kleine Minderheit holländischer Mütter eine Strategie, die Betreuung ihrer Kinder sicherzustellen und dennoch einer Vollzeitbeschäftigung nachzugehen. Für holländische Mütter, besonders für Frauen mit niedrigerem Bildungsgrad, sind flexible Arbeitszeiten ein Weg, Teilzeitbeschäftigung und Kinderbetreuung zu vereinbaren, wobei den Bedürfnissen ihrer Familien Priorität gilt.

*Öffentliche Kinderbetreuung und andere Formen bezahlter Kinderbetreuung* Das Angebot an bezahlter Kinderbetreuung unterscheidet sich maßgeblich zwischen den drei Ländern. Im Jahr 2000 besuchten rund 77 % der westdeutschen und 87 % der ostdeutschen Kinder zwischen 3 Jahren und dem Schulalter einen staatlich finanzierten Kindergarten, die meisten allerdings nur halbtags. Der Anteil der Kinder, die ganztags in einem Kindergarten betreut wurden, lag in den späten 1990er Jahren bei 54 % in den neuen und bei 11 % in den alten Bundesländern. In Schweden besuchen 76 % der Kinder im Alter zwischen 1 Jahr und 5 Jahren einen Kindergarten, die Hälfte von ihnen ganztags (SCB 2000), während in den Niederlanden nur 15 % der Kinder im Vorschulalter einen Kindergarten besuchen, und zwar fast nie ganztags. Nur einen Teil der Woche in einer Kinderbetreuungseinrichtung zu verbringen (normalerweise halbtags), ist sehr viel üblicher für westdeutsche (51 %) als für ostdeutsche (31 %) Kinder und entspricht dem vorherrschenden Muster in den Niederlanden (Keuzenkamp und Oudhof 2000). Viele Mütter haben kaum eine andere Wahl, als ihre Kinder schon in frühem Alter in eine Betreuungseinrichtung zu bringen, wenn sie nicht einen gewichtigen Teil ihres Einkommens verlieren wollen. Nur für schwedische Mütter besteht die Option, bei hoher finanzieller Absicherung ein Jahr lang für ihre Kinder zu sorgen. In Schweden sind die Kommunen aber außerdem verpflichtet, für

Kinder zwischen 1 und 12 Jahren einen Betreuungsplatz anzubieten, wobei die Betreuungskosten auf Grund der öffentlichen Subventionen relativ niedrig sind. Alle der befragten schwedischen Mütter konnten sich darauf verlassen, einen öffentlichen Betreuungsplatz zu erhalten, und nur wenige mussten Wartezeiten in Kauf nehmen. Auch die meisten ostdeutschen Mütter hatten keine Schwierigkeiten, einen Kinderbetreuungsplatz zu finden (Lindon 2000). In Westdeutschland und den Niederlanden ist die Situation ganz anders. In der BRD besteht seit 1996 ein Rechtsanspruch auf einen Kindergartenplatz (außer in Bayern); die Einrichtungen befinden sich in Westdeutschland zumeist in gemeinnütziger Trägerschaft (etwa der Kirchen), sind aber staatlich finanziert (Lindon 2000). Das Gesetz hat zu einem beträchtlichen Anstieg des Betreuungsangebots in den alten Bundesländern geführt, aber nur für Kinder ab 3 Jahren. Doch auch westdeutsche Mütter mit Kindern diesen Alters haben noch immer Schwierigkeiten, etwa wenn sie einen Platz in einer bestimmten Einrichtung möchten oder in bestimmten, «unterversorgten» Regionen leben, oder wenn sie einen Ganztagsplatz suchen, der vom Gesetz, das nur die Teilzeitbetreuung umfasst, nicht garantiert ist. Obwohl einkommensschwache Eltern und Eltern mit mehreren Kindern, die dieselbe Einrichtung besuchen, oft eine Gebührenermäßigung erhalten, beeinflussen die Kosten zweifellos die Erwerbsentscheidungen vor allem von Müttern mit geringerer Qualifikation. Viele der Frauen, die keiner oder nur einer geringfügigen Beschäftigung nachgehen, nennen in den Interviews das Zusammentreffen der Betreuungskosten mit einer hohen Besteuerung des zweiten Familieneinkommens als einen Hauptgrund, nicht oder nicht in größerem Umfang zu arbeiten. Mehrere Mütter, die vor kurzem eine Vollzeitstelle angenommen haben, klagen, dass nach Abzug von Steuern und Kinderbetreuungskosten der Einkommensgewinn nur gering gewesen sei. Unter diesen institutionellen Bedingungen entscheiden sich viele weniger gut ausgebildete Frauen, die mit einem Partner zusammen leben, die Betreuung für ein paar Jahre selbst zu übernehmen: «[M]it Lohnsteuerklasse V, da verdient man ja auch nicht so viel, da lohnt sich das nicht, ganztags, das habe ich mal so ausgerechnet. Dann müsste ich ja auch wieder mehr Hort-, mehr Kindergartenkosten zahlen, da kommt eh nicht viel raus, nee, halbtags reicht.» (westdeutsche Mutter von zwei Kindern; arbeitet

24 Stunden pro Woche). Andererseits weist einiges darauf hin, dass westdeutsche Mütter bereit wären, mehr Geld für die Betreuung auszugeben; für die Mehrheit der Eltern sind die Kosten der Betreuungsangebote weit weniger problematisch als ihre mangelnde Verfügbarkeit (Engelbrech und Jungkunst 2001 a).

Von den befragten holländischen Müttern mit niedrigerem Bildungsgrad nehmen nur wenige eine gebührenpflichtige Kinderbetreuung in Anspruch, obwohl viele zumindest darüber nachgedacht hatten, ihre Kinder in einer Betreuungseinrichtung unterzubringen. Unter holländischen Müttern ist noch immer die Haltung weit verbreitet, dass die öffentliche Kinderbetreuung keine angemessene Form sei, für kleine Kinder zu sorgen. Außerdem beschweren sich viele Mütter über die Betreuungskosten und die langen Wartelisten. «[Wegen der Kinderbetreuungskosten] blieben nur 125 Gulden [€ 50] von meinem Monatslohn übrig. Wenn ich jetzt zurückschaue, hätte ich besser aufgehört zu arbeiten, dann hätte mein Mann auch einen höheren Nettoverdienst gehabt.» (holländische Mutter von zwei Kindern; arbeitet 18 Stunden in der Woche). Anders als die meisten holländischen und viele westdeutsche Mütter sind schwedische und ostdeutsche Mütter überwiegend der Ansicht, dass öffentliche Betreuungseinrichtungen eine soziale Funktion erfüllen, die ihren Kindern zum Vorteil gereicht. Nur wenige schwedische Mütter sind der Ansicht, dass ihre Kinder es bevorzugen würden, wenn sie zu Hause blieben, auch weil es schwierig sein könnte, tagsüber andere Kinder zum Spielen zu finden.

In allen drei Ländern stellen öffentlich finanzierte Kinderbetreuungseinrichtungen die verbreitetste Form der bezahlten Kinderbetreuung dar, aber nicht alle erwerbstätigen Mütter nehmen sie im gleichen Umfang in Anspruch. In den Niederlanden greifen Mütter mit höherem Bildungsgrad weit häufiger auf die öffentliche und subventionierte Kinderbetreuung zurück als Mütter mit geringerer Qualifikation. In Schweden machen beide Gruppen von Müttern in etwa gleichem Umfang von dem Betreuungsangebot der Kindertagesstätten Gebrauch. Allerdings nutzen Mütter mit höherem Bildungsgrad häufiger privat geführte (aber öffentlich finanzierte) Tagesstätten als weniger gut ausgebildete Mütter (18 % gegenüber 3 %; Skolverket 2001 b).

Wenn die Betreuungseinrichtungen, wie in Schweden, für ihre Qualität und Professionalität bekannt sind, ist dies ein ausschlaggebendes Argument, die Kinder ihrer Obhut anzuvertrauen. Weitere wichtige Motive sind die Verfügbarkeit, Erschwinglichkeit und vor allem die Stabilität der Betreuung. Obwohl Tagesmütter in Schweden und in den Niederlanden Teil des öffentlichen Kinderbetreuungssystems sind, gelten kollektive Betreuungseinrichtungen als vergleichsweise verlässlichere Ressourcen. Tagesmütter spielen deshalb nur eine untergeordnete Rolle hinsichtlich der Betreuung kleiner Kinder. Sie übernehmen die Kinderbetreuung für ungefähr 6 % aller deutschen, ca. 9 % der schwedischen und rund 3 % der holländischen Familien (Keuzenkamp und Oudhof 2000).

Obwohl die meisten Mütter öffentliche Betreuungsangebote bevorzugen, kann es auch Gründe für private Lösungen geben, etwa wenn Betreuungsalternativen fehlen, wenn die Arbeitszeiten keine andere Wahl lassen, eine intimere Beziehung zwischen Familie und Betreuungsperson gewünscht wird, oder wenn es Eltern wichtig ist, dass ihr Kind alleine oder in kleineren Gruppen betreut wird. In Schweden und in Deutschland sorgen Tagesmütter zumeist nur zeitweise für kleine Kinder – bis ein Platz in einer Betreuungseinrichtung frei wird. In der BRD werden Tagesmütter außerdem für Kinder unter 3 Jahren angestellt, da es an öffentlichen Betreuungsangeboten für diese Altersgruppe mangelt, aber auch, weil Eltern sich eine enge Beziehung zwischen der Betreuungsperson und ihrem Kind wünschen.

Eine weitere Form privat finanzierter Kinderbetreuung besteht in von Arbeitgebern bereitgestellten oder finanzierten Betreuungsangeboten. Da die Kinderbetreuung in Schweden als öffentliche Aufgabe betrachtet und überwiegend öffentlich finanziert wird, spielen Arbeitgeber hier kaum eine Rolle; nur 1 % der Betreuungseinrichtungen wird von Arbeitgebern bereitgestellt (Skolverket 2000; OECD 2001). In den Niederlanden besuchten 1994 5 % aller Kinder betriebseigene Betreuungseinrichtungen, doch der Prozentsatz der Kinderbetreuungsplätze, die von den Arbeitgebern der Eltern bezahlt werden, ist sehr viel höher und hat beständig zugenommen; 1999 machte der finanzielle Beitrag der Arbeitgeber ein Drittel aller Kinderbetreuungskosten aus (Delemarre 2001). In Deutschland sind betriebseigene Kindergärten bisher fast nur in großen Firmen zu finden. Kaum eine der befragten Mütter hatte Zugang zu betrieblich finanzierten Betreuungseinrichtungen, während aber einige der holländischen Mütter Angebote nutzten, die von ihrem Arbeitgeber finanziell unterstützt wurden: «Das Kinderbetreuungszentrum befindet sich in unserem Gebäude und wurde bevorzugt für unsere Mitarbeiter eingerichtet. Es ist sehr teuer, wenn deine Firma nicht dafür bezahlt, aber so bezahlen wir 300 holländische Gulden [€ 130] pro Monat und die Firma übernimmt den Rest. Das ist recht günstig, denn für dieses Geld könnten wir nie eine private Kinderbetreuung bekommen.» (holländische Mutter eines Einzelkindes; arbeitet 16 Stunden pro Woche). Sofern Firmen in Deutschland oder in den Niederlanden in die Kinderbetreuung investieren, schließen sie häufig Verträge mit privaten Kinderbetreuungsagenturen ab, die Müttern helfen sollen, eine passende Tagesmutter oder die richtige Einrichtung zu finden. Die Unterstützung von Arbeitgeberseite erhöht aber auch die Abhängigkeit vom Unternehmen und kann die berufliche Mobilität der Eltern behindern, denn betriebliche Betreuungsangebote oder die Beteiligung an den Betreuungskosten binden die Eltern an ihre Arbeitgeber.

*Unbezahlte Kinderbetreuung von Vätern, Verwandten und anderen Personen* Viele Mütter wünschen sich eine gleichberechtigtere Arbeitsteilung in Beruf und Familie, doch die Verwirklichung dieses Ziels scheint noch immer auf Schwierigkeiten zu stoßen. Einige europäische Länder verfolgen erklärtermaßen das Ziel, das familiäre Engagement der Väter zu fördern, z.B. durch Regelungen zur Elternzeit. Doch auch Väter, die ihre Erwerbstätigkeit zugunsten der Kinderbetreuung zeitweise aussetzen, reduzieren anschließend nur selten ihre Arbeitszeit und nehmen zumeist auch keine Arbeitszeitanpassung vor. In Deutschland, den Niederlanden und in Schweden gehen jeweils nur 7%, 10% bzw. 5% aller Väter von Kindern unter 5 Jahren einer Teilzeitbeschäftigung nach (Statistisches Bundesamt, Mikrozensus 2000; Knijn und Van Wel 2001 b; SCB 2000). Trotzdem stellen Väter als «informelle Betreuer» eine Hilfe für berufstätige Mütter dar. Holländische Mütter geben an, dass ihr Partner die wichtigste informelle Betreuungsressource für einen Zeitraum von durchschnittlich einem Tag pro Woche ist. Einige vollzeitbeschäftigte Väter haben ihre Arbeitszeiten ein wenig angepasst, um zu Hause zu sein, wenn die Mutter arbeitet, oder sie kümmern sich um ihre Kinder, wenn die Mütter ihren Arbeitstag zeitlich versetzt beginnen: «Ich fange morgens zwischen 7 und 8 Uhr an, um dann zu einer passablen Zeit, so gegen 4 Uhr nachmittags, wieder zu Hause zu sein [...]. Da mein Partner das jüngste Kind am Morgen in die Tagesstätte bringt, ist er nicht vor 9 Uhr an seinem Arbeitsplatz und nicht vor halb sieben zu Hause, wenn wir zu Abend essen.» (schwedische Mutter von zwei Kindern; arbeitet 30 Stunden in der Woche).

Alles in allem haben sich Väter in den 1990er Jahren stärker an der Kinderbetreuung und Hausarbeit beteiligt, als es in der Vergangenheit der Fall war. In Schweden und den Niederlanden hat sich ihr Engagement sogar verdoppelt.[7] Nach Angaben des deutschen sozio-ökonomischen Panels (GSOEP) und von Zeitbudgetstudien erhalten ostdeutsche Mütter etwas mehr Hilfe von ihren Partnern als westdeutsche – wahrscheinlich auf Grund ihrer stärkeren ökonomischen Position, denn in den neuen Bundesländern tragen erwerbstätige Frauen einen größeren Teil zum Familieneinkommen bei als in Westdeutschland.[8] In allen drei Ländern stießen wir sowohl auf Mütter, die mit der Unterstützung durch ihre Partner zufrieden waren, als auch auf solche, die damit unzufrieden waren, – unabhängig von ihrer Arbeitsbelastung und der Verfügbarkeit anderer Ressourcen. In Deutschland sind erwerbstätige Mütter im Allgemeinen zufriedener mit ihrem Leben, als es Hausfrauen sind (GSOEP). Interessanterweise ist die generelle Zufriedenheit am höchsten bei den (relativ wenigen) vollzeitbeschäftigten Müttern (mit Partnern) in den alten Bundesländern und bei den (relativ wenigen) teilzeitbeschäftigten Müttern in Ostdeutschland, also genau bei denjenigen, die eben nicht den üblichen Erwerbsmustern im jeweiligen Teil des Landes entsprechen.

Manche der von uns interviewten Frauen entschuldigen die mangelnde Unterstützung ihrer Partner mit dem Verweis auf die «Unfähigkeit» ihrer Ehemänner, Betreuungsaufgaben zu übernehmen: «Nein, das nutzt auch nichts, wenn er morgens mit aufsteht. Weil der auch nicht besser drauf ist als wir alle. Und dann ist da nur noch einer, der hier dumm rumsteht und nicht weiß, was er machen soll.» (westdeutsche Mutter von zwei Kindern; arbeitet Vollzeit). Andere Frauen äußern sich sehr unzufrieden über das mangelnde Engagement ihrer Partner: «Halt, habe ich gesagt und eine gerechtere Aufteilung der Arbeit verlangt. Schließlich war ich schon so weit, auch noch sein Aquarium zu versorgen. Also habe ich meine Finger von seinem Aquarium gelassen zum Schrecken der Fische. Oft trieben sie an der Wasseroberfläche. Da konnte ich mich nur schwer zurückhalten. Das ist es, was verkehrt ist, du machst das dann normalerweise einfach. Aber ich werde es NICHT wieder tun, also müssen sie wohl sterben.» (schwedische Mutter von drei Kindern; arbeitet 40 Stunden pro Woche). Viele holländische Mütter mit niedrigerem Bildungsgrad argumentieren, dass sie die Karriere und das Einkommen ihres Ehemannes nicht gefährden möchten; er sei der Ernährer und daher sei nur wichtig, dass er in seinem Beruf glücklich werde. Andere Mütter sagen wiederum, dass es ihnen nicht recht sei, wenn sich die Partner in ihren Bereich einmischen: «Es wäre schön, wenn er weniger arbeiten würde, aber es sollte keinesfalls umgekehrt sein. Wir würden es beide nicht mögen, wenn es umgekehrt wäre.» (holländische Mutter von zwei Kindern; arbeitet 7 Stunden pro Woche).

In Schweden betrachten besser ausgebildete Eltern mit Kindern unter 7 Jahren solche Arrangements als ideal, in denen beide Partner teilzeitbeschäftigt sind und sich die Betreuungsarbeit teilen. Allerdings bevorzugt ein Drittel der Väter mit geringerem Bildungsgrad eine Familienform mit erwerbstätigem Vater und haushaltsführender Mutter. Unabhängig vom Bildungshintergrund favorisieren nur wenige schwedische Eltern die Vollzeitbeschäftigung beider Partner (SCB 1994). In den Niederlanden ist die «Anderthalb-Verdiener-Familie» der dominante Trend bei Eltern mit kleinen Kindern, wobei die Mütter einer Teilzeitbeschäftigung nachgehen und den Hauptteil der Betreuungsarbeit übernehmen. Familien mit zwei teilzeitbeschäftigten Partnern stellen ebenso sehr eine Ausnahme vom gängigen Muster dar wie Familien mit einem Alleinernährer. Was die Zufriedenheit von Frauen in «untypischen» Familienformen betrifft, äußern teilzeiterwerbstätige Mütter, die sich die Betreuungsarbeit mit einem ebenfalls teilzeitbeschäftigten Partner teilen, am seltensten das Bedürfnis, ihr Leben zu ändern; vollzeiterwerbstätige Mütter und Hausfrauen haben die meisten Veränderungswünsche. Vollzeitbeschäftigte Mütter hätten gerne mehr Zeit für sich und ihre Partner, während sich etwa die Hälfte der Hausfrauen eine Teilzeitanstellung wünscht – keine geringfügige Beschäftigung, sondern eine Teilzeitstelle mit größerem Arbeitszeitvolumen (Knijn und Van Wel 2001).

Obwohl die informelle, bezahlte oder unbezahlte Kinderbetreuung eine wichtige Betreuungsressource darstellt, gibt es nur wenige Zahlen dazu (vgl. zu informellen Betreuungsressourcen auch Leira,

Tobío und Trifiletti, in diesem Band). Großeltern – besonders Großmütter – spielen bei weitem die größte Rolle als zusätzliche informelle Betreuungspersonen: «Oma und Opa in der Nähe, das wäre natürlich das Beste. Für Oma und Opa und für uns mit, sag ich mal. Weil, da bleiben sie jung; und wir haben das Gefühl, das Kind doch nicht unbedingt unmittelbar abzuschieben. Also Fremde und Dritte ist [...] nicht das, was ich mir vorstelle.» (deutsche Mutter eines Einzelkindes; arbeitet Vollzeit). In den späten 1990er Jahren war die Großmutter für 18 % aller deutschen Familien mit Kindern im Alter zwischen 3 und 10 Jahren eine der drei wichtigsten privaten Betreuungspersonen (GSOEP). In den Familien, in denen beide Partner vollzeitbeschäftigt waren, betreuten Großmütter ihre Enkel in 25 % der Fälle sogar regelmäßig – mit einigen Unterschieden zwischen West- (28 %) und Ostdeutschland (22 %). In den neuen Bundesländern haben Großmütter weniger Zeit, für ihre Enkel zu sorgen, da viele von ihnen selbst einer Vollzeitbeschäftigung nachgehen. Wahrscheinlich wird die Rolle von Großmüttern als stabile Ressource im Betreuungspaket der Familien mit der nächsten Generation an Bedeutung verlieren, wenn die Arbeitsmarktbeteiligung westdeutscher Frauen ebenfalls zunehmen wird (Klammer 2001 b). Im Vergleich zu Müttern, Vätern und Großmüttern kommt anderen Verwandten eine untergeordnete Bedeutung als regelmäßige Betreuungspersonen zu.

In den Niederlanden verlassen sich erwerbstätige Mütter in hohem Maß auf die Großeltern. Informelle Betreuungsressourcen werden mindestens im gleichen Umfang genutzt wie formale (Keuzenkamp und Oudhof 2000; Knijn und Van Wel 2001). Ungefähr die Hälfte (49 %) aller erwerbstätigen Mütter mit kleinen Kindern (0–12) greift auf diese Ressourcen zurück. Dabei ist die informelle und unbezahlte Kinderbetreuung durch die Großeltern am wichtigsten: Sie entlasten die Eltern in 35 % der Familien mit Kindern (durchschnittlich in einem Umfang von 1,6 Tagen pro Woche). Andere Verwandte betreuen Kinder in 9 % aller Familien mit Kindern (0–12 Jahre) für durchschnittlich einen Tag pro Woche, und 10 % der Familien teilen sich die Kinderbetreuung mit anderen Eltern oder Freunden für durchschnittlich 0,7 Tage pro Woche (Knijn und Van Wel 2001 b).

In Schweden nehmen Eltern die Hilfe der Großeltern gerne an, doch deren Unterstützung erfolgt gelegentlich und nicht auf regelmäßiger Basis. Großeltern, Freunde oder Verwandte spielen für das Betreuungspaket der Eltern keine systematische Rolle, sind ihnen aber eine Hilfe, wenn ein zusätzlicher Betreuungsbedarf entsteht. Nur 3 % der schwedischen Kinder im Alter zwischen 1 Jahr und 5 Jahren werden von privaten Tagesmüttern oder von Verwandten beaufsichtigt (Skolverket 2001 b).

Die Betreuung durch Väter und Verwandte bildet manchmal einen wichtigen Teil des Betreuungspakets von erwerbstätigen Müttern. Obwohl noch immer niedrig, scheint der Anteil des väterlichen Engagements an der Kinderbetreuung in allen drei Ländern zu wachsen. Viele Mütter wünschen sich, dass die Väter einen größeren Teil der Betreuungsarbeit übernehmen würden. Die Unterstützung durch Großmütter (und andere Verwandte) steht in einem negativen Verhältnis zur Verfügbarkeit von öffentlichen Betreuungsressourcen und zur Erwerbsbeteiligung der älteren Frauengeneration. Diese Form der Unterstützung existiert kaum in Schweden, ist aber in den Niederlanden und in Westdeutschland weit verbreitet. Hier kompensieren Großeltern die Betreuungsdefizite, die aus dem Mangel an öffentlichen Betreuungsressourcen, aber auch aus unregelmäßigen Unterrichtszeiten und langen Schulferien resultieren. Großeltern sind oft zur Stelle, wenn es diese Lücken zu schließen gilt oder ein Notfall eingetreten ist.

*Schulbesuch und Nachmittagsbetreuung*  Der Schulbesuch entlastet Mütter zumindest während der Unterrichtszeit von der Aufgabe, Betreuungsarrangements zu treffen. In Schweden gehen 98 % aller Kinder im Alter von 6 Jahren in eine Vorschule oder in eine reguläre Schule, bevor mit 7 Jahren die Schulpflicht beginnt. Die meisten Kinder (66 % der 6- bis 9-jährigen) suchen auch vor und nach den Unterrichtszeiten ein Betreuungsangebot auf, das ein warmes Mittagessen und eine kleine Mahlzeit am Nachmittag mit einschließt. Der Gegensatz zu den Niederlanden und zu Deutschland ist groß. In den Niederlanden beginnt die Schulpflicht mit 5 Jahren, und fast alle Kinder gehen mit 4 Jahren in eine Vorschule. Besonders auf dem Land kommen viele Kinder schon zum Mittagessen nach Hause, die Schulen schließen spätestens um 15.00 Uhr, und eine Nachmittagsbetreuung, deren Qualität nicht immer gut ist, steht nur für etwa 5 % aller Kinder zur Verfügung. In Deutschland beginnt die Schulpflicht mit sechs Jahren, und der Unterricht findet in der Regel nur am Vormittag statt; in den alten Bundesländern endet der Unterricht der Grundschulen mittags zwischen 12.00 und 13.00 Uhr. Nur 10 % aller Kinder im Grundschulalter – und etwa ein Drittel der Kinder aus Doppelverdienerfamilien – gehen in Deutschland zu einer Nachmittagsbetreuung, d.h. sie besuchen entweder eine Ganztagsschule oder einen Hort. Der Durchschnittswert von 10 % verdeckt erneut die großen Unterschiede zwischen den beiden Teilen des Landes. Vor dem Fall der Mauer erreichte das Angebot an Nachnachmittagsbetreuung (in der Schule oder in einem Hort) in der DDR 75 % aller Kinder; in den späten 1990er Jahren waren es nur 31 % in den neuen und 4 % in den alten Bundesländern (GSOEP).

In Schweden sind die kommunalen Behörden verpflichtet, dafür Sorge zu tragen, dass vor und nach dem Unterricht ein Betreuungsangebot bereit steht. Die außerschulische Betreuung, die auch in den Ferien stattfindet, wird von Freizeitzentren, Tagesmüttern oder Vereinen, die Freizeitaktivitäten organisieren, angeboten, findet aber häufig in den Räumen der Schule statt, und es besteht keine strikte Abgrenzung zwischen regulärem Schulunterricht, Freizeitzentren und Vorschularrangements. Eltern sind somit von der Aufgabe befreit, ihre Kinder von einer Aktivität zur anderen zu transportieren. Die Kinder der interviewten schwedischen Mütter haben die Teilnahme an diesen öffentlichen Angeboten auch während ihrer ersten Schuljahre fortgesetzt. Fast alle besuchen an Schultagen ein Freizeitzentrum, obwohl Mütter von Schulkindern häufig darauf achten, dass ihre Kinder dort nicht so lange bleiben. Manchmal entschließen sie sich, die Gebühren für die Freizeitzentren auch dann weiterzuzahlen, wenn ihre Kinder bereits in einem Alter sind, in dem sie häufiger direkt nach der Schule nach Hause gehen, um ein paar Stunden alleine zurechtzukommen. Eine Mutter erläutert diese Doppelstrategie: «Sie wissen, dass sie wieder zurück in das Freizeitzentrum müssen, wenn sie nicht zurechtkommen, es alleine nicht hinkriegen.» (schwedische Mutter von zwei Kindern; arbeitet 40 Stunden in der Woche).

In den Niederlanden suchen nur ganz wenige Kinder (5 %) nach dem Unterricht eine Nachmittagsbetreuung auf. Vor allem Mütter mit niedrigerem Bildungsgrad wollen zu Hause sein, wenn der Schultag endet: «Da sind diese Eltern mit hohem Einkommen und schnellen Karrieren. Die Kinder dieser Eltern kommen schon mit

6 Monaten in eine Krippe. Mit 4 Jahren gehen sie nach Unterrichts-schluss zur Nachmittagsbetreuung, werden um 8 Uhr morgens ge-bracht und um 6 Uhr abends abgeholt. Ich meine, dass diese Kinder emotional vernachlässigt werden, auch wenn die Betreuung gut ist. Ich habe Mitleid mit diesen Kindern» (holländische Mutter zweier Kinder; arbeitet 24 Stunden in der Woche). Die (wenigen) holländi-schen Mütter, deren Kinder eine Nachmittagsbetreuung besuchen, sind mit diesen Betreuungsangeboten in der Regel zufrieden.

Unterbrechungen im Schulalltag auf Grund von langen Schul-ferien, die zum Teil doppelt so lang sind wie die Urlaubsansprüche der Eltern, oder Unterrichtsausfällen erfordern zusätzliche Betreu-ungsarrangements, die die regulären ersetzen und ergänzen. In den Niederlanden und auch in Deutschland hat sich dieses Problem in den vergangenen zehn Jahren verschärft, entweder weil sich die Zahl der Unterrichtsstunden verringert hat und/oder weil Lehr-personal fehlt und Schulen ständige Reorganisationen vornehmen. In der Folge fallen Stunden oder ganze Tage ohne Vorankündigung aus. Unregelmäßige Schulzeiten machen die Kinderbetreuung schwer planbar und verlangen von den Eltern ein hohes Maß an Flexibilität; wieder sind es zumeist die Mütter, die dieses Problem zu lösen haben. In Deutschland haben einige Schulen oder Bundes-länder in jüngster Zeit Projekte ins Leben gerufen, um eine verläss-liche Halbtagsschule – manchmal mit angeschlossenem Mittags-tisch – anzubieten, und in den Niederlanden haben einige Schulen begonnen, eine qualitativ hochwertige Nachmittagsbetreuung ein-zurichten.

### Betreuungspakete im Vergleich

Unsere Ausführungen zeigen, dass sich das typische Betreuungs-paket, das Mütter für Kinder verschiedener Alterstufen schnüren, in den drei Ländern stark unterscheidet. In Schweden stützt sich das Betreuungspaket in erster Linie auf staatliche Angebote, in den Niederlanden auf die Familie. Deutschland ist ein interessanter Fall, da Mütter in Ost und West in unterschiedlichen historischen Tra-ditionen stehen, und weil noch immer Unterschiede in der Verfüg-barkeit und dem Stellenwert öffentlicher und privater Ressourcen bestehen. Variierende Vorstellungen über Mutterschaft, Vaterschaft und die Sozialisation und Erziehung von Kindern hinterlassen ebenfalls Spuren in den Betreuungspaketen der vier sozialen Kontexte.

Mehr als alles andere handelt es sich bei der Kinderbetreuung um eine Mischökonomie, die auf den vier institutionellen Säulen des Wohlfahrtsstaates aufbaut. In keinem Land, das wir untersucht haben – und wahrscheinlich auch in keinem anderen –, deckt nur eine Institution die Kinderbetreuung ab, sondern alle vier Bereiche – Staat, Markt, Familie und gemeinnütziger Sektor – sind beteiligt, aber in jedem Land in unterschiedlichem Umfang. In Schweden und in Ostdeutschland übernimmt der Staat die Hauptverantwortung für die Bereitstellung und Finanzierung der Kinderbetreuung. In Westdeutschland wächst der Anteil staatlich geförderter Einrichtungen, die sich häufig in gemeinnütziger Trägerschaft befinden, während der Staat in den Niederlanden (nach wie vor) eine geringe Rolle spielt, der Markt aber an Bedeutung gewinnt. Die Frage, wer für die Kinderbetreuung verantwortlich sei, wird in den Niederlanden mit dem Primat ökonomischer Logik beantwortet, die vor der wohlfahrtsstaatlichen Logik rangiert, so dass Eltern von familienfreundlichen Initiativen der Arbeitgeber abhängig sind. Eine solche «Vermarktung» der Kinderbetreuung ist den schwedischen und deutschen Verhältnissen fremd.

Die rechtlichen Rahmenbedingungen zu Elternzeiten und bezüglich des Zugangs zu Kinderbetreuungseinrichtungen variieren im Einzelnen erheblich zwischen den Ländern. Doch in allen Ländern übernehmen die Familien und vor allem die Mütter noch immer die Hauptverantwortung für die Betreuung ihrer Kinder. Sie sind es auch, die das Betreuungspaket schnüren, wenn sie eine Erwerbstätigkeit aufnehmen. Viele westdeutsche und holländische Mütter tun dies allerdings nicht, solange ihre Kinder sehr klein sind, sondern bleiben zu Hause und versorgen die Kinder selbst. In beiden Ländern sind es vor allem Mütter mit niedrigerem Bildungsgrad, die eine Vollzeitbetreuung ihrer Kinder übernehmen, was zu einer Einkommensschere zwischen gut und weniger gut ausgebildeten Müttern führt. Wenn holländische Mütter weiterhin erwerbstätig sein wollen, arbeiten sie Teilzeit. Gleiches gilt für die meisten westdeutschen Mütter, wenn sie nach der Elternzeit wieder in den Arbeitsmarkt zurückkehren. In allen Ländern fordern und erhalten Mütter außerdem die Unterstützung durch Partner und/oder Verwandte. Das Engagement von Vätern bei der Kinderbetreuung hat in allen drei Ländern zugenommen. Einige übernehmen einen Teil der Elternzeit oder ersetzen die Mutter, wenn beide Eltern Schicht arbeiten, manche kombinieren sogar eine Teilzeiterwerbstätigkeit mit einem «Betreuungstag» (in den Niederlanden), und andere bringen ihre Kinder zur Betreuungseinrichtung oder in die Schule. Doch in keinem der drei Länder übernehmen Väter eine substanzielle Rolle bei der Kinderbetreuung.

Die meisten schwedischen und ostdeutschen Mütter nutzen ihren Rechtsanspruch auf Elternzeiten, um anschließend eine öffentliche Kinderbetreuungseinrichtung zu finden, und fordern nur manchmal zusätzliche informelle Hilfe ein, um Veränderungen der Betreuungs- oder Beschäftigungssituation zu überbrücken. Das Betreuungspaket von schwedischen und ostdeutschen Müttern ist Ergebnis einer «Puzzlearbeit», informelle Ressourcen und Möglichkeiten der Arbeitszeitgestaltung zusammenzufügen, doch den Hauptteil des Puzzles bildet eine stabile öffentliche Kinderbetreuung, die Beständigkeit, Sicherheit und Qualität bietet. Der Staat ist der Hauptanbieter der Kinderbetreuung, und deren Ausgestaltung folgt einer wohlfahrtsstaatlichen Logik; Familie und Markt (und deren Eigengesetzlichkeiten) kommt eine ergänzende Funktion zu.

Holländische und westdeutsche Mütter nutzen – abhängig von ihren Erwerbsentscheidungen – entweder keine oder alle verfügbaren Ressourcen, um ein Betreuungspaket zu schnüren, wobei die Unterschiede zumeist entlang dem Bildungsgrad verlaufen. Während der ersten Lebensjahre des Kindes fordern erwerbstätige Mütter zumeist die Hilfe von Familienmitgliedern (Vätern und Großmüttern) ein. Die traditionelle Auffassung, dass kleine Kinder durch ihre Mütter betreut werden sollten, ist in beiden Ländern fest verwurzelt und wurde von den Gesetzen zur Elternzeit seit den frühen 1990er Jahren gestärkt. Viele Mütter erkennen diese Wertvorstellungen jedoch nicht mehr an. In beiden Ländern würden es mehr Mütter bevorzugen, ihre Kinder in einer Krippe unterzubringen, was aber nur zögerlich durch einen Ausbau von Kinderbetreuungsplätzen unterstützt wird.

Der Mangel an Kinderbetreuungseinrichtungen und die Unterbrechungen im Schulalltag führen zu einer Beschäftigungsunsicherheit der holländischen und westdeutschen Eltern. Mütter mit geringerer Qualifikation kämpfen zusätzlich mit den Kinderbetreuungskosten. In den Niederlanden und in (West-)Deutschland sind deshalb die Arbeitszeitverkürzung und -anpassung wie auch die Unterstützung durch Großeltern und Väter wesentliche Elemente des Betreuungspaketes. Angesichts langer Elternzeiten, die mit einem Engpass bei den öffentlichen Betreuungsmöglichkeiten für Kinder unter 3 Jahren zusammenfallen, spielt die Elternzeit eine große Rolle im Betreuungspaket westdeutscher Mütter, ist aber für holländische Mütter von geringerer Bedeutung.

## Forderungen und Rechte

Rainwater, Rein und Schwartz (1986) führten in ihrer Analyse der Einkommenspakete, die einkommensschwache Familien schnüren, die «Forderungsperspektive» ein, weil nicht auf alle Teile des Einkommens ein Anrecht besteht. Wenn man den Ansatz von «Rechten» und «Forderungen» auf die Kinderbetreuung bezieht, wird offensichtlich, dass manche Rechte in den untersuchten Ländern garantiert sind:

- In allen drei Ländern besteht ein gesetzlicher Anspruch auf Elternzeiten, wobei das holländische Gesetz nur einen minimalen Standard formuliert und keine Bezahlung vorsieht.
- In Schweden besteht für alle Kinder zwischen 1 Jahr und 12 Jahren ein Rechtsanspruch auf öffentliche Kinderbetreuung. In Deutschland haben alle Kinder ab 3 Jahren (bis zum Schuleintritt) ein Anrecht auf einen Halbtagsplatz in einem Kindergarten, doch ist dieses Recht bislang noch nicht überall umgesetzt worden. In den Niederlanden gibt es kein Gesetz, das den Zugang zu Betreuungsressourcen garantiert.
- Teilzeitarbeit ist in den Niederlanden ein Recht für alle Angestellten, es ist ein auf Eltern beschränktes Recht in Schweden und wurde gerade in Deutschland als Rechtsanspruch eingeführt.[9]

Ostdeutsche Mütter befürchten jedoch, dass das Angebot und die Qualität öffentlicher Kinderbetreuung (vor allem für Kinder unter 3 Jahren und hinsichtlich der Nachmittagsbetreuung von Schulkindern; auf beides besteht kein Anrecht) weiter zurückgehen werden. Sie befürchten auch, dass die schlechte Situation am Arbeitsmarkt sie daran hindern wird, flexible, angepasste Arbeitszeiten einzufordern. Im Moment jedoch garantiert das öffentliche Betreuungsangebot in Schweden und Ostdeutschland eine stabile Grundlage, während die Betreuungssituation in Westdeutschland und in den Niederlanden prekärer und heterogener ist. Hier bedeutet das Schnüren eines Betreuungspaketes tatsächlich, ein Patchwork zu erstellen, was von den Müttern ein hohes Maß an Kreativität und Flexibilität verlangt.

Wo Rechte bestehen, werden Forderungen seltener, wo Rechte fehlen, müssen Mütter, die erwerbstätig bleiben möchten, Forderungen stellen. Forderungen ohne Rechte betreffen in allen Ländern die informelle Betreuung (Forderungen gegenüber Partnern und Angehörigen) und flexible Arbeitszeiten (Forderungen gegenüber Arbeitgebern), in den Niederlanden aber auch den Zugang zu Kinderbetreuungseinrichtungen und die (partielle) Übernahme der Betreuungskosten. Forderungen ohne Rechte können zu Problemen führen, etwa zur Unsicherheit von Beschäftigungsperspektiven. Viele holländische und westdeutsche Mütter sehen sich mit dieser Unsicherheit konfrontiert, da die Elternzeit nicht oder nur gering bezahlt wird und zugleich ein Mangel an Betreuungsangeboten besteht. In diesen Ländern muss außerdem das gesamte Betreuungspaket neu durchdacht werden, wenn die Kinder zur Schule gehen, da nun lange Schulferien, kurze Unterrichtszeiten und unzuverlässige Stundenpläne mit der Erwerbstätigkeit vereinbart werden müssen. In diesen Ländern wird die berufliche Zukunft der Mütter in einem hohen Maß von der informellen Hilfe des Netzwerks aus Freunden und Verwandten, von informell bezahlten Tagesmüttern und der Kooperationsbereitschaft ihrer Arbeitgeber abhängen. Damit sind gravierende soziale und politische Implikationen verbunden: Offenbar werden Frauen als Staatsbürgerinnen noch immer primär über ihre Mutterschaft definiert, so dass sie von privaten Beziehungen abhängig bleiben, wenn sie erwerbstätig sein wollen. Ein «Betreuungspaket», das auf Forderungen ohne korrespondierende Rechte beruht, garantiert weder eine stabile Arbeitsmarktanbindung noch – gegenwärtig wie zukünftig – eine ausreichende Einkommenssicherung und auch keinen vollwertigen Staatsbürgerinnen-Status. Ein Konzept inklusiver Staatsbürgerschaft würde voraussetzen, dass das Recht auf Kinderbetreuung in die staatliche Regulierung der Arbeitsbedingungen integriert wird (Knijn und Kremer 1997). Unser Beitrag zeigt, dass ein solches

Recht dringend notwendig ist und dass Frauen verwundbar sind, wenn sie ihr Betreuungspaket auf der Grundlage von bloßen Forderungen schnüren müssen.

Wir haben auch gezeigt, dass sich die Konzepte und Ideale von erwerbstätigen Müttern in den untersuchten Ländern langsam angleichen. Ostdeutsche und schwedische Mütter haben begonnen, über Teilzeitarbeit nachzudenken, und etwa die Hälfte aller schwedischen Mütter mit Kindern unter 5 Jahren wechselt tatsächlich in ein Teilzeitbeschäftigungsverhältnis. Holländische und westdeutsche Mütter fordern qualitativ gute Kinderbetreuungseinrichtungen und Unterrichtszeiten ohne Unterbrechungen. Ob neue Regelungen, wie etwa die neuen Gesetze zur Teilzeitarbeit, die Arbeitnehmer/-innen das Recht geben, ihre Arbeitszeit zu reduzieren, diese Angleichung vorantreiben, bleibt abzuwarten.

Ute Klammer und Mary Daly

## Die Beteiligung von Frauen an europäischen Arbeitsmärkten

Die Entscheidungen von Frauen, sich am Arbeitsmarkt zu beteiligen, beruhen auf einer Vielzahl von Faktoren, die über individuelle Präferenzen hinaus auch vorhandene gesellschaftliche Rahmenbedingungen mit einschließen. Sie sind vor allem in das spezifische Verhältnis von Staat, Markt und Familie eingebettet – d.h. in die Art und Weise, wie Ressourcen und Leistungsansprüche in einer Gesellschaft verteilt und wie im Besonderen die Zuständigkeiten für die Betreuung von Kindern geregelt sind. Unser Beitrag geht verschiedenen nachfrage- und angebotsorientierten Erklärungsansätzen nach, um die Arbeitsmarktbeteiligung von Frauen in verschiedenen Ländern in einen solchen größeren Zusammenhang zu stellen. Unser Interesse gilt vor allem Einflussfaktoren, die die Unterschiede im Erwerbsverhalten von Frauen ländervergleichend erläutern können. Unser primäres Anliegen ist es also, die Unterschiede in den Erwerbsbeteiligungsmustern von Frauen zu identifizieren und zu untersuchen, welchen Einfluss verschiedene Faktoren für diese Unterschiede haben. Wir möchten unsere Beobachtungen außerdem in den Kontext gegenwärtiger Entwicklungen stellen und aktuelle Trends am Arbeitsmarkt und ihre möglichen Auswirkungen auf die Beschäftigung von Frauen untersuchen. Auch die Einstellungen und Wünsche von Frauen fließen am Rande in unsere Betrachtung ein. Die gegenwärtige Entwicklung zu größerer Vielfalt und Flexibilität erscheint uns dabei von besonderer Bedeutung für die Arbeitsmarktsituation von Frauen und für ihren Zugang zu Beschäftigung zu sein.

### Die Arbeitsmarktbeteiligung von Frauen in der Europäischen Union

*Erwerbsquoten von Frauen* Die Arbeitsmarktbeteiligung von Frauen variiert nach wie vor stark zwischen den EU-Ländern. Im Jahr 2000 betrugen die Differenzen der Erwerbsquoten von Frauen in den EU-Mitgliedsstaaten beispielsweise bis zu 30 Prozentpunkte

(siehe Tabelle 1 und Eurostat 2001, Tabelle 8). Die Arbeitsmarktbeteiligung von Frauen bewegte sich zwischen einer Spitzenquote
von 75,8 % in Dänemark und niedrigen 46,2 % in Italien. Die
skandinavischen Länder liegen gemeinsam an der Spitze der Skala;
über 70 % aller Frauen sind in diesen Ländern ökonomisch aktiv.
Die mediterranen Länder, mit Ausnahme Portugals, bilden den entgegengesetzten Pol; hier geht nur etwa die Hälfte aller Frauen im
erwerbsfähigen Alter einer Beschäftigung nach. Irland und Luxemburg, Länder mit geringer Frauenerwerbstätigkeit, tendieren zum
mediterranen Muster. Betrachtet man die anderen europäischen
Länder, sind die Muster weniger deutlich. Die kontinentaleuro-
päischen Länder – Österreich, Frankreich, Deutschland, Belgien
und die Niederlande – scheinen einen Mittelweg zu beschreiten,
bewegen sich zwischen dem skandinavischen Muster eines sehr
hohen Frauenanteils am Arbeitsmarkt und den mediterranen Verhältnissen, in denen Frauen eher einer Haus- als einer Erwerbsarbeit nachgehen. In diesen Ländern des «Mittelwegs» sind etwa
60 % der Frauen auf dem Arbeitsmarkt aktiv.

Die Erwerbsbeteiligungsmuster von Männern stehen in einem
deutlichen Kontrast dazu – dies zeigt sowohl der Blick auf die «ab-
soluten» Erwerbsquoten als auch derjenige auf die Differenzen
zwischen den EU-Ländern (Tabelle 1). Zwischen 74 und 84 % aller
Männer sind insgesamt erwerbstätig. Interessant ist, dass sich die
Erwerbsquoten der Männer im Ländervergleich sehr viel weniger
unterscheiden als die der Frauen. Vergleichen wir die Abweichungen zwischen den Erwerbsquoten von Frauen und Männern,
so zeigt sich für Skandinavien die bei weitem kleinste Differenz
zwischen männlicher und weiblicher Erwerbsbeteilung. Die kontinentaleuropäischen Länder haben demgegenüber ein sehr viel
geringeres Maß an Geschlechtergleichheit bei der Arbeitsmarktbeteiligung erreicht, hier gibt es eine Kluft von 13 bis 18 Prozentpunkten zwischen den Erwerbsquoten von Frauen und Männern.
Wiederum bilden die mediterranen Länder Griechenland, Spanien
und Italien gemeinsam mit Irland und Luxemburg eine Kategorie
für sich, in der ein relativ hoher Beschäftigungsstand der Männer
einer relativ niedrigen Erwerbsbeteiligung von Frauen gegenübersteht.

Es sollte berücksichtigt werden, dass die Erwerbsquoten (im
Unterschied zu den Erwerbstätigenquoten) sowohl die Erwerbs-

tätigen als auch die Arbeitssuchenden erfassen und damit keinen Aufschluss darüber zu geben vermögen, ob die jeweilige Volkswirtschaft tatsächlich Beschäftigungsmöglichkeiten im entsprechenden Ausmaß bereitzustellen vermag. Sieht man sich die Arbeitslosenquoten gesondert an, so zeigt sich auch hier eine Geschlechterdifferenz sowohl in als auch zwischen den Ländern (Tabelle 1). In dem meisten EU-Ländern waren Frauen im Jahr 2000 überproportional von Arbeitslosigkeit betroffen; lediglich in Irland, Österreich, Großbritannien und Schweden waren die Arbeitslosenquoten von Frauen ähnlich hoch wie die der Männer oder lagen sogar ein wenig darunter. Zu den Ländern mit dem größten *gender bias* bei der Arbeitslosigkeit gehören Spanien, Griechenland und Italien. Die Wahrscheinlichkeit, arbeitslos zu werden, ist in diesen Ländern für Frauen etwa doppelt so hoch wie für Männer. Auch in Belgien und Frankreich ist die Kluft zwischen den Arbeitslosenquoten von Frauen und Männern beträchtlich.

Betrachtet man die Erwerbsbeteiligungsmuster von Männern und Frauen über einen längeren Zeitraum, zeigen sich weitere entscheidende Unterschiede in und zwischen den Ländern. Im Gegensatz zum generellen Abwärtstrend der Erwerbsquoten von Männern verläuft die Entwicklung im Fall der Frauen eindeutig aufwärts. Die 1970er und 80er Jahre waren Höhepunkte dieser Entwicklung. Alle Länder außer Irland erlebten in einer, wenn nicht in beiden Dekaden einen kontinuierlichen Anstieg der Erwerbsbeteiligung von Frauen (OECD 1997). In den 1990er Jahren scheint sich der Kurs geändert zu haben. Diese Dekade war durch heterogene Entwicklungen gekennzeichnet: Nordeuropa verzeichnete einen Abwärtstrend bei den Erwerbsquoten von Frauen, der von Schweden und Dänemark angeführt wurde.[1] Anders als in manchem skandinavischen Land stabilisierte sich die Arbeitsmarktbeteiligung von Frauen in den Ländern liberaler Prägung. Die kontinentaleuropäischen und mediterranen Länder ließen einen weiteren Trend erkennen: hier stieg die Erwerbsbeteiligung von Frauen weiter an, wenn auch in einem langsameren Tempo als während der 1980er Jahre. Angesichts des Ausmaßes und der Schnelligkeit, in der die Arbeitsmarktaktivität holländischer Frauen zugenommen hat, bilden die Niederlande allerdings eine Ausnahme von sämtlichen geschilderten Entwicklungslinien. In den vergangenen 25 Jahren verdoppelte sich die Erwerbsquote holländischer

Frauen, wobei der größte Anstieg während der letzten 15 Jahre stattfand. Nur Irland konnte während des Wirtschaftsbooms – auch als «keltischer Tiger» bezeichnet – mithalten: Zwischen 1993 und 1997 stieg die Anzahl irischer Frauen in regulären Beschäftigungsverhältnissen um 26%, und allein zwischen 1997 und 1998 stieg der Anteil erwerbstätiger Frauen um 7% (Ruane und Sutherland 1999).

Die Erwerbsentscheidungen und das Arbeitsmarktverhalten von Frauen spielen eine zentrale Rolle für den Wandel, der zur Zeit in der Erwerbsbevölkerung der entwickelten Ökonomien stattfindet. So legen Berechnungen von Eurostat nahe (Eurostat 1996: 72), dass das Erwerbsverhalten von Frauen die Veränderungen in der Erwerbsbevölkerung der EU-Länder der letzten Jahrzehnte mindestens genau so stark beeinflusst hat wie der demographische Effekt (d.h. die Veränderungen der Population im Erwerbsalter). Rubery et al. (1996: 12) machen deutlich, dass jeder Anstieg der Beschäftigtenzahlen in der EU zwischen 1983 und 1992 im Wesentlichen auf einen Anstieg der Erwerbsbeteiligung von Frauen zurückzuführen war. Ohne die Zunahme weiblicher Arbeitsmarktbeteiligung wäre die Entwicklung der Beschäftigungsquoten in der EU im genannten Zeitraum eher negativ verlaufen, statt eine leicht positive Tendenz aufzuweisen.

*Umfang und Kontinuität der Arbeitsmarktbeteiligung von Frauen*
Die Erwerbsquoten geben für sich genommen nur schwache Anhaltspunkte dafür, in welchem Ausmaß Frauen in den Arbeitsmarkt integriert sind und wie ihre Beziehung zum Arbeitsmarkt beschaffen ist. Besondere Aufmerksamkeit verdient deshalb der Umfang ihrer Arbeitsmarktbeteiligung, denn reduzierte Arbeitszeiten und bezahlte oder unbezahlte Elternzeiten gehören neben anderen Möglichkeiten, sich beurlauben zu lassen, zu den Faktoren, die den wahren Charakter der Arbeitsmarktanbindung von Frauen verdecken (Gornick 1999). Um diesen offenzulegen, muss der individuelle Umfang der Erwerbsbeteiligung von Frauen berücksichtigt werden. Vollzeitarbeit, reguläre Teilzeitarbeit und andere Formen zeitlich reduzierter Erwerbsbeteiligung müssen deshalb unterschieden und gewichtet werden.

Wie Tabelle 1 bestätigt, stellt die Teilzeitarbeit eine sehr wichtige Form und Komponente der Erwerbstätigkeit von Frauen dar. Rund ein Drittel aller erwerbstätigen Frauen in der EU geht einer Teilzeitbeschäftigung nach (verglichen mit etwa 6 % der Männer). In den Niederlanden kommt der Teilzeitarbeit ein besonders hoher Stellenwert zu: mehr als zwei Drittel aller erwerbstätigen Frauen sind teilzeiterwerbstätig. Die mediterranen Länder (zusammen mit Finnland) zeigen das entgegengesetzte Muster, insofern als hier «nur» zwischen 8 % und 17 % der Frauen in Teilzeit arbeiten. Über einen längeren Zeitraum betrachtet weist die Entwicklung eine Diversifizierung auf (OECD 1998). Doch nur in Skandinavien (mit Ausnahme von Finnland) geht der Anteil, den die Teilzeitarbeit an der Frauenerwerbstätigkeit einnimmt, zurück. Es ist vielleicht unnötig, aber wichtig, darauf hinzuweisen, dass es sich bei der Teilzeitarbeit um eine äußerst geschlechtsspezifische Beschäftigungsform mit überproportional hohem Frauenanteil handelt (vgl. Tabelle 1). Die Geschlechtsspezifik wird in den Niederlanden und in Großbritannien besonders deutlich, doch auch in Belgien, Deutschland und Österreich besteht eine große Diskrepanz zwischen den Anteilen teilzeitbeschäftigter Männer und Frauen.

Teilzeitarbeit ist jedoch nicht der einzige Faktor, der das Arbeitsangebot von Frauen zu einem komplexen Phänomen werden lässt. Ein zweiter Aspekt betrifft die Kontinuität der Arbeitsmarktbeteiligung. Anders als die Erwerbsbiographien von Männern ist das Arbeitsleben vieler Frauen durch kurze und manchmal lange Unterbrechungen geprägt. Zwar gibt es nur unzureichende Längsschnittdaten zu diesem Thema, verschiedene Untersuchungen und Datenquellen (z. B. Zighera 1996; Eurostat 1997a) weisen jedoch auf Einschnitte in Lebensphasen hin, die mit der frühen Familienbildung assoziiert werden können. Auch in dieser Hinsicht sind die europäischen Länder alles andere als homogen. Ländervergleichend können drei Grundmuster altersspezifischer Arbeitsmarktaktivität von Frauen identifiziert werden. Das erste Muster findet sich hauptsächlich in Skandinavien und weist eine relativ gleichmäßige Arbeitsmarktbeteiligung von Frauen aller Altersgruppen auf. Im Gegensatz dazu ist ein zweites Muster durch einen mehr oder weniger vollständigen Arbeitsmarktausstieg in den Jahren der Kindererziehung charakterisiert. Obwohl auch gegenläufige Tendenzen zu beobachten sind, ist dieses Muster in Irland, Italien, Luxemburg und Spanien noch immer weit verbreitet. Das dritte Muster kennzeichnet eine insgesamt hohe Beteiligung von Frauen am Arbeitsmarkt, allerdings sind die Erwerbsquoten älterer Frauen niedriger. Frankreich und Portugal geben ein solches Bild ab, aber auch Großbritannien, Deutschland und Österreich.

Die oben dargestellten Muster der Erwerbsbeteiligung von Frauen machen deutlich, dass trotz einer Reihe gemeinsamer Erfahrungen die Unterschiede, die zwischen den EU-Ländern, ihrer Situation und Entwicklung bestehen, beachtlich sind und besonderer Aufmerksamkeit bedürfen. Betrachtet man beides, den Status quo und die Entwicklungslinien, können verschiedene Cluster von Ländern identifiziert werden, denen unterscheidbare «Profile» der Frauenerwerbstätigkeit entsprechen. Die skandinavischen Länder zeichnen sich durch eine hohe Arbeitsmarktaktivität von Frauen aus, sowohl was den Umfang, als auch was die Kontinuität weiblicher Beschäftigung betrifft. In diesen Ländern sind die Erwerbsquoten zudem relativ stabil, auch wenn Schweden und Dänemark in den 1990er Jahren einen leichten Rückgang zu verzeichnen hatten. Doch auch Frankreich und Portugal können als Länder mit hoher Frauenerwerbstätigkeit diesem ersten Profil zugerechnet werden. Auch Großbritannien tendiert zu relativ hohen Erwerbsquoten von Frauen, die aber mit einer großen Anzahl teilzeitbeschäftigter Frauen und häufigeren Unterbrechungen zusammen treffen. Da sich Großbritannien damit von den Charakteristika anderer Länder unterscheidet, repräsentiert es alleine – zumindest im Rahmen der EU – ein zweites Profil der Frauenerwerbstätigkeit. Ein drittes Profil beschreibt vor allem die Situation kontinentaleuropäischer Länder wie Belgien, Deutschland, Österreich und Holland, wo die Arbeitsmarktpartizipation von Frauen einen stetigen Aufwärtstrend aufweist. Doch sind die Frauenerwerbsquoten dieser Länder besonders irreführend. Durch den relativ hohen Anteil an Teilzeitbeschäftigung (besonders in den Niederlanden) und die Gepflogenheit, den Arbeitsmarkt bei der Geburt eines Kindes zu verlassen und erst nach längerer Unterbrechung zurückzukehren, ist die tatsächliche quantitative Arbeitsmarktintegration von Frauen in einigen dieser Länder geringer, als es zunächst scheint. Ein viertes Cluster oder Frauenerwerbsprofil bilden die mediterranen Länder Griechenland, Italien und Spanien. Absolut gesehen rangieren diese Länder auf Grund der niedrigen Beteiligungsquoten von Frauen seit Jahrzehnten am unteren Ende der «Frauenerwerbsliga». Doch sollte beachtet werden, dass diejenigen

Frauen, die in diesen Ländern überhaupt erwerbstätig sind, zumeist kontinuierlich einer Vollzeitbeschäftigung nachgehen. Diese Form der Cluster-Bildung ist hilfreich, da sie erste Hinweise auf mögliche Einflussfaktoren enthält, die die länderspezifischen Unterschiede in der Arbeitsmarktbeteiligung von Frauen erklären könnten. Es ist dieses Wechselspiel von Ursache und Wirkung, dem wir uns im Folgenden zuwenden möchten.

## Die Auswirkungen von Nachfrage- und Angebotsfaktoren

Zweifellos ist das Erwerbsverhalten von Frauen Resultat einer Vielzahl von Faktoren. Der Kontext ist weit zu fassen und schließt nicht zuletzt die Struktur und Organisation des Arbeitsmarktes, die Arrangements im Verhältnis von beruflichem und privatem Leben, aber auch gesellschaftliche Normen und Werte mit ein. Da wir in unserem Beitrag nicht all diese Aspekte untersuchen können, folgen wir der Strategie, uns auf solche Faktoren zu konzentrieren, bei denen die begründete Vermutung besteht, dass sie mit der Arbeitsmarktbeteiligung von Frauen zusammenhängen könnten.

*Nachfrageorientierte Erklärungsansätze* Wirtschaftliche und strukturelle Merkmale des Arbeitsmarktes und die von ihnen ausgelösten Prozesse zählen zu den Hauptfaktoren, die die Nachfrage auf dem Arbeitsmarkt beeinflussen. Zu erwähnen sind hier vor allem die Arbeitszeitstrukturen sowie das Gewicht und die Rolle der unterschiedlichen Wirtschaftssektoren. Hierbei interessieren bei einer Untersuchung der Frauenerwerbstätigkeit vor allem der Dienstleistungsbereich und der öffentlicher Sektor bzw. die Verfügbarkeit von Arbeitsplätzen in diesen Bereichen. Diesen Faktoren wollen wir uns im Folgenden zuwenden.

– *Teilzeitbeschäftigung* Wie bereits gezeigt wurde, ist durchschnittlich ein Drittel der erwerbstätigen Frauen in der EU teilzeitbeschäftigt. In welchem Maß korreliert die Verfügbarkeit von Teilzeitarbeit mit der Arbeitsmarktbeteiligung von Frauen?
Der Vergleich zwischen Erwerbs- und Teilzeitquoten in Tabelle 1 deutet auf eine Korrelation zwischen dem Ausmaß von Teilzeitarbeit und Frauenerwerbstätigkeit hin. In den skandinavischen Ländern (außer in Finnland) und in Großbritannien entsprechen

einem hohen Anteil von Teilzeitbeschäftigung hohe Frauenerwerbsquoten, während in den mediterranen Ländern, mit Ausnahme von Portugal, der umgekehrte Zusammenhang zu beobachten
ist. Es gibt jedoch einige deutliche Ausnahmen von dieser Regel.
Die Niederlande bilden die auffälligste Ausnahme, da einer EU-
weit unübertroffenen Teilzeitquote eine nur moderate Erwerbsbeteiligung von Frauen gegenübersteht. Weitere Ausnahmen sind
Portugal und Finnland, in denen die Arbeitsmarktaktivität von
Frauen trotz geringer Teilzeitquoten hoch ist. Diese Ausnahmen
machen deutlich, dass es keinen notwendigen Zusammenhang
zwischen dem Ausmaß an Teilzeitbeschäftigung und der Erwerbsquote von Frauen gibt. Das heißt, das Angebot an Teilzeitarbeitsplätzen ist keine notwendige Bedingung für eine hohe Erwerbsbeteiligung von Frauen.

– *Beschäftigung im Dienstleistungssektor* Die Erwerbstätigkeit
von Frauen wird auch oft mit dem Dienstleistungssektor in Zusammenhang gebracht. Stellen wir in Rechnung, dass vom Dienstleistungssektor eine relativ hohe Nachfrage nach weiblichen Arbeitskräften ausgeht, können wir mit einigem Grund annehmen,
dass ein großer Dienstleistungssektor die Arbeitsmarktpartizipation von Frauen entscheidend beeinflusst. Ist also die Erwerbsbeteiligung bzw. auch die Erwerbstätigenquote von Frauen in
Ländern mit einem großen Dienstleistungssektor höher?
    Obwohl die Beschäftigungsanteile des Dienstleistungssektors
um 25 Prozentpunkte variieren (Daten nicht ausgewiesen, siehe
jedoch OECD 1997) gruppieren sich die meisten Länder um einen
Durchschnittswert von ca. 40% als dem Anteil, den der Dienstleistungssektor an der Gesamtbeschäftigung nimmt. Vergleicht man
die Größe des Dienstleistungssektors mit den Zahlen zur Frauenerwerbstätigkeit, zeigt sich tatsächlich ein deutlicher Zusammenhang.
Die Größe des Dienstleistungssektors scheint sogar noch deutlicher
mit der Arbeitsmarktbeteiligung von Frauen zu korrespondieren
als die Teilzeitbeschäftigung. Allerdings geben die kontinentaleuro-
päischen Staaten ein höchst heterogenes Bild ab und widerlegen die
Annahme eines direkten Zusammenhangs zwischen der Größe des
Dienstleistungssektors und der Erwerbs(tätigen)quote von Frauen.
Am einen Ende der Skala können wir eine große Gruppe von Ländern ausmachen, die sich aus den skandinavischen Ländern (außer

Finnland) und Großbritannien zusammensetzt und hohe Zahlen in beiden Bereichen aufweist. Am anderen Ende der Skala liegen Länder wie Griechenland, Italien, Spanien und Irland, in denen ein niedriger Beschäftigungsanteil im Dienstleistungssektor mit einer geringen Frauenerwerbstätigkeit zusammentrifft. Es gibt jedoch auch Ausnahmen, vor allem Portugal und Finnland, mit relativ kleinem Dienstleistungssektor und einer hohen Beschäftigungs-quote von Frauen. Diese Ergebnisse legen nahe, dass auch ein großer Dienstleistungssektor keine notwendige Bedingung für eine hohe Arbeitsmarktbeteiligung von Frauen ist.

*– Beschäftigung im öffentlichen Dienst* Das skandinavische Modell stützt die Erwartung, dass ein großer öffentlicher Sektor die Nach-frage nach der Arbeitskraft von Frauen steigert. Trifft dies zu, dann müssten die Erwerbstätigenquoten von Frauen in Ländern mit hohem Beschäftigungsniveau im öffentlichen Dienst höher sein als in Ländern mit geringem Beschäftigungsanteil in diesem Bereich.

Betrachtet man die Zahlen zu Regierungsangestellten (Daten nicht ausgewiesen, siehe jedoch OECD 1997) stellvertretend für den gesamten öffentlichen Dienst,[2] dann weist die Größe des öffentlichen Sektors im Vergleich zu den bislang untersuchten Faktoren den schwächsten Zusammenhang mit der Arbeitsmarkt-aktivität von Frauen auf. Der skandinavische Block bildet, mit Ausnahme Finnlands, das einzige wirkliche Cluster. Von diesen Ländern abgesehen widersprechen die Daten anderer Länder einem Zusammenhang eher, als dass sie ihn stützen könnten. Ein deut-liches Beispiel ist Großbritannien, wo eine relativ hohe Erwerbsbe-teiligung von Frauen mit einem relativ kleinen öffentlichen Sektor zusammentrifft. Einmal mehr zeigt sich bei den kontinentaleuro-päischen Ländern ein heterogenes Bild. Dieses Ergebnis legt nahe, dass das skandinavische Modell, in dem ein hoher Beschäftigungs-anteil im öffentlichen Dienst mit einer hohen Erwerbsbeteiligung von Frauen einhergeht, im europäischen Kontext recht außerge-wöhnlich ist.

Zusammenfassend kann eine moderate Korrespondenz zwischen den bislang untersuchten Faktoren und der Erwerbsbeteiligung von Frauen attestiert werden. Es scheint jeweils einen systematischen Zusammenhang zwischen dem Angebot an Teilzeitbeschäftigung bzw. der Größe des Dienstleistungssektors einerseits und der Erwerbsorientierung von Frauen anderseits zu geben. Dieser Zusammenhang ist in den skandinavischen und den mediterranen Ländern besonders robust: dort geht eine hohe bzw. niedrige Erwerbsbeteiligung von Frauen mit hohen bzw. niedrigen Teilzeitquoten und einem hohen bzw. niedrigen Beschäftigungsanteil des Dienstleistungssektors einher. Insgesamt jedoch widerspricht unsere Untersuchung einem monokausalen Verständnis der Faktoren, die die Nachfrage nach der Arbeit von Frauen beeinflussen. In liberalen Ländern besteht eher ein Zusammenhang zwischen dem Dienstleistungssektor (und weniger zwischen dem öffentlichen Dienst) und der Erwerbsbeteiligung von Frauen. Zudem zeichnet sich kein kontinentaleuropäischer Block ab, weder mit Blick auf den Einfluss der Teilzeitbeschäftigung noch mit Blick auf den Zusammenhang zwischen den Beschäftigungsanteilen des Dienstleistungssektors oder des öffentlichen Sektors und der Erwerbsbeteiligung von Frauen. Tatsächlich ist der Zusammenhang zwischen den Nachfragefaktoren und der Erwerbsbeteiligung von Frauen sehr komplex, und zwar innerhalb der Länder wie auch im Ländervergleich.

*Angebotsorientierte Erklärungsansätze* Konventionelle Arbeitsmarktanalysen fassen angebotsseitige Faktoren relativ eng und beschränken sie oft auf Elemente des Humankapitals. Entsprechend gelten Ressourcen wie Bildungs- oder Ausbildungsstand, Berufserfahrung usw. als Faktoren, die verständlich machen, wer erwerbstätig ist und wer nicht. Wir gehen davon aus, dass eine solche Einengung der Perspektive auf individuelle Attribute unzureichend ist, um die Präsenz von Frauen auf dem Arbeitsmarkt zu verstehen, da ihr Erwerbsverhalten in einen größeren Kontext eingebettet und zugleich von diesem geprägt ist. Familiäre Erwägungen und Rücksichtnahmen spielen hierbei eine Rolle, aber auch Normen und vorherrschende Annahmen über angemessene Geschlechterrollen, wie sie auch in der Politik zum Ausdruck kommen. Eine umfassendere Perspektive ist daher notwendig.

Von größter Bedeutung für das Angebot weiblicher Arbeitskraft ist die Familienpolitik bzw. die familienorientierte Sozialpolitik. Betrachtet man die Entwicklung der Wohlfahrtsstaaten über einen längeren Zeitraum, wird eine größere Ausdifferenzierung der familienpolitischen Zielsetzungen und Regelungen deutlich. Zugleich haben die Aktivitäten der Staaten bezüglich der Kinderbetreuung und Altenpflege zugenommen (Knijn und Kremer 1997; Rostgaard und Fridberg 1998; Daly 2002). Das bedeutet, dass die Reihe möglicher Faktoren, die das Arbeitsangebot von Frauen beeinflussen könnten, erweitert werden muss. Neben verschiedenen Maßnahmen und Regelungen, die sich an Familien und Kinder richten, sollen im Folgenden außerdem steuerpolitische Instrumente als potenzielle Einflussfaktoren für das Arbeitsangebot von Frauen Berücksichtigung finden.

– *Kinderbetreuungspolitik* Den Wohlfahrtsstaaten steht eine Auswahl von Instrumenten zur Verfügung, mit deren Hilfe sie die Eltern bei der Betreuung und Erziehung von Kindern unterstützen können – seien es Geldleistungen, verschiedene Formen bezahlter oder unbezahlter Elternzeit, Beitragsermäßigungen oder schließlich Kinderbetreuungsangebote. Unter den Faktoren, die die Arbeitsmarktbeteiligung von Frauen beeinflussen, sind das Angebot an Kinderbetreuungsplätzen und die Regelungen zum Mutterschaftsurlaub und zur Elternzeit besonders entscheidend. Tabelle 2 fasst ausgewählte Schlüsselmerkmale zur Kinderbetreuungssituation in Europa zusammen.[3]

Sowohl bei den sozialpolitischen Leistungen als auch bei der Arbeitsmarktbeteiligung von Müttern bestehen erhebliche Unterschiede zwischen den europäischen Ländern. Drei familienpolitische Modelle lassen sich in Europa ausmachen (Bettio und Prechal 1998). Das erste ist in den skandinavischen Ländern zu finden, besonders in Schweden und Dänemark, und durch eine «Strategie der Vielfalt» charakterisiert. Nicht nur die Geldleistungen sind in diesen Ländern relativ großzügig, sondern das gleiche gilt auch für die Regelungen zur Mutterschafts- und Elternzeit sowie für das Angebot an Kinderbetreuungseinrichtungen. Das zweite Modell, vor allem durch die kontinentaleuropäischen Länder repräsentiert, tendiert dazu, eine Betreuung durch die Mutter zu privilegieren und zu fördern. Während in diesen Ländern – besonders in Österreich und Deutschland – großzügige Regelungen zur Elternzeit bestehen, sind Kinderbetreuungsangebote zwar vorhanden, werden aber hauptsächlich auf Teilzeitbasis angeboten. Dieses Modell scheint sich an der Maßgabe zu orientieren, den Familien zwar bei der Kinderbetreuung zu helfen, nicht aber die private bzw. familiäre Betreuung zu ersetzen. Im dritten Modell gilt die Betreuung von

Kindern in einem noch weitergehenden Sinn als Privatangelegenheit – die staatlichen Leistungen sind hier, wenn vorhanden, so gering, dass zur privaten Bewältigung der Aufgaben keine Alternative besteht. Die mediterranen Länder, aber auch Großbritannien und Irland weisen dieses Muster auf. Die Politik lässt Frauen hier wenig Wahlmöglichkeiten: Die Regelungen zur Elternzeit sind dürftig und sehen in vielen Fällen keine Bezahlung vor; zugleich ist das Angebot an öffentlichen Kinderbetreuungsplätzen äußerst begrenzt. Die Mütter bleiben sich selbst überlassen und haben letztlich nur die Wahl, die Betreuung ihrer Kinder mit Hilfe kommerzieller Anbieter oder mit der Unterstützung von Verwandten und Freunden zu organisieren.

Vergleicht man die familienpolitischen Modelle mit der Erwerbsquote von Müttern, wird eine Beziehung zwischen beiden deutlich (Tabelle 2). Aus der Perspektive der skandinavischen Erfahrungen betrachtet, drängt sich der Schluss auf, dass Frauen sich für eine Erwerbstätigkeit entscheiden, wenn die Politik verschiedene Formen der Unterstützung anbietet und ihnen dadurch Wahlmöglichkeiten eröffnet. Auch eine Unterstützung auf mittlerem Niveau scheint den beabsichtigten Effekt zu haben, wie Deutschland und die Niederlande zeigen: Diese Länder sind nicht ganz konsequent in ihrer Haltung gegenüber der Erwerbstätigkeit von Müttern, doch alles in allem tendieren sie zu Maßnahmen, die es Müttern ermöglichen (oder sie ermutigen) ihre Erwerbstätigkeit auszusetzen oder reduziert auf Teilzeitbasis zu arbeiten. Länder, in denen die Wahlmöglichkeiten besonders gering sind, weisen, wie erwartet, eine geringe Arbeitsmarktpartizipation von Müttern auf. Doch zumindest ein Teil der Hindernisse, mit denen Mütter in Griechenland, Irland, Italien, Luxemburg und Spanien konfrontiert sind, resultiert aus dem geringen Angebot an Teilzeitarbeitsplätzen. Großbritannien bildet eine Ausnahme, da die Erwerbsbeteiligung von Müttern trotz geringer staatlicher Unterstützung moderat ist. Ein Grund dafür ist das Angebot an kostengünstigen privaten Betreuungsangeboten oder -arrangements. Zusammenfassend betrachtet belegen auch diese Ergebnisse, dass die Frauenerwerbstätigkeit ein komplexes Phänomen ist, das nicht monokausal als Reaktion auf die jeweilige Familienpolitik verstanden werden kann.

– *Steuerpolitik: Die Besteuerung des zweiten Familieneinkommens* Steuern gelten seit geraumer Zeit als ein Instrument zur Beeinflussung des Arbeitsangebots. Eine hervorgehobene Bedeutung kommt in diesem Zusammenhang der Behandlung des zweiten Familieneinkommens zu. In Wohlfahrtsstaaten, in denen das Modell des männlichen Familienernährers stark verankert ist, wird das zweite Einkommen in der Regel durch hohe Steuern belastet. Die Privilegierung von Haushalten mit einem Alleinernährer ist seit längerem rückläufig, da die Länder eher darum bemüht sind, das Angebot an weiblicher Arbeitskraft zu erhöhen. Es ist ein übergreifender Trend zur individualisierten Besteuerung von Ehe- oder Lebenspartnern zu beobachten. Dennoch variiert die Situation von Land zu Land.

Tabelle 3 stellt einige relevante Merkmale der Steuersysteme verschiedener Länder dar. Vereinfacht gesagt, verhalten sich die einzelnen Steuersysteme entweder neutral gegenüber dem Einkommen des Partners oder «bestrafen» das zweite Familieneinkommen. Wie der Tabelle zu entnehmen ist, bestehen in den Ländern, wo ein zweites Teilzeit- oder Vollzeiteinkommen fast immer zu einem proportionalen Anstieg des Nettoeinkommens des Paares führt, dennoch ziemlich unterschiedliche Wohlfahrtssysteme (vgl. zum Beispiel Finnland, Portugal, Großbritannien und Spanien). Man könnte annehmen, dass verheiratete Frauen in diesen Ländern nicht entmutigt werden, eine Erwerbstätigkeit aufzunehmen. In anderen Ländern wird eine Vollzeitberufstätigkeit des «zweiten Verdieners» viel stärker benachteiligt als eine Teilzeitbeschäftigung, um Anreize für ein «Anderthalb-Verdiener-Modell» zu schaffen. Dies gilt zum Beispiel für Österreich, Luxemburg und Irland. Einige der kontinentalen Wohlfahrtsstaaten – Deutschland, aber auch Frankreich und Belgien – «bestrafen» verheiratete Frauen, wenn sie eine Beschäftigung aufnehmen: Ein zusätzliches Bruttoeinkommen von 40 % (Teilzeitbeschäftigung) erhöht hier das Familiennettoeinkommen um weniger als 30 % und ein zusätzliches Bruttoeinkommen von 100 % (Vollzeiterwerbstätigkeit) nur um weniger als 80 % (Dingeldey 2000).

Eine mögliche Hypothese zum Zusammenhang zwischen Steuern und Frauenerwerbstätigkeit könnte lauten: Wenn das Steuersystem im Allgemeinen und die Behandlung des zweiten Einkommens im Besonderen Faktoren sind, die eine Auswirkung auf das Arbeitsangebot von Frauen haben, dann müsste sich dieser Einfluss in den Erwerbsquoten von verheirateten Frauen manifestieren. Diese Annahme erweist sich allerdings in doppelter Hinsicht als unzutreffend: Weder besteht ein direkter Zusammenhang zwischen der Art der Besteuerung (getrennt oder gemeinsam) und dem Nettoeinkommen verheirateter Paare noch zwischen dem Steuersystem und den Erwerbsquoten verheirateter Frauen (siehe Tabelle 3). Obwohl Deutschland zum Beispiel das Modell des männlichen Familienernährers stark unterstützt, liegt die Arbeitsmarktbeteiligung von Frauen im mittleren Bereich. Im Gegensatz dazu ist die Erwerbsquote von verheirateten Frauen in Dänemark hoch, obwohl das zweite Einkommen stark besteuert wird. Zwar ist in manchen Ländern – vor allem in Finnland, Portugal, Großbritannien und bis zu einem gewissen Grad auch in Schweden – eine Kongruenz zu beobachten, da das Steuersystem Frauen zu ermutigen scheint, eine Erwerbsarbeit aufzunehmen, und die Frauenerwerbsquoten relativ hoch sind, doch im Großen und Ganzen kovariiert die Arbeitsmarktbeteiligung von Frauen nicht so klar wie erwartet mit dem Steuersystem.

Insgesamt kann festgehalten werden, dass das Verhältnis zwischen der Erwerbsbeteiligung verschiedener Gruppen von Frauen und den politischen Maßnahmen in den Bereichen der Kinderbetreuung und der Steuergesetzgebung sowohl Übereinstimmungen als auch Abweichungen enthält. Von den beiden Faktoren scheint die Kinderbetreuungspolitik in einer konsistenteren Beziehung zum Arbeitsangebot von Frauen zu stehen. Jedoch muss beachtet werden, dass alle politischen Maßnahmen in einem Kontext zu sehen sind, in dem sie mit anderen Maßnahmen interagieren. So ist von «Maßnahmepaketen», von dem Zusammentreffen verschiedener Regelungen und Leistungen, ein stärkerer Einfluss zu erwarten als von Einzelmaßnahmen. Während es schwierig ist, diese Zusammenhänge in der Praxis aufzuzeigen, verdeutlichen unsere Ergebnisse zwei zentrale Einsichten in die Bedeutung von politischen Rahmenbedingungen für die Erwerbstätigkeit von Frauen: Erstens haben viele unterschiedliche Maßnahmen einen Einfluss auf die Erwerbstätigkeit von Frauen, und zwar auch solche, die gar nicht explizit auf deren Arbeitsmarktbeteiligung ausgerichtet sind. Zweitens ist die Konsistenz der Einzelmaßnahmen in und zwischen verschiedenen Politikfeldern entscheidend (s. a.

Dingeldey 2000). Einer der interessantesten Aspekte der skandinavischen Länder ist etwa die hohe Konsistenz der Regelungen und Leistungen. In den meisten anderen europäischen Ländern verhält sich die Politik bezüglich der Frauenerwerbstätigkeit jedoch weder klar noch schafft sie Konsistenz. Entweder haben einzelne Maßnahmen einander widersprechende Ziele, oder das gesamte politische Maßnahmenpaket ist inkonsistent. In diesen Fällen erhalten Frauen uneindeutige oder konträre Botschaften über das, was für sie als «angemessen» betrachtet wird.

## Gegenwärtige Trends

Bis zu diesem Punkt hat sich unser Beitrag auf einige grundlegende Einflussfaktoren konzentriert, um die Arbeitsmarktpartizipation von Frauen und die sich im Ländervergleich abzeichnenden Muster weiblicher Erwerbstätigkeit besser zu verstehen. Wir möchten nun unseren Blick auf einige aufkommende Trends richten und darauf, wie Frauen hiervon beeinflusst werden. Aus der Geschlechterperspektive gehört der Prozess der Flexibilisierung zu den wichtigsten der gegenwärtigen Entwicklungen und hat bereits zu einer größeren Differenzierung zwischen Frauen und Männern, aber auch zwischen Frauen geführt. (Klammer 2001 a; Klammer und Tillmann 2002). Was bedeuten Flexibilität und Diversität am heutigen Arbeitsmarkt und wie beeinflussen sie dort die Situation von Frauen?

Flexibilität und Diversität sind eng mit einem Anwachsen atypischer Beschäftigungsverhältnisse verbunden (externe Flexibilität). Nicht nur die Anzahl und der Anteil der Teilzeitarbeitsplätze sind in den letzten Jahren in Europa angestiegen, sondern auch die befristeten Arbeitsverhältnisse, Zeit- und Leiharbeit sowie neue Formen der Selbstständigkeit. Zusätzlich haben sich Wesen und Organisation der Arbeit innerhalb der Firmen verändert (interne Flexibilität). Diese Steigerung von Flexibilität ist in hohem Maße geschlechtsspezifisch.

Es ist bekannt, dass Arbeitgeber innerhalb ihrer Firmen verschiedene Strategien entwickeln, um den sich verändernden Anforderungen des Marktes gerecht zu werden. Eine Form der Flexibilität besteht darin, sich den ständig wandelnden Produktionsanforderungen zur Herstellung spezialisierter Güter anzupassen. Diese Form der Flexibilität ist auf eine gut ausgebildete, engagierte Arbeitnehmerschaft angewiesen. Sie unterscheidet sich deutlich von der Flexibilität, die ein Unternehmen praktiziert, das ungelernte Arbeitskräfte anstellt und wieder entlässt, um auf diese Weise einfache Produkte möglichst kostengünstig herzustellen. Insofern lassen sich sowohl ermöglichende Strategien finden (wenn Firmen die Arbeitsprozesse aufwerten und lang andauernde Beziehungen zu einer Belegschaft pflegen) als auch restriktive Strategien (wenn Firmen die Beziehung zur Belegschaft abwerten und die Qualifikationserfordernisse von Arbeitsprozessen herunterschrauben) (Smith und Gottfried 1998: 96). Es gibt somit einige Gruppen von Erwerbstätigen, die von diesen Prozessen profitieren, während andere an Boden verlieren und neben einer instabilen Beschäftigung auch niedrige Löhne und neue Risiken ertragen müssen. Obwohl das Geschlecht nur ein Aspekt ist, haben Untersuchungen gezeigt, dass ein hoher Prozentsatz von Frauen zur Gruppe der «relativen Verlierer» gehört (Holst und Maier 1998; Smith und Gottfried 1998; Granqvist und Persson 1999; Nickel 1999).

Einer atypischen Beschäftigung nachzugehen, ist heute in allen EU-Mitgliedsstaaten für berufstätige Frauen viel alltäglicher als für berufstätige Männer (Klammer 2001 a). Nicht nur, dass der Prozentsatz von Frauen, die einer Teilzeitbeschäftigung nachgehen, viel höher ist als der von Männern; viele Frauen arbeiten außerdem in befristeten Arbeitsverhältnissen oder gar in befristeten Teilzeitbeschäftigungsverhältnissen. 1996 waren etwa 31,5 % aller erwerbstätigen Frauen teilzeitbeschäftigt, und der Prozentsatz der Frauen, die nach einer Zeit der Arbeitslosigkeit eine Teilzeitbeschäftigung aufgenommen haben, lag sogar bei 40% (Europäische Kommission 1997 a: 47–55). Im Verlauf der 1990er Jahre gab es außerdem einen stetigen Anstieg von befristeten Arbeitsverhältnissen und selbstständiger Beschäftigung; 12,5 % aller erwerbstätigen Frauen in Europa arbeiteten 1996 auf dieser Grundlage. In Spanien ist bereits jeder dritte Arbeitsvertrag befristet.[4] Ein Grund für die Bevorzugung befristeter Verträge seitens der Arbeitgeber mögen strenge arbeitsrechtliche Vorgaben zum Kündigungsschutz sein, doch im Allgemeinen gelten unsichere Zukunftserwartungen als Motor dieser Entwicklung (Europäische Kommission 1997 a: 51, 53). Befristete Arbeitsverträge scheinen auch eine Möglichkeit für den Wiedereinstieg nach der Arbeitslosigkeit zu sein: Im Jahr 1996 gingen 55 % aller Arbeitnehmer, die nach einer Phase der Arbeitslosigkeit wieder eine Beschäftigung aufnahmen, befristete Verträge ein (Europäische Kommission 1997 a).

Die Entwicklung zu größerer Arbeitsmarktflexibilität hat für erwerbstätige Frauen eine ambivalente Bedeutung. Einerseits können flexible Beschäftigungsformen den Arbeitsmarkteinstieg, etwa nach einer Phase der Arbeitslosigkeit oder auch der Kinderbetreuung, erleichtern. Internationale Vergleiche haben gezeigt, dass eine (schwache) negative Beziehung zwischen einer strikten Regulierung des Beschäftigungsschutzes und der Erwerbsquote von Frauen besteht (OECD 1999; 72–73). Ein ausgeprägter arbeitsrechtlicher Beschäftigungsschutz (zum Beispiel Kündigungsschutz, Begrenzung von befristeten Arbeitsverträgen) nützt offensichtlich dem «Kern» der Beschäftigten (Männern im mittleren Alter), während «Außenseiter» (hauptsächlich junge Menschen und Frauen) vom Arbeitsmarkt ferngehalten werden – zumindest in Ländern mit einem starken Ernährermodell, in denen die Erwerbstätigkeit von Frauen in der Vergangenheit niedrig war. Den umgekehrten Fall repräsentiert Dänemark: Wo der Kündigungsschutz niedrig und der Arbeitsmarkt flexibel ist, zeigt sich ein tendenziell hohes Niveau der Arbeitsmarktbeteiligung von Frauen. Bis zu einem gewissen Grad hat der Abbau des Beschäftigungsschutzes während der 1990er Jahre in vielen Ländern den Zugang zum Arbeitsmarkt für Frauen etwas erleichtert.

Andererseits sind viele der neu entstandenen Stellen unsicher und beinhalten neue Risiken, weil mit ihnen niedrige Löhne verbunden sind und nur eine geringe oder gar keine soziale Absicherung. Mehr als ein Fünftel aller erwerbstätigen Mütter in der EU arbeitet in Teilzeitbeschäftigungsverhältnissen mit weniger als 20 Stunden in der Woche (Europäische Kommission 1999 a: 24). Solche und andere atypische Beschäftigungsverhältnisse werden von einigen erwerbstätigen Frauen bevorzugt, weil sie einen Teil ihrer Strategie bilden, Familie und Beruf zu vereinbaren. Auf diese Weise verändert der Einstieg der Frauen in den Arbeitsmarkt das Modell des männlichen Familienernährers, während er es gleichzeitig unterstützt und am Leben erhält, da sich Art und Ausmaß der Beschäftigung an der Maßgabe einer nach wie vor geschlechtsspezifischen Zuständigkeit für die Betreuung und Pflege von Angehörigen orientieren. Dieser Entwicklungstrend der Frauenerwerbstätigkeit wurde deshalb auch als «Prozess der Integration/Resegregation» bezeichnet (Smith und

Gottfried 1998: 104). Das Ausmaß, in dem dies zutrifft, ist jedoch von Land zu Land verschieden.

Am Beispiel der Teilzeiterwerbstätigkeit lässt sich ablesen, wie heterogen die Arbeitssituation von Frauen ist. Teilzeitarbeit kann in verschiedenen Ländern und sogar innerhalb eines Landes hinsichtlich der Qualität der Arbeit, der Karrieremöglichkeiten, der Arbeitszeiten, des Einkommens und der sozialen Rechte sehr unterschiedliche Dinge bedeuten. In einigen Ländern (Dänemark, Niederlande, Finnland, Großbritannien) arbeiten mehr als 20 % aller Teilzeitbeschäftigten weniger als 10 Stunden in der Woche. In vielen Fällen sind hiermit unsichere Arbeitsbedingungen verbunden, sowohl was das Einkommen als auch was die soziale Sicherung betrifft; häufig dient die geringfügige Beschäftigung dazu, einen Zuverdienst zum (Familien-)Einkommen des Mannes zu leisten. Obwohl dies in statistischen Quellen häufig geschieht, kann diese Form der Teilzeitarbeit keinesfalls mit einer Teilzeitbeschäftigung verglichen werden, deren Arbeitszeitvolumen über 30 Wochenstunden liegt, wie es für ein Fünftel aller Teilzeitstellen in Schweden, Italien und den Niederlanden und sogar ein Viertel der (wenigen) Teilzeitarbeitplätze in Griechenland der Fall ist (Eurostat 1997a). Neben der Anzahl der Arbeitsstunden sollten auch die Arbeitszeiten berücksichtigt werden. Während sich mit der Flexibilisierung und Diversifizierung in manchen Fällen der Einfluss der Angestellten auf ihre Arbeitszeiten verbessert hat, haben Untersuchungen zur deutschen Entwicklung gezeigt, dass die Arbeitzeitflexibilisierung bislang überwiegend durch Vorgaben der Arbeitgeber bestimmt wird.[5]

Atypische Arbeitsverträge wie Teilzeit- oder befristete Verträge spiegeln nicht immer die Wünsche der Angestellten. Dies wird deutlich, wenn man befristete oder teilzeitbeschäftigte Personen, insbesondere Frauen, nach ihren Gründen für die Ausübung der entsprechenden Tätigkeiten befragt. Zwar gibt die überwiegende Zahl der Teilzeitbeschäftigten an, keine Dauerstellung zu wünschen. Mehr als 40 % aller teilzeitbeschäftigten Frauen in Griechenland, mehr als 30 % in Italien und Finnland und immerhin noch mehr als 20 % in Belgien, Spanien, Frankreich, Portugal und Schweden betonten jedoch, dass sie keine Dauerstelle finden konnten (Tabelle 4). Mit anderen Worten: Sie arbeiten nicht auf eigenen Wunsch, sondern nur aus Mangel an Alternativen in einem Teilzeitarbeitsverhältnis. Noch deutlich größer ist unter den befristet beschäftigten Frauen der Anteil derer, die unfreiwillig auf der Basis eines entsprechenden Arbeitsvertrages arbeiten. Dies gilt vor allem für die «Kerngruppe» des Arbeitsmarktes, die 25- bis 49-Jährigen. Während bei jungen Frauen (vor allem in Deutschland, Italien und Österreich) zumeist die übliche Ausgestaltung der Ausbildungsverträge Grund für die Befristung ist, gab ein großer Teil der befristet beschäftigten Frauen der mittleren Altersklassen – in Belgien, Griechenland, Spanien und Finnland über 70%! – an, keine Dauerstellung gefunden zu haben (Tabelle 4). So ist die Art und Weise, wie Frauen am Arbeitsmarkt teilhaben, nicht nur vom spezifischen Wohlfahrtssystem und von kulturellen Werten beeinflusst, sondern auch in hohem Maß von der Struktur der Arbeitsnachfrage und den Beschäftigungsstrategien der Arbeitgeber.

**Fazit**

Die Ausführungen in diesem Artikel zeigen, dass die Grenze zwischen «Frauen im Arbeitsmarkt» und «Frauen außerhalb des Arbeitsmarktes» nicht mehr so klar gezogen werden kann, wie es einmal möglich war. Die Mehrzahl der Frauen im erwerbsfähigen Alter ist in den Arbeitsmarkt integriert, und alle Vorhersagen deuten darauf hin, dass die Erwerbsquoten für Frauen mittleren Alters in den meisten europäischen Ländern weiter ansteigen werden. Die Prognosen gehen sogar davon aus, dass diese Gruppe von Frauen das Hauptpotenzial für das zukünftige Wachstum der Erwerbsbevölkerung birgt (Europäische Kommission 1999a: 22–23). In dem Maße, in dem die Arbeitsmarktbeteiligung von Frauen angestiegen ist, hat eine Diversifizierung der Situation erwerbstätiger Frauen stattgefunden. Sowohl die Erwerbsbeteiligungsmuster von Frauen als auch die Einstellungen zu bezahlter Arbeit unterscheiden sich unter Frauen weit mehr als unter Männern.

In diesem Artikel wurde zunächst eine Reihe von Faktoren untersucht, von denen man typischerweise annimmt, dass sie die Nachfrage und das Angebot am Arbeitsmarkt steuern und die Erwerbstätigkeit von Frauen beeinflussen. Einige dieser Faktoren sind dabei wichtiger als andere. Auf der Nachfrageseite hat die Struktur des Arbeitsmarktes, insbesondere der Umfang von Teilzeitarbeit und Beschäftigungsverhältnissen im Dienstleistungssektor, Einfluss auf das Profil der Frauenerwerbstätigkeit. Während das staatliche Engagement im Bereich der Kinderbetreuung ebenfalls einen Einfluss auf das Ausmaß und die Kontinuität der Erwerbsbeteiligung von Frauen zu haben scheint, ist die Bedeutung des Steuersystems weniger eindeutig. Insgesamt kann festgehalten werden, dass die Erwerbstätigkeit von Frauen in Europa nicht von einem einzigen Faktor bestimmt wird. Bestenfalls können wir sagen, dass ein Zusammenspiel von unterschiedlichen Faktoren darauf einwirkt, ob Frauen bezahlter Arbeit nachgehen oder nicht. Eine nach Geschlechterkategorien vorgenommene Analyse verdeutlicht, dass die Erwerbstätigkeit von Frauen in einen breiten sozialen Kontext eingebettet ist, der nicht nur die Sozial- und Familienpolitik mit einschließt, sondern auch die Struktur des Arbeitsmarktes selbst.

Unser Beitrag richtete seine Aufmerksamkeit ferner auf aktuelle und mögliche zukünftige Entwicklungen. Der Trend zur Schaffung von Arbeitsplätzen, die flexibler sind und oft niedrig entlohnt werden, hat Gruppen von «Gewinner/-innen» und Verlierer/-innen» erzeugt, auch wenn insgesamt die Erwerbstätigkeit von Frauen unter den neuen Bedingungen gewachsen ist. Die sich herausbildenden neuen Muster sind auch dadurch gekennzeichnet, dass Frauen häufiger zwischen verschiedenen Beschäftigungsformen und verschiedenen Arbeitszeitmodellen wechseln. Die atypische Beschäftigung von Frauen wird begleitet von «atypischen Lebensformen». Diese und andere Veränderungen werden noch offensichtlicher, wenn man eine Längsschnittperspektive wählt. Frauen unterbrechen ihre Berufstätigkeit seltener und kürzer für die Betreuung ihrer Kinder, wechseln dafür nun aber häufiger zwischen Haushalt, Arbeitslosigkeit, Weiterbildung und verschiedenen Positionen im Arbeitsmarkt hin und her. Insgesamt ist die Situation von Frauen, vor allem auch von erwerbstätigen Frauen, durch eine große Heterogenität gekennzeichnet. Die Diversifizierung steht in einem Zusammenhang mit Faktoren wie Bildung, Beschäftigungssektor und Mutterschaft. Studien zur Arbeitsmarktanbindung von Frauen sollten deshalb zukünftig die Unterschiede innerhalb der einzelnen Länder stärker in den Mittelpunkt stellen. Obwohl das Erwerbsverhalten von Männern noch immer sehr viel homogener ist als das der Frauen, sind aber auch sie in steigendem Umfang von diskontinuierlichen Erwerbsbiographien und den daraus resultierenden Problemen der sozialen Absicherung betroffen. Dieser Umstand scheint zu einem steigenden Interesse an der Frage zu führen, wie die Sozialversicherungssysteme an die wachsende Diversität und Flexibilität und an die Diskontinuitäten im beruflichen und privaten Leben angepasst werden können. Dies kann sich als Chance für Frauen erweisen, da ihr Arbeitsmarktverhalten nicht länger als Abweichung von der (männlichen) Norm betrachtet werden kann. Problematisch ist jedoch, dass viele der neuen Beschäftigungsverhältnisse prekär sind, insofern sie mit niedrigem Einkommen und mangelnder sozialer Sicherung einhergehen. Um dies zu ändern, wird es notwendig sein, über die regulative Idee hinter dem «Normalarbeitsverhältnis» nachzudenken. Wesentliche Bestandteile dieser Idee waren ein ausreichendes Einkommen und der Zugang zum System sozialer Sicherung. Im Zeitalter der Flexibilität, in der ein sinkender Anteil der Arbeitnehmer/-innen einer regulären, kontinuierlichen Vollzeitbeschäftigung nachgeht, darf diese regulative Idee nicht in Vergessenheit geraten. Eine der wichtigsten Aufgaben wird darin bestehen, sie auf andere Arbeitsformen zu übertragen und jenen neuen Anforderungen anzupassen, die mit diskontinuierlichen Erwerbsbiographien und häufigen Statuswechseln einhergehen.

## Tab. 1: Erwerbs-, Arbeitslosen-, Teilzeit- und Befristungsquoten in der EU (2000)

| Länder | Erwerbsquoten[1] | | | Arbeitslosenquoten[2] | | | Teilzeitquoten[3] | | | Befristungsquoten[4] | | |
|---|---|---|---|---|---|---|---|---|---|---|---|---|
| | Frauen (in %) | Männer (in %) | Differenz[5] (in %-punkten) | Frauen (in %) | Männer (in %) | Differenz[5] (in %-punkten) | Frauen (in %) | Männer (in %) | Differenz[5] (in %-punkten) | Frauen (in %) | Männer (in %) | Differenz[5] (in %-punkten) |
| Belgien[6] | 56,6 | 73,8 | −17,2 | 8,3 | 5,3 | 3,0 | 39,9[6] | 5,9[6] | 34,0[6] | 12,1 | 6,6 | 5,5 |
| Dänemark | 75,8 | 84,1 | − 8,3 | 5,0 | 4,0 | 1,0 | 35,2 | 10,0 | 25,2 | 11,7 | 8,8 | 2,9 |
| Deutschland | 63,0 | 78,8 | −15,8 | 8,3 | 7,7 | 0,6 | 37,9 | 5,0 | 32,9 | 13,1 | 12,5 | 0,6 |
| Finnland | 74,1 | 79,3 | − 5,2 | 12,0 | 10,4 | 1,6 | 16,9 | 8,0 | 8,9 | 20,9 | 14,5 | 6,4 |
| Frankreich | 62,5 | 75,3 | −12,8 | 12,3 | 8,6 | 3,7 | 31,0 | 5,4 | 25,6 | 15,7 | 14,3 | 1,4 |
| Griechenland | 49,7 | 77,1 | −27,4 | 16,9 | 7,5 | 9,4 | 7,9 | 2,6 | 5,3 | 15,7 | 11,5 | 4,2 |
| Großbritannien | 67,8 | 83,0 | −15,2 | 4,9 | 6,2 | − 1,3 | 44,5 | 9,0 | 35,5 | 7,7 | 5,9 | 1,8 |
| Irland | 55,6 | 79,0 | −23,4 | 4,2 | 4,4 | − 0,2 | 30,7 | 7,2 | 23,5 | 6,0 | 3,6 | 2,4 |
| Italien | 46,2 | 73,8 | −27,6 | 14,9 | 8,4 | 6,5 | 17,4 | 3,9 | 13,5 | 12,2 | 8,8 | 3,4 |
| Luxemburg | 51,4 | 76,6 | −25,2 | 3,2 | 1,8 | 1,4 | 26,0 | 1,8 | 24,2 | 4,6 | 2,6 | 2,0 |
| Niederlande | 65,7 | 83,9 | −18,2 | 3,5 | 2,2 | 1,3 | 70,6 | 19,3 | 51,3 | 17,2 | 11,5 | 5,7 |
| Österreich | 62,5 | 80,0 | −17,5 | 4,6 | 4,8 | − 0,2 | 33,0 | 4,3 | 28,7 | 8,4 | 7,6 | 0,8 |
| Portugal | 63,6 | 78,8 | −15,2 | 5,1 | 3,2 | 1,9 | 16,4 | 6,1 | 10,3 | 22,7 | 18,6 | 4,1 |
| Schweden | 73,4 | 77,2 | − 3,8 | 5,1 | 6,0 | − 0,9 | 36,3 | 10,7 | 25,6 | 16,9 | 12,3 | 4,6 |
| Spanien | 50,7 | 77,1 | −26,4 | 20,5 | 9,7 | 10,8 | 17,2 | 2,9 | 14,3 | 34,6 | 30,6 | 4,0 |
| **EU-Durchschnitt** | **59,8** | **78,1** | **−18,3** | **9,9** | **7,3** | **2,6** | **33,7** | **6,3** | **27,4** | **14,5** | **12,6** | **1,9** |

Anmerkungen:
1) Anteil der Erwerbsbevölkerung an der Gesamtbevölkerung im Alter zwischen 15 und 64 Jahren.
2) Anteil der Arbeitslosen an der Erwerbsbevölkerung.
3) Anteil der Teilzeitbeschäftigten an der erwerbstätigen Bevölkerung.
4) Anteil der Beschäftigten mit Zeitverträgen an den Arbeitnehmer/-innen.
5) Geschlechterdifferenz (Frauen-Männer).
6) Im Fall Belgiens beziehen sich die Teilzeitquoten nur auf die Angestellten.

Quelle: Eurostat 2001 (Tabellen 1, 8, 28, 34, 53), eigene Berechnungen.

# Tab. 2: Versorgung mit Kinderbetreuungsplätzen, Mutterschafts- und Elternzeiten in der Europäischen Union (1998/1999/2000)

| Land | Jahr | Anteil der Kinder, die Kinderbetreuungseinrichtungen nutzen[1] | | Mutterschafts- und Elternzeiten und finanzielle Kompensation (1999/2000) | | | Nachrichtlich: Erwerbstätigenquote von Müttern mit Kindern unter 6 Jahren (1999) |
|---|---|---|---|---|---|---|---|
| | | Kinder unter 3 Jahren | Kinder zwischen 3 Jahren und dem schulpflichtigen Alter | Dauer der Mutterschaftszeit (in Wochen) | Mutterschaftsgeld (als Prozentsatz des Durchschnittseinkommens)[2] | Gesamtdauer Mutterschafts- und Elternzeiten (in Wochen)[3] | |
| Belgien | 2000 | 30 | 97 | 15 | 77 | 67 | 69,5 |
| Dänemark | 1998 | 64 | 91 | 30 | 100 | 82 | n. v. |
| Deutschland | 2000 | 10 | 78 | 14 | 100 | 162 | 51,1 |
| Finnland | 1998 | 22 | 66 | 52 | 70 | 164 | 58,8[5] |
| Frankreich | 1998 | 29 | 99 | 16 | 100 | 162 | 56,2 |
| Griechenland | 2000 | 3 | 46 | 16 | 50 | 42 | 48,6 |
| Großbritannien | 2000 | 34[4] | 60[4] | 18 | 44 | 44 | 55,8 |
| Irland | 1998 | 38 | 56 | 14 | 70 | 42 | 44,4[6] |
| Italien | 1998 | 6 | 95 | 21,5 | 80 | 64,5 | 45,7 |
| Luxemburg | | n. v. | n. v. | 16 | 100 | 68 | 47,4 |
| Niederlande | 1998 | 6 | 98 | 16 | 100 | 68 | 60,7 |
| Österreich | 1998 | 4 | 68 | 16 | 100 | 112 | 66,5 |
| Portugal | 1999 | 12 | 75 | 24,3 | 100 | 128,3 | 70,6 |
| Schweden | 1998 | 48 | 80 | 64 | 63 | 85 | n.v. |
| Spanien | 2000 | 5 | 84 | 16 | 100 | 164 | 41,8 |

[1] Die Angaben beziehen sich auf private und öffentliche Kinderbetreuungseinrichtungen.
[2] Sofern es sich bei dem Mutterschaftsgeld um einen Pauschalbetrag handelt, wurde der Prozentsatz auf Grundlage der Durchschnittsgehälter von Frauen in der Industrie berechnet.
[3] Bei den Elternzeiten ist zu beachten, dass diese in manchen Ländern unbezahlt sind. In denjenigen Ländern, in denen die Elternzeit bezahlt ist, erfolgt die Zahlung in manchen Fällen nur für einen Teil des Gesamtzeitraums. Während in manchen Ländern ein Pauschalbetrag bezahlt wird, erhalten Eltern in anderen Ländern einen prozentualen Gehaltsausgleich, der wiederum von Land zu Land variiert.
[4] Nur England.
[5] 1998.
[6] 1997.
n. v. = Daten nicht vorhanden                    Quelle: OECD 2001 (Tabellen 4.1, 4.7).

## Tab. 3: Einkommensbesteuerung von Ehepaaren in der Europäischen Union (1997/1999)

| Land | Art der Besteuerung (1999)[1] | Netto-Einkommensniveau in Relation zum APW für verschiedene Erwerbskombinationen im Haushalt[2] (1997) | | | Nachrichtlich: Erwerbsquote verheirateter Frauen (1996) |
|---|---|---|---|---|---|
| | | Vollzeit/ nicht erwerbstätig (100/0)[3] | Vollzeit/ Teilzeit (100/40)[3] | Vollzeit/ Vollzeit (100/100)[3] | |
| Belgien | Getrennt | 100 | 120 | 154 | 45,9 |
| Dänemark | Getrennt | 100 | 130 | 172 | 63,0 |
| Deutschland | Gemeinsam | 100 | 126 | 163 | 51,3 |
| Finnland | Getrennt | 100 | 142 | 186 | 62,6 |
| Frankreich | Gemeinsam | 100 | 127 | 179 | 53,3 |
| Griechenland | Getrennt | 100 | 133 | 183 | 39,3 |
| Großbritannien | Getrennt | 100 | 141 | 192 | 57,3 |
| Irland | Optional/ gemeinsam | 100 | 135 | 179 | 41,0 |
| Italien | Getrennt | 100 | 137 | 183 | 35,7 |
| Luxemburg | Gemeinsam | 100 | 135 | 172 | 35,7 |
| Niederland | Getrennt | 100 | 132 | 179 | 47,0 |
| Österreich | Getrennt | 100 | 135 | 178 | 51,7 |
| Portugal | Gemeinsam | 100 | 139 | 188 | 56,5 |
| Schweden | Getrennt | 100 | 131 | 183 | 65,7 |
| Spanien | Getrennt (gemeinsam) | 100 | 137 | 188 | 35,3 |

[1] Es ist zu beachten, dass das Einkommen der Partner in den Steuersystemen von Griechenland, Italien, Österreich und den Niederlanden zwar separat besteuert wird, dass es aber dennoch eine Reihe familienorientierter steuerlicher Maßnahmen gibt. Auch andere Länder mit getrennter Besteuerung sehen gewisse Steuererleichterungen für Haushalte vor, in denen ein Partner nicht erwerbstätig oder nur geringfügig beschäftigt ist.

[2] APW = average production worker: Da die steuerliche Belastung von der individuellen Lebens- und Einkommenssituation (Familienstand, Zahl der Kinder, Einkommenshöhe) abhängig ist, werden zu Vergleichszwecken standardisierte Kriterien zugrunde gelegt, die auf einem fiktiven «durchschnittlichen Arbeitnehmer in der gewerblichen Wirtschaft» (APW) beruhen.

[3] 100/0 bedeutet, dass ein Partner Vollzeit arbeitet und der andere nicht erwerbstätig ist; 100/40 bedeutet, dass ein Partner Vollzeit, der andere 40 % der Vollzeitarbeitsstunden arbeitet, 100/100 bedeutet, dass beide in Vollzeit beschäftigt sind.

Quelle: Europäische Kommission 1997 a; Eurostat 1997 a (Tabelle 004); OECD 2001 (Tabelle 4.6).

## Tab. 4: Gründe von Frauen, in Teilzeit oder in befristeten Beschäftigungsverhältnissen zu arbeiten (2000)[1]

| Länder | Teilzeitbeschäftigte[2] (15 bis 64 Jahre) | | Arbeitnehmerinnen mit Zeitvertrag[3] (24 bis 49 Jahre) | |
|---|---|---|---|---|
| | «Keine Dauerstellung gefunden» | «Keine Dauerstellung gewünscht» | «Keine Dauerstellung gefunden» | «Keine Dauerstellung gewünscht» |
| Belgien | 21,0[4] | 8,8[4] | 70,7 | 10 |
| Dänemark | 14,4 | 54,1 | 57,1 | 20 |
| Deutschland | 11,2 | 79,3 | 21,3 | 3,1 |
| Finnland | 37,4 | 18,7 | 78,6 | 12,5 |
| Frankreich | 23,5 | 66,7 | • | • |
| Griechenland | 40,8 | 37,2 | 74,4 | (3,4) |
| Großbritannien | 7,2 | 80,2 | 30,2 | 30,6 |
| Irland | 11,4 | 71,0 | 49,6 | 38,6 |
| Italien | 31,5 | 26,5 | 46,7 | 3,4 |
| Luxemburg | (6,8) | 62,4 | • | • |
| Niederlande | 3,1 | 77,8 | 32,8 | 12 |
| Österreich | 9,2 | 16,8 | 38,9 | 16,7 |
| Portugal | 26,7 | 20,6 | 41,2 | 37,5 |
| Schweden | 23,5 | 52,3 | 64,8 | 16,3 |
| Spanien | 23,0 | 7,3 | 74,7 | 0,7 |
| **EU-Durch-schnitt** | 14,1 | 65,1 | 39,2 | 8,3 |

[1] Ergebnisse, bei denen sehr große relative Stichprobenfehler vermutet werden, werden durch einen Punkt ersetzt, während die übrigen relativ ungenauen Schätzungen in Klammern erscheinen.
[2] Weitere Antwortoptionen waren: Ausbildungsvertrag, Krankheit/Arbeitsunfähigkeit, sonstige Gründe, keinen Grund angegeben.
[3] Weitere Antwortoptionen waren: Ausbildungsvertrag, Probezeit, keinen Grund angegeben.
[4] Im Fall Belgiens beziehen sich die Angaben zur Teilzeitbeschäftigung nur auf die Angestellten.

Quelle: Eurostat 2001 (Tabellen 32 und 38).

# Anmerkungen

*Gerhard, Knijn, Weckwert*
## Einleitung: Sozialpolitik und soziale Praxis

1 Vgl. zur Entwicklung der EU-Gleichstellungspolitik z. B. Hörburger 1991, Hoskyns 1996, Ostner und Lewis 1998, Gerhard 2000, Rossilli 2000.

2 Im Fall Defrenne ging es um eine interne Regelung von SABENA, nach der Stewardessen im Alter von über 40 Jahren – anders als ihre männlichen Kollegen – nur noch als Bodenpersonal eingesetzt wurden und dabei eine schlechtere Bezahlung in Kauf nehmen mussten. Gabrielle Defrenne erreichte eine Schadensersatznachzahlung, verlor aber ihre Klage um eine Anhebung ihrer Pensionsansprüche, da der Europäische Gerichtshof den Grundsatz der Lohngleichheit damals noch restriktiv auslegte (Hörburger 1991).

3 Vgl. Urteil vom 8. April 1976. RS 43/75 Defrenne II. Slg. 1976, 455, zit. nach Langer 1999: 183.

4 Zum Beispiel in den Fällen Gisela Rammler gg. Dato-Druck GmbH, Rs. 273/85, Slg. 1986: 2101–2119 und Bilka Kaufhaus GmbH gg. Karin Weber von Hartz, Rs. 170/84 EuGH Slg. 1986: 1607–1613 zit. nach Ostner und Lewis 1998: 205 f.; vgl. auch Langer 1999: 183.

5 Umstritten war vor allem der Fall Kalanke, da der EuGH eine Quotenregelung als diskriminierende Praxis gegenüber Männern gewertet hat. Inzwischen räumt Art. 141 (ex. Art. 119 EWG) Abs. 4 des Vertrags von Amsterdam explizit die Möglichkeit ein, «zur Erleichterung der Berufstätigkeit des unterrepräsentierten Geschlechts oder zur Verhinderung bzw. zum Ausgleich von Benachteiligungen in der beruflichen Laufbahn spezifische Vergünstigungen beizubehalten oder zu beschließen». Auch im Fall Marschall urteilte der EuGH im Vorgriff auf diese Neuregelung, dass eine Bevorzugung von Frauen bei gleicher Qualifikation möglich sein müsse; vgl. Langer 1999.

*Lewis*
## Erwerbstätigkeit versus Betreuungsarbeit

1 Dabei handelt es sich um einen komplizierten Prozess; siehe z. B. Suchman (1997).

2 Das Verhältnis zwischen Einstellungen, Werten und Normen ist ebenfalls kompliziert und Gegenstand ausgiebiger Debatten, s. Van Deth und Scarborough (1995).

3 Ich danke Trudie Knijn für diesen Hinweis.

4 Ich danke Trudie Knijn für diesen Hinweis.

5 Siehe Lewis (1998) zu diesem Begriff.

## *Gerhard*
### Mütter zwischen Individualisierung und Institution

1 Vgl. Ribbens/McCarthy/Edwards (2002: 202), die – im Englischen prägnant – von « the differential gendered involvement of parents in caring for children» sprechen.

2 Aus der Fülle der Literatur vgl. hierzu Finch und Groves 1983; Waerness 1984; Lewis und Meredith 1988; Ungerson 1990; Lewis 1998 a, Lewis 2000 c; Leira und Saraceno 2002; vgl. auch Feministische Studien extra, 18. Jg. 2000. Vgl. Kickbusch und Riedmüller 1984, Gerhard/Schwarzer/Slupik 1988.

3 Es handelt sich um eine von der Hans-Böckler-Stiftung geförderte empirische Studie, die die Strategien und sozialen Praxen von erwerbstätigen Müttern im Ost-West-Vergleich untersucht hat. Das Sample bestand aus 53 Müttern in Leipzig und Frankfurt, die in Partnerschaften (verheiratet oder unverheiratet) leben, mindesten ein Kind im Alter zwischen 3 und 10 Jahren zu betreuen hatten und einer Vollzeit nahen Beschäftigung nachgingen. Vgl. Ludwig s. a. 2002; s. a. Anm. 1 bei Knijn, Jönsson, Klammer.

## *Letablier, Jönson*
### Kinderbetreuung und politische Handlungslogik

1 «Meeting the Chilcare Challenge» ist der Titel des Grundsatzpapiers (*green paper*), das die *National Childcare Strategy*, die aus einer Reihe von Einzelmaßnahmen besteht, einleitete.

## *Tobío, Trifiletti*
### Strategien, Alltagspraxis und sozialer Wandel

1 Crow (1989: 2) vertritt die Auffassung, dass die «strategische Analyse nur auf bestimmte Typen von Handlungen anwendbar ist, und zwar auf solche, die – unter anderem – zumindest in mancher Hinsicht rational sind und im Kontext weitgehend vorhersehbarer sozialer Situationen stattfinden». Wood und Kelly (1982: 24) ordnen dem Begriff der Strategie «Konnotationen der Nachvollziehbarkeit, inneren Schlüssigkeit, der langfristigen Perspektive und der Bewusstheit» zu. Palomba und Sabbadini (1997: 143) nennen drei Hauptelemente, die vorhanden sein müssen, um eine Handlung als Strategie zu bezeichnen: Erstens bedarf es eines Subjektes, das ein Ziel hat und Entscheidungen fällen kann;

zweitens müssen alternative Wahlmöglichkeiten vorhanden sein; drittens muss ein zeitliche Perspektive bestehen, entlang derer die Strategie entwickelt wird.

2 Beispiele für diese Verwendung des Konzepts Strategie finden sich bei Commaille 1993 und Nicole-Drancourt 1989.

3 Bourdieu hat selbst häufig darauf hingewiesen, dass derselbe Habitus unterschiedliches Handeln hervorbringen kann.

4 Das zitierte Quellenmaterial zu diesem Teil und zu dem Teil «Indirekte und unbewusste Strategien» ist Tobío/Arteta/Fernández Cordón (1996) entnommen und resultiert aus einem Forschungsprojekt, das vom Fraueninstitut des spanischen Ministeriums für Soziales unterstützt wurde. Die Studie beruht auf 25 narrativen Interviews und 6 Gruppendiskussionen mit berufstätigen Frauen zwischen 20 und 49 Jahren, die mit einem Partner zusammenleben und mindestens ein Kind unter 18 Jahren haben. Die Feldforschung wurde zwischen Februar und Juni 1995 in Madrid, Barcelona, Valencia und Bilbao durchgeführt.

5 Das Material stammt aus dem Soccare-Projekt, einer Vergleichsstudie, die vom Forschungsprogramm «Targeted Socio-Economic Research» der Europäischen Kommission unterstützt wurde (vgl. http://www.uta.fi/laitokset/sospol/soccare); die Zitate sind den italienischen Forschungsberichten von Simoni, Trifiletti und Pratesi entnommen.

6 Im Jahr 2001 lag die Geburtenrate in Italien bei 1,24, in Spanien bei 1,25 und im europäischen Durchschnitt bei 1,47 Kindern; höhere Geburtenraten in Europa lagen bei 1,98 (Irland), 1,90 (Frankreich), 1,74 (Dänemark) und 1,73 (Finnland) Kindern (Eurostat 2002).

7 Während noch 1981 weniger als 30 % aller Frauen im Alter zwischen 30 und 40 Jahren (die eine sehr signifikante Gruppe darstellen, da diese Frauen zum Großteil Mütter kleiner Kinder sind) erwerbstätig waren, beträgt die Vergleichszahl für 1999 bereits 64 % (Fern·ndez Cordón 1999: 60).

*Leira, Tobío, Trifiletti*
**Verwandschaftsnetze und informelle Unterstützung**

1 Daten zur verwandtschaftlichen Unterstützung in einzelnen Ländern können erhebliche Unterschiede verschleiern, die zwischen Schichten, Regionen oder Ethnien bestehen.

2 Dänemark war das einzige skandinavische Land, zu dem Zahlen vorlagen.

3 Die Rolle der verwandtschaftlichen Unterstützung für die Frauenerwerbstätigkeit ist nicht das einzige Beispiel für Hilfe und Solidarität

zwischen den Generationen. Neuere Forschungen belegen nicht nur für die Mittelmeerländer, sondern für ganz Europa eine wachsende Bedeutung generationenübergreifender Unterstützung mit Blick auf den Transfer von finanziellen Zuwendungen und «Dienstleistungen» (Attias-Donfut 1995, 1999; Attias-Donfut und Segalen 1998; Smith 1995; Bengston 2001; Hagestad 2000; Trnka 2000).

4 Im Gegensatz dazu stehen Müttern, die wieder in den Arbeitsmarkt eingetreten sind, größere Karrierechancen offen, und die Tatsache, dass sie bereits Kinder haben, stellt das geringere Risiko dar, wieder vom Arbeitsmarkt zu verschwinden (Bison et al. 1996).

5 Im Rahmen einer aus EU-Mitteln finanzierten und im Zeitraum 1999/ 2002 durchgeführten Vergleichsstudie (dem Soccare-Projekt) sind wir sogar auf Großmütter gestoßen, die nur an solchen Tagen arbeiteten, an denen eine anderweitige Betreuung für das Enkelkind gewährleistet war; diese Fälle waren aber natürlich selten und betrafen Frauen, die als Selbstständige arbeiteten, außerdem war die Stichprobe klein (vgl. http://www.uta.fi/laitokset/sospol/soccare/).

6 Nach den Ergebnissen unseres Soccare-Projekts (vgl. Anm. 5) trifft dieser Befund nicht auf Portugal zu. Hier klagten Mütter, dass die Großmütter gegenüber den Enkeln stellvertretend die Mutterrolle einnahmen.

7 Dieser Teil des Beitrags beruht auf Ergebnissen dreier unterschiedlicher Forschungsprojekte: Estrategias de compatibilización familia-empleo. España años noventa, unterstützt vom Instituto de la Mujer, Ministerio de Asuntos Sociales (convocatoria 28-3-94), Las Familias Monoparentales en España, finanziert vom Ministerio de Asuntos Sociales (Convenio con la Universidad Carlos III de Madrid 1996–1998) und Análisis Cuantitativo de las Estrategias de Compatibilización Familia-Empleo en España, finanziert vom III Plan Nacional de Investigación Científica + Desarrollo (1996).

8 Beruhend auf 1200 Interviews mit repräsentativen berufstätigen spanischen Müttern (Tobío/Fernández Cordón/Agulló 1998). Dieses Projekt wurde finanziert durch den III Plan Nacional de I + D, 1996.

9 Die Daten über allein erziehende Mütter stammen aus einer gesonderten Auswertung der Ergebnisse der spanischen Volkszählung von 1991 (Fernández Cordón und Tobío 1999).

*Knijn, Jönson, Klammer*
**Betreuungspakete schnüren**

1 Die Fallstudien entstanden im Rahmen unterschiedlicher Forschungsprojekte und wurden in den Jahren 2000 bis 2002 abgeschlossen. Der qualitative Teil der deutschen Untersuchung basiert auf 53 Interviews

mit Müttern, die mindestens ein Kind zwischen 3 und 10 Jahren hatten und mit einem Partner zusammenlebten (vgl. zu den Ergebnissen: Ludwig/Schlevogt/Klammer/Gerhard 2002). Etwa die Hälfte dieser Familien lebte in den alten und die andere Hälfte in den neuen Bundesländern. Im Mittelpunkt standen Haushalte, in denen beide Partner vollzeitbeschäftigt waren bzw. mindestens 30 Stunden pro Woche arbeiteten. Ergänzend wurden quantitative Berechnungen durchgeführt, die auf den Daten des deutschen sozio-ökonomischen Panels (GSOEP) basierten. Beim GSOEP handelt es sich um eine repräsentative statistische Erhebung, die Paneldaten zu Individuen und Haushalten enthält. Dieser Artikel bezieht sich auf die Daten des GSOEP von 1996. – Die holländische Studie umfasst eine Umfrage unter 1285 Müttern von Kindern zwischen 0 und 12 Jahren, die zum Zeitpunkt der Befragung mit einem Partner zusammenlebten, und eine qualitative Untersuchung auf der Grundlage von 31 Interviews, die mit weniger gut ausgebildeten, erwerbstätigen Müttern geführt wurden, die in stabilen Beziehungen mit einem männlichen Partner lebten und Kinder zwischen 2 und 12 Jahren hatten. – Die schwedische Studie basiert auf 40 Interviews mit erwerbstätigen Müttern von Kindern zwischen 2 und 18 Jahren, die ebenfalls mit einem Partner zusammenlebten. Die Hälfte dieser Mütter war gut und die andere Hälfte weniger gut ausgebildet. Trotz der Unterschiede, die mit Blick auf das jeweilige Sample bestehen, konnten wir Muster und Präferenzen im Umgang mit der Kinderbetreuung identifizieren, indem wir die Ergebnisses unseres jeweiligen Samples mit Ergebnissen anderer Erhebungen aus den drei Ländern verglichen. Die qualitativen Studien werden hier benutzt, um die Konventionen zu erklären, die den Forderungen und Betreuungspaketen der erwerbstätigen Mütter zu Grunde liegen.

2 Obwohl unsere Ergebnisse auf Fallstudien in Deutschland, Schweden und den Niederlanden basieren (vgl. Anm. 1), haben wir gute Gründe anzunehmen, dass das Schnüren eines Betreuungspaketes nicht auf diese Länder begrenzt ist.

3 Rainwater/Rein/Schwartz (1986) äußern sich mit Blick auf Regierungsprogramme, die das Einkommen betreffen, ähnlich skeptisch.

4 Und auch in Österreich, Dänemark, Norwegen und Finnland.

5 Nach Ergebnissen einer neueren deutschen Untersuchung machen Mütter wie Väter zumeist die Höhe des Erziehungsgelds dafür verantwortlich, dass Männer die Elternzeiten nicht nutzen (Beckmann 2001).

6 Vgl. Anm. 1 zum Forschungsprojekt.

7 In Schweden hat sich das Engagement der Väter von 2 Stunden (in den 1970er Jahren) auf 5 Stunden (in den 1990ern) Hausarbeit pro Woche erhöht. In den Niederlanden ist der von Vätern (von Kindern unter 5 Jahren) geleistete Beitrag zur Hausarbeit von 6,7 Stunden pro Woche

im Jahr 1975 auf 8,6 Stunden pro Woche im Jahr 1995 gestiegen. 1975 verbrachten die Väter 4,2 Stunden mit der Kinderbetreuung, 1995 waren dies 8,4 Stunden (Nermo 1994; Keuzenkamp und Oudhof 2000).

8 In fast 40 % der ostdeutschen und 22 % der westdeutschen Haushalte mit zwei vollzeiterwerbstätigen Partnern und Kindern unter 10 Jahren sind die Frauen die Haupternährer (eigene Berechnungen EVS 1998).

9 Voraussetzung ist, dass seitens der Arbeitgeber keine ernsthaften Einwände bestehen. Das Recht gilt nicht in kleinen Firmen.

*Klammer, Daly*
## Die Beteiligung von Frauen an europäischen Arbeitsmärkten

1 Die zurückgehende ökonomische Aktivität von Frauen ist allerdings kein skandinavienweites Phänomen: In Finnland ist die Frauenerwerbsquote relativ stabil geblieben, und in Norwegen ist sogar ein kontinuierlicher Anstieg zu erkennen.

2 Die verfügbaren Informationen über Regierungsangestellte sind detaillierter und vergleichbarer als die vorhandenen Daten zum öffentlichen Dienst als Ganzes.

3 Es muss betont werden, dass diese eher allgemeinen Indikatoren einige wichtige Aspekte der Variation innerhalb und zwischen den Programmen nicht beachten, zum Beispiel die tägliche Dauer der Kinderbetreuung, das Alter, ab dem und bis zu dem Kindern Zugang zur öffentlichen Kinderbetreuung gewährt wird, sowie die entstehenden Kosten.

4 Spanien ist das europäische Land mit dem höchsten Anteil von befristeten Arbeitsverträgen. In der ersten Hälfte des Jahres 1996 waren z.B. 90 % aller neu abgeschlossenen Arbeitsverträge befristet (Europäische Kommission 1997).

5 Interne Auswertung von Daten des WSI Tarifarchivs in Düsseldorf.

# Literaturhinweise

Achinger, Hans (1979): Sozialpolitik als Gesellschaftspolitik, Hamburg: Rowohlt.

Addabo, Tindara (1997): Part-Time Work in Italy, in: Hans Peter Bloßfeld und Catherine Hakim (Hg.): Between Equalization and Marginalization, New York, Oxford University Press: 113–32.

Ahlander, Nancy R.; Bahr, Kathleen S. (1995): Beyond Drudgery, Power and Equity: Towards an Expanded Discourse on the Moral Dimensions of Housework in Families, in: Journal of Marriage and the Family, 57: 54–68.

Anderson, Elizabeth (1993): Values in Ethics and Economics, Cambridge, Mass.: Harvard University Press.

Anderson, Michael (1980): Approaches to the History of the Western Family 1500–1914, London: Mac Millan.

Arber, Sara; Attias-Donfut, Claudine (2000): Equity and Solidarity across Generations, in: Sara Arber und Claudine Attias-Donfut (Hg.): The Myth of Generational Conflict. The Family and State in Aging Societes, London/New York: Routledge/ESA: 1–21.

Attias-Donfut, Claudine (1995): Les solidarités entre générations. Vieillesse, Familles, État, Paris: Nathan.

Attias-Donfut, Claudine; Segalen, Martine (1998): Grand-parents. La famille à travers les générations, Paris: Odile Jacobs.

Balbo, Laura (1978): La doppia presenza, in: Inchiesta, 32: 3–6.

Balbo, Laura (1987): Crazy Quilts: Rethinking the Welfare State Debate from a Woman's Point of View, in: Anne Showstack Sassoon (Hg.): Women and the State, London: Hutchinson: 45–71 [Dt. (überarbeitete und revidierte Fassung des englischen Beitrags) Crazy Quilts: Gesellschaftliche Reproduktion und Dienstleistungsarbeit, in: Ilona Kickbusch und Barbara Riedmüller: Die armen Frauen und Sozialpolitik, Frankfurt/M.: Suhrkamp, 1984: 179–200].

Banks, Olive (1981): Faces of Feminism. A Study of Feminism as a Social Movement, Oxford: Martin Robertson.

Barlow, Anne; Duncan, Simon; James, Grace (2002): New Labour, the Rationality Mistake and Family Policy in Britain, in: Alan Carling, Simon Duncan, Rosalind Edwards (Hg.): Analysing Families. Morality and Rationality in Policy and Practice. London, New York: Routledge: 110–129.

Barrère-Maurisson, Marie Agnès (1995): Regulation familiale, marchande ou politique: les variations de la relation famille-emploi, in: Sociologie et Societés, 2 (XVII): 69–85.

Bäumer, Gertrud (1931): Die Frau im neuen Lebensraum, Berlin: Herbig.

Baumert, Gerhard (1954): Deutsche Familien nach dem Kriege, Darmstadt: Roether.

Beck, Ulrich (1986): Risikogesellschaft. Auf dem Weg in eine andere Moderne, Frankfurt/M.: Suhrkamp.

Beck, Ulrich (1993): Die Erfindung des Politischen. Zu einer Theorie reflexiver Modernisierung, Frankfurt/M.: Suhrkamp.

Beck, Ulrich; Beck-Gernsheim, Elisabeth (1990): Das ganz normale Chaos der Liebe, Frankfurt/M.: Suhrkamp.

Beck, Ulrich; Beck-Gernsheim, Elisabeth (1994): Riskante Freiheiten. Individualisierung in modernen Gesellschaften, Frankfurt/M.: Suhrkamp.

Beck-Gernsheim, Elisabeth (1980): Das halbierte Leben. Männerwelt Beruf, Frauenwelt Familie, Frankfurt/M.: Fischer Taschenbuch Verlag.

Beck-Gernsheim, Elisabeth (1983): Vom «Dasein für andere» zum Anspruch auf ein Stück «eigenes Leben»: Individualisierungsprozesse im weiblichen Lebenszusammenhang, in: Soziale Welt, 34/3: 307–340.

Beck-Gernsheim, Elisabeth (1994): Auf dem Weg in die postfamiliale Familie – Von der Notgemeinschaft zur Wahlverwandtschaft, in: Ulrich Beck und Elisabeth Beck-Gernsheim (Hg.): Riskante Freiheiten. Individualisierung in modernen Gesellschaften, Frankfurt/M.: Suhrkamp: 115–138.

Becker-Schmidt, Regina; Brandes-Erlhoff, Uta; Karrer, Marva; Knapp, Gudrun-Axeli; Rumpf, Mechthild; Schmidt, Beate (1982): Nicht wir haben die Minuten, die Minuten haben uns. Zeitprobleme und Zeiterfahrungen von Arbeitermüttern in Fabrik und Familie. Studie zum Projekt «Probleme lohnabhängig arbeitender Mütter», Bonn: Verlag Neue Gesellschaft.

Becker-Schmidt, Regina; Brandes-Erlhoff, Uta; Rumpf, Mechthild; Schmidt, Beate (1983): Arbeitsleben – Lebensarbeit. Konflikte und Erfahrungen von Fabrikarbeiterinnen, Bonn: Neue Gesellschaft.

Becker-Schmidt, Regina; Knapp, Gudrun-Axeli (2000): Feministische Theorien zur Einführung, Hamburg: Junius.

Becker-Schmidt, Regina; Knapp, Gudrun-Axeli; Schmidt, Beate (1984): Eines ist zu wenig, beides ist zuviel, Bonn: Neue Gesellschaft.

Beckmann, Petra (2001): Neue Väter braucht das Land! Wie stehen die Chancen für eine stärkere Beteiligung der Männer am Erziehungsurlaub?, IAB-Werkstattbericht, 6: Nürnberg.

Beckmann, Petra; Kurtz, Beate (2001): Erwerbstätigkeit von Frauen. Die Betreuung der Kinder ist der Schlüssel, 10/2001, Nürnberg.

Beer, Ursula (1983): Marxismus in Theorien der Frauenarbeit. Plädoyer für eine Erweiterung der Reproduktionsanalyse, in: Feministische Studien, 2: 136–147.

Bengston, Vern Luis (2001): Beyond the Nuclear Family: The Increasing Importance of Multigenerational Bonds, in: Journal of Marriage and Family, 63: 1–6.

Benjamin, Jessica (1988): Die Fesseln der Liebe: Psychoanalyse, Feminismus und das Problem der Macht, Frankfurt/Main: Roter Stern.

Bergqvist, Christina (2001): Jämställdhetspolitiska idéer och strategier, in: Arbetsmarknad & Arbetsliv, 7/1: 15–29.

Bernardi, Fabrizio (1999): Donne fra famiglia e carriera, Milano: Angeli.

Bertram, Tony; Pascall, Christine (1999): The OECD Thematic Review of Early Childhood Education and Care: Background Report for the United Kingdom, University College Worcester: Centre for Research in Early Childhood.

Bettio, Francesca; Prechal, Sacha (1998): Care in Europe, Brüssel: European Commission, Joint Report of the Gender and Employment and the Gender and Law Groups of Experts.

Bison, Iganzio; Pisati, Maurizio; Schizzerotto, Antonio (1996): Disuguaglianze di genere e storie lavorative, in: Simonetta Piccone Stella und Chiara Saraceno (Hg.): Genere. La construzione sociale del femminile e del maschile, Bologna: Il Mulino: 253–279.

Blasius, Dirk (1987): Ehescheidung in Deutschland 1794–1945, Göttingen: Vandenhoeck & Ruprecht.

Bloch, Françoise; Buisson, Monique (1998): La garde des enfants, une histoire de femmes, Paris: L'Harmattan.

Blossfeld, Hans-Peter; Hakim, Catherine (1997): Introduction: A Comparative Perspective on Part-Time Work, in: Hans-Peter Bloßfeld und Catherine Hakim (Hg.): Between Equalization and Marginalization. Women Working Part-Time in Europe and the United States of America, Oxford: Oxford University Press: 1–21.

Bock, Gisela (1986): Zwangssterilisation im Nationalsozialismus: Studien zur Rassenpolitik und Frauenpolitik, Opladen: Westdeutscher Verlag.

Bock, Gisela (1995): Weibliche Armut, Mutterschaft und Rechte von Müttern in der Entstehung des Wohlfahrtsstaates 1890–1950, in: Georges Duby und Michelle Perrot (Hg.): Geschichte der Frauen. Frankfurt a. M./NewYork: Campus: 427–461.

Bock, Gisela; Thane, Pat (Hg.) (1994): Maternity and Gender Policies. Women and the Rise of European Welfare States 1880s–1990s, London/New York: Routledge.

Bogen, Hanne (1987): Barnepass – drøm og virkelighet, Oslo: FAFO-rapport 87/4.

Bourdieu, Pierre (1976): Marriage Strategies as Strategies of Social Reproduction, in: Robert Forster und Orest Ranum (Hg.): Family and Society: Selection from the Annales E. S. C., Baltimore: John Hopkins University Press: 117–144.

Bourdieu, Pierre (1980): Le sens pratique, Paris: Editions de Minuit. [Dt. Sozialer Sinn, Frankfurt/M.: Suhrkamp, 1987].

Bourdieu, Pierre (1994): Stratégies de reproduction et modes de domination, Actes de la recherche en sciences sociales,105: 3–12.

Bourdieu, Pierre (1998): La domination masculine, Paris: Seuil.

Bourdieu, Pierre; Wacquant, Lois (1992): Réponses. Pour une anthropologie réflexive, Paris: Seuil. [Dt. Reflexive Anthropologie, Frankfurt/M.: Suhrkamp, 1996].

Bradshaw, Jonathan u. a. (1996): The Employment of Lone Parents, London: Family Policy Studies Centre.

Brannen, Julia; Moss, Peter (1988): New Mothers at Work: Employment and Childcare, London: Unwin Hyman.

Bruning, Gwennaele; Plantenga, Janneke (1999): Parental Leave and Equal Opportunities: Experiences in Eight European Countries, in: Journal of European Social Policy, 9/3: 195–209.

Bubeck, Diemut (1995): Care, Gender and Justice, Oxford: Clarendon Press.

Bundesministerium für Frauen und Jugend (1993): Frauen im mittleren Alter. Lebenslagen der Geburtskohorten von 1935 bis 1950 in den alten und neuen Bundesländern, Stuttgart/Berlin/Köln: Kohlhammer.

Burns, Alisa; Scott, Catherine (1994): Mother-Headed Families and Why they Have Increased, New Jersey: Lawrence Erlbaum.

Büttner, Olivier; Letablier, Marie-Thérèse; Pennec, Sophie (2002): L'action publique face aux transformations de la famille de France, Rapport de recheche, No. 2, Paris: Centre d'Études de l'Emploi.

C. I. S. (1999): Los jóvenos dehoy, Boletín Datos de Opinión, 19.

Carrasco, Cristina; Rodriguez, Arantxa (2000): Women, Family and Work in Spain: Structural Changes and New Demands, in: Feminist Economics, 6/1: 45–57.

Chauvière, Michel; Sassier, Monique; Bouquet, Bernard; Allard, Roger; Ribes, Bruno (Hg.) (1999): Les implicates de la politique familiale. Approaches historiques, juridiques et politiques, Paris: Duno/unaf/Cedias.

Cm. 4192 (1999): With Respect to Old Age. Report of the Royal Commission on Long-Term Care, Vol. I, London: The Stationery Office.

Commaille, Jacques (1993): Les stratégies des femmes. Travail, famille et politique, Paris: La Découverte.

Condon, Stephanie (1998): Compromise and Coping Strategies: Gender Issues and Caribbean Migration in France, in: Michael Chamberlain (Hg.): Caribbean Migration. Globalised Identities, London/New York: Routledge.

Corner, Paul (1993): Women in Fascist Italy. Changing Family Roles in the Transition from an Agricultural to an Industrial Society, in: European History Quarterly, 23: 51–68.

Creighton, Colin (1999): The Rise and Decline of the «Male Bread-winner Family» in Britain, in: Cambridge Journal of Economics, 23: 519–41.

Crouch, Colin (1999): Social Change in Western Europe, Oxford: Oxford University Press.

Crow, Graham (1989): The Use of «Concept» in Recent Sociological Literature, in: Sociology, 23/1: 1–24.

Crozier, Michel; Friedberg, Erhard (1977): L'acteur et le système. Les contraintes de l'action collective, Paris: Seuil.

Cruz Cantero, Pepa (1995): Percepción Social de la Familia en España, Madrid: Centro de Investigaciones Sociológicas.

Daly, Mary (2000): A Fine Balance: Women's Labour Market Participation in International Comparison, in: Fritz W. Scharpf und Vivien A. Schmidt (Hg.): Welfare and Work in the Open Economy, Bd. II: Diverse Responses to Common Challenges. Oxford: Oxford University Press: 467–510.

Daly, Mary (2002): Care as a Good for Social Policy, in: Journal of Social Policy 31/2: 1–20.

Daly, Mary; Lewis, Jane (1998): Introduction: Conceptualising Social Care in the Context of Welfare State Restructuring, in: Jane Lewis (Hg.): Gender, Social Care, Welfare State Restructuring in Europe, Aldershot: Ashgate Publishing Company: 1–24.

Daly, Mary; Lewis, Jane (2000): The Concept of Social Care and the Analysis of Contemporary Welfare States, in: British Journal of Sociology, 51 (2): 281–99.

De Sandre, Italo (1984): Famiglie, strategie et politiche sociale, Inchiesta, 65: 3–10.

Del Boca, Daniela (1982): Strategie familiari e interessi individuali, in: Guido Martinotti (Hg.): La città difficile, Milano: Angeli.

Delemarre, N. (2001): Kinderopvang in gemeenten, de monitor over 1999, Den Haag: Vereniging Nederlandse Gemeenten.

Dench, Geoff (1994): The Frog, the Prince and the Problem of Men, London: Neanderthal Books.

Dench, Geoff; Ogg, Jim (2001): Grand-parents par la fille, grand-parents par le fils, in: Claudine Attias-Donfut und Martine Segalen (Hg.): Le Siècle des grand-parents. Une génération phare, ici et ailleurs, Paris: Autrement: 187–199.

Dennis, Norman; Erdos, George (1992): Families without Fatherhood, London: IEA.

Deprez, Anne (1999): Femme et famille dans le natalisme français (1985–1995), in: Anne Devillé und Olivier Paye (Hg.): Les femmes et le droit: Constructions idéologiques et pratiques sociales, Brüssel: Publications des Facultés universitaires Saint-Louis: 197–220.

Dex, Shirley (1988): Women's Attitudes towards Work, London: Macmillan.

Diezinger, Angelika (1991): Frauen: Arbeit und Individualisierung: – Chancen und Risiken. Eine empirische Untersuchung anhand von Fallgeschichten, Opladen: Leske+Budrich.

Diezinger, Angelika (1993): Geschlechterverhältnis und Individualisierung. Von der Ungleichheitsrelevanz privater Beziehungen, in: Petra Frerichs und Margareta Steinrücke (Hg.): Soziale Ungleichheit und Geschlechterverhältnisse. Opladen: Westdeutscher Verlag: 145–158.

Dilcher, Gerhard (1994): Politische Ideologie und Rechtstheorie, Rechtspolitik und Rechtswissenschaft, in: Hartmut Kaelble, Jürgen Kocka und Hartmut Zwahr (Hg.): Sozialgeschichte der DDR. Stuttgart: Klett Cotta: 469–482.

Dingeldey, Irene (2000): Einkommensteuersysteme und familiale Erwerbsmuster im europäischen Vergleich, in: Irene Dingeldey (Hg.): Erwerbstätigkeit und Familie in Steuer- und Sozialversicherungssystemen. Begünstigungen und Belastungen verschiedener familialer Erwerbsmuster im Ländervergleich, Opladen: Leske + Budrich: 11–47.

Dokumente (1975): Forschungsgemeinschaft «Geschichte des Kampfes der deutschen Arbeiterklasse um die Befreiung der Frau». Dokumente der revolutionären deutschen Arbeiterbewegung zur Frauenfrage 1848–1974, Leipzig: Verlag für die Frau.

Donzelot, Jacques (1980): Die Ordnung der Familie, Frankfurt/M.: Suhrkamp.

Drees (2000): Les modes de garde et d'accueil des jeunes enfants, Direction de la recherche des études, de l'évaluation et des statistiques, Paris: Ministère de l'emploi et de la solidarité, no. 1.

Ds (1999): Maxtaxa och Allmän Förskola, Stockholm: Socialdepartementet.

Ds (2001): Barnafödande i fokus: Från befolkningspolitik till ett barnvänligt samhälle, Stockholm: Socialdepartementet.

Dubar, Claude (1991): La socialisation. Construction des identités sociales et professionnelles, Paris: Armand Colin.

Duncan, Simon; Edwards, Rosalind (1999): Lone Mothers: Paid Work and Gendered Moral Rationalities, Houndmills/Basingstoke: Macmillan.

Duncan, Simon; Edwards, Rosalind (2001): Alleinerziehende Mütter, moralische Rationalität und der Rationalitätsfehler von New Labour, in: Feministische Studien, 19/1: 34–47.

Duncan, Simon; Pfau-Effinger, Birgit (2000): Gender, Economy and Culture in the European Union, London/New York: Routledge.

Durkheim, Emile (1992): Über soziale Arbeitsteilung [1893], Frankfurt/M.: Suhrkamp.

EC = Europäische Kommission

Eckart, Christel (2000): Zeit zum Sorgen. Fürsorgliche Praxis als regulative Idee der Zeitpolitik, in: Feministische Studien extra, 18: 9–25.

Edwards, Rosalind; Ribbens, Jane (1991): Meanderings around ‹Strategy›: A Research Note on Strategic Discourse in the Lives of Women, in: Sociology, 25/3: 477–89.

Elias, Norbert (1996): Die Gesellschaft der Individuen. Herausgegeben von Michael Schröter, Frankfurt/M.: Suhrkamp.

Ellingsaeter, Anne Lise; Rønsen, Marit (1996): The Dual Strategy: Motherhood and the Work Contract in Scandinavia, in: European Journal of Population, 12: 239–60.

Elshtain, Jean B. (1981): Public Man, Private Woman, Princeton, N. J.: Princeton University Press.

Elster, Jon (1986): Further Thoughts on Marxism, Functionalism and Game Theory, in: John Roemer (Hg.): Analytical Marxism, Cambridge: Cambridge University Press: 202–220.

Elster, Jon (1991): Rationality and Social Norms, in: Archives Européennes de Sociologie, 32: 109–29.

Emerek, Ruth (1999): Atypical Working Time, Examples from Denmark, in: Eileen Drew, Ruth Emerek und Evelyn Mahon (Hg.) (1998): Women, Work and the Family in Europe, London: Routledge.

Engelbrech, Gerhard; Jungkunst, Maria (2001 a): Erwerbsbeteiligung von Frauen. Wie bringt man Beruf und Kinder unter einen Hut?, IAB-Kurzbericht 7/2001, Nürnberg.

Engelbrech, Gerhard; Jungkunst, Maria (2001 b): Erziehungsurlaub. Hilfe zur Wiedereingliederung oder Karrierehemmnis?, IAB-Kurzbericht 11/2001. Nürnberg.

Ermisch, John; Francesconi, Marco (1998): Cohabitation in Great Britain: Not for Long, but Here to Stay. Working Paper 98–1, University of Essex: ESRC Research Centre on Micro-Social Change.

Esping-Andersen, Gøsta (1990): The Three Worlds of Welfare Capitalism, Cambridge: Polity Press.

Esping-Andersen, Gøsta (1996): Welfare States without Work: The Impasse of Labour Shedding and Familialism in Continental European Social Policy, in: Gøsta Esping-Andersen (Hg.): Welfare States in Transition, National Adaptions in Global Economies, London/Thousand Oaks/New Dehli: Sage: 66–87.

Esping-Andersen, Gøsta (1997): Toward a Post-Industrial Welfare State, in: Internationale Politik und Gesellschaft, 3: 237–245.

Esping-Andersen, Gøsta (1999): Social Foundations of Postindustrial Economies, Oxford: Oxford University Press.

Esping-Andersen, Gøsta; Gallie, Duncan; Hemerijck, Anton und Myles, John (2001): A New Welfare Architecture for Europe? Report to the Belgian Presidency of the EU. Brüssel: Europäische Kommission.

Europäische Kommission (1993): Wachstum, Wettbewerbsfähigkeit, Beschäftigung – Herausforderungen der Gegenwart und Wege ins 21.Jahrhundert – Weißbuch, KOM (1993) 700 endgültig, Dezember 1993, Luxemburg: Europäische Kommission.

Europäische Kommission (1995): Equal Opportunities for Women and Men – Follow-up to the White Paper on Growth, Competitiveness and Employment, Brüssel: DG V.

Europäische Kommission (1997 a): Beschäftigung in Europa 1997, Luxemburg: Eurostat.

Europäische Kommission (1997 b): Chancengleichheit für Frauen und Männer in der Europäischen Union. Jahresbericht 1996, Brüssel: Abteilung für Gleichstellung von Frauen und Männern.

Europäische Kommission (1999 a): Das europäische Arbeitskräfteangebot der Zukunft, Luxemburg: Eurostat.

Europäische Kommission (1999 b): La stratégie européenne pour l'emploi et le FSE en 1998, Luxemburg: Europäische Kommission.

Europäische Kommission (2000 a): Bericht über die soziale Sicherheit in Europa, KOM (2000) 163 endgültig, Brüssel: Europäische Kommission.

Europäische Kommission (2000 b): Mitteilung der Kommission an den Rat, das Europäische Parlament, den Wirtschafts- und Sozialausschuss und den Ausschuss der Regionen: Sozialpolitische Agenda, KOM (2000) 379 endgültig, Brüssel: Europäische Kommission.

European Commission Childcare Network (1996): A Review of Services for Young Children in the European Union 1990–1995, Brüssel: Abteilung für Gleichstellung von Frauen und Männern.

Eurostat (1996): Social Portrait of Europe, Luxemburg: Eurostat.

Eurostat (1997 a): Labour Force Results 1996. Luxemburg: Eurostat.

Eurostat (1997 b): Les responsabilités familiales – comment sont-elles partagées dans les ménages européens, in: Statistiques en bref. Populations et conditons sociales, 5.

Eurostat (1998 a): Erhebung über Arbeitskräfte, Ergebnisse 1997, Luxemburg: Eurostat.

Eurostat (1998 b): Premiers résultats de la collecte de données démographiques pour 1997 en Europe, in: Statistiques en bref. Populations et conditions sociales, 9.

Eurostat (2001): Europäische Sozialstatistik. Ergebnisse der Arbeitskräfteerhebung 2000. Luxemburg: Eurostat.

Eurostat (2002): Erste Ergebnisse der Erhebung von Bevölkerungsdaten in Europa für 2001, in Statistik kurz gefasst, 17.

Evers, Adalbert (1998): The New Long Term Care Insurance Policy in Germany, in: Journal of Aging and Social Policy, 10/1: 77–97.

Fagnani, Jeanne (1998 a): Lacunes, contradictions et incohérences des mesures de conciliation famille/travail. Bref bilan critique, in: Droit social, 6: 596–602.

Fagnani, Jeanne (1998 b): Recent Changes in Family Policy in France: Political Trade-offs and Economic Constraints, in: Eileen Drew, Ruth Emerek und Evelyn Mahon (Hg.), Women, Work and the Family in Europe, London/New York: Routledge: 58–65.

Fagnani, Jeanne (2001): Les françaises font toujours plus d'enfants que les allemandes de l'Ouest: Une esquisse d'interprétation, in: Recherches et Prévisions, 64, Juni: 49–64.

Falkner, Gerda; Harltapp, Miriam; Leiber, Simone; Treib, Oliver (2002): Transforming Social Policy in Europe? The EC's Parental Leave Directive and Misfit in 15 Member States. MPIfG Working Paper 02/11, Oktober.

Fernandéz Cordón, Juan Antonio (1999): La situación sociolaboral de las mujeres, informe de investigación, Madrid: Fundación Alternativas.

Fichte, Johann Gottlieb (1960): Grundlage des Naturrechts nach den Prinzipien der Wissenschaftslehre [1796], Hamburg: Meiner.

Finch, Janet (1983): Married to the Job, London: Allen and Unwin.

Finch, Janet; Groves, Dulcie (Hg.) (1983): A Labour of Love: Women, Work and Caring, London: Routledge and Kegan Paul.

Fine, Susan B. (1992): Women's Employment and the Capitalist Family. Towards a Political Economy of Gender and Labour Markets, London/New York: Routledge.

Ford, Janet; Quilgars, Deborah; Rugg, Julie (1998): Creating Jobs? The Employment Potential of Domiciliary Care, Bristol: The Policy Press and Joseph Rowntree Foundation.

Ford, Reuben (1996): Childcare in the Balance: How Lone Parents Made Decisions about Work, London: Policy Studies Institute.

Freguja, Christina; Sabbadini, Linda Laura (2000): Women as Crucial Pivots of the Normal Support Networks: Evidence from Italian Multi-Purpose Surveys, Working paper no. 19 to the Conference of European Statisticians, Orvieto, October 11th to 13th.

Fukuyama, Francis (2002): Der große Aufbruch: Wie unsere Gesellschaft eine neue Ordnung erfindet, München: Deutscher Taschenbuch Verlag.

Galston, William (1991): Liberal Purposes, Good Virtues and Diversity in the Liberal State, Cambridge: Cambridge University Press.

Gambale, Sergio (1994): Il trattamento fiscale della famiglia, in: Presidenza del Consiglio dei Ministri: Per una politica della famiglia in Italia, Roma: Dipartimento affari sociali.

Garrido Medina, Luis; Gil Calvo, Enrique (Hg.) (1993): Estrategias Familiares, Madrid: Alianza Editorial.

Gautun, Hanna (1990): Eldre kvinner som ressurspersoner fo vosken barn med foreldreforpliktelser. Hovedroppgae. Institutt for sosiologi og samfunnsgeografi, Oslo: Universitetet i Oslo.

Gerhard, Ute (1978): Verhältnisse und Verhinderungen: Frauenarbeit, Familie und Rechte der Frauen im 19. Jahrhundert, Frankfurt/M.: Suhrkamp.

Gerhard, Ute (1990): Gleichheit ohne Angleichung. Frauen im Recht, München: C. H. Beck.

Gerhard, Ute (1994): Die staatlich institutionalisierte «Lösung» der Frauenfrage. Zur Geschichte der Geschlechterverhältnisse in der DDR, in: Hartmut Kaelble, Jürgen Kocka und Helmut Zwahr (Hg.): Sozialgeschichte der DDR. Stuttgart: Klett-Cotta: 383–403.

Gerhard, Ute (2000): Die Europäische Union als Rechtsgemeinschaft und politische Gelegenheitsstruktur – Feministische Anfragen und Visionen, in: L'Homme. Zeitschrift für feministische Geschichtswissenschaft 11/2: 234–249.

Gerhard, Ute; Schwarzer, Alice; Slupik, Vera (1988): Auf Kosten der Frauen: Frauenrechte im Sozialstaat, Weinheim: Beltz.

Gershuny, Jonathan; Godwin, Michael; Jones, Sally (1994): The Domestic Labour Revolution: A Process of Lagged Adaptation?, in: Michael Anderson, Frank Bechhofer und Jonathan Gershuny (Hg.): The Social and Political Economy of the Household, Oxford: Oxford University Press: 151–197.

Gessat-Anstett, Elisabeth (2001): Du collectif au communautaire: A propos des réseaux familiaux dans la Russie post-soviétique, in: L'Homme, Revue française d'anthropologie, 157: 115–136.

Giddens, Anthony (1979): Central Problems in Social Theory, Basingstoke: Macmillan.

Giddens, Anthony (1984): The Constitution of Society, Cambridge: Polity Press. [Dt. vgl. Giddens (1997)].

Giddens, Anthony (1991): Modernity and Self-Identity, Standford: University Press.

Giddens, Anthony(1993): Wandel der Intimität: Sexualität, Liebe und Erotik in modernen Gesellschaften, Frankfurt/M.: Fischer.

Giddens, Anthony (1996): Risiko, Vertrauen und Reflexivität, in: Ulrich Beck, Anthony Giddens und Scott Lash (Hg.): Reflexive Modernisierung. Eine Kontroverse. Frankfurt/M.: Suhrkamp: 316–337.

Giddens, Anthony (1997): Die Konstitution der Gesellschaft, Frankfurt/ New York: Campus.

Giddens, Anthony (1998): Der dritte Weg. Die Erneuerung der sozialen Demokratie, Frankfurt/M.: Suhrkamp.

Gilligan, Carol (1984): Die andere Stimme. Lebenskonflikte und Moral der Frau, München: Piper.

Ginn, Jay; Street, Debra; Arber, Sara (Hg.) (2001): Women, Work and Pensions, Buckingham: Open University Press.

Gornick, Janet C. (1999): Gender Equality in the Labour Market: Women's Employment and Earnings, in: Diane Sainsbury (Hg.): Gender and Welfare State Regimes, Oxford: Oxford University Press: 210–242.

Gornick, Janet C.; Meyers, Marcia K.; Ross, Katherine E. (1997): Supporting the Employment of Mothers: Policy Variation across Fourteen Welfare States, in: Journal of European Social Policy, 7/1: 45–70.

Graham, Hillary (1987): Being Poor: Perceptions and Coping Strategies of Lone Mothers, in: Julia Brannen und Gayl Wilson (Hg.): Give and Take in Families: Studies in Resource Distribution, London: Allen and Unwin.

Granqvist, Lena; Persson, Helena (1999): Career Mobility in the Private Service Sector – Are Women Trapped in «Bad» Jobs?, in: European Commission, EC/DG V – OECD/DEELSA Seminar: Wages and Employment, Luxemburg: 71–91.

Grimm, Dieter (1987): Recht und Staat der bürgerlichen Gesellschaft, Frankfurt/M.: Suhrkamp.

Gustafsson, Siv S.; Stafford, Frank P. (1994): Three Regimes of Childcare, in: Rebecca Blank (Hg.): Social Production versus Economic Flexibility: Is There a Trade-off?, Chicago: Chicago University Press and NBER: 333–361.

Haas, Linda; Hwang, Philip: (1999): Parental Leave in Sweden, in: Peter Moss und Fred Deven (Hg.): Parental Leave: Progress or Pitfall? Brüssel: CBGS: 45–68.

Habermas, Jürgen (1990): Vorwort zur Neuauflage, in: ders.: Strukturwandel der Öffentlichkeit. Untersuchungen zu einer Kategorie der bürgerlichen Gesellschaft. Frankfurt/M.: Suhrkamp: 11–50.

Hagestad, Gunnar (2000): Adults' Intergenerational Relationships, in: United Nations Generations and Gender Programme. Exploring future research and data collection options, New York/Genf.

Hakim, Catherine (1995): Five Feminist Myths about Women's Employment, in: British Journal of Sociology, 46/3: 429–55.

Hakim, Catherine (1996): Key Issues in Women's Work. London: Athlone.

Hakim, Catherine (2001): Work-Lifestyle Choices in the Twenty-first Century: Preference Theory, Oxford: Oxford University Press.

Hammersley, Martin (1987): Ethnographic and Accumulative Development of Theory: A Discussion of Wood's Proposal for ‹Phase Two Research›, in: British Educational Research Journal, 13: 283–296.

Hantrais, Linda (Hg.) (1999): Gendered Policies in Europe: Reconciling Employment and Family Life, London: Macmillan Press Ltd.

Hantrais, Linda; Letablier, Marie-Thérèse (1996): Families and Family Policies in Europe, London: Longman.

Hantrais, Linda; Letablier, Marie-Thérèse (1997): Familles, travail et politiques familiales en Europe, Paris: CEE/PUF.

Hareven, Tamara (1982): Family Time and Industrial Time. The Relationship between Family and Work in a New England Industrial Community, New York: Oxford University Press.

Hausen, Karin (1997): Arbeiterinnenschutz, Mutterschutz und gesetzliche Krankenversicherung im Deutschen Kaiserreich und in der Weimarer Republik. Zur Funktion von Arbeits- und Sozialrecht für die Normierung und Stabilisierung der Geschlechterverhältnisse, in: Ute Gerhard (Hg.): Frauen in der Geschichte des Rechts. Von der frühen Neuzeit bis zur Gegenwart. München: C. H. Beck: 713–743.

Héran, François (1987): La seconde nature de l'habitus. Tradition sociologique et sens commun dans le language sociologique, in: Revue Française de sociologie, 28/3: 385–416.

Herlyn, Ingrid (2001): D'Est en Ouest, les styles des grand-mères allemandes, in: Claudine Attias-Donfut und Martine Segalen: Le siècle des grand-parents. Une génération phare, ici et ailleurs, Paris: Autrement: 116–126.

Hernes, Helga Maria (1986): Die zweigeteilte Sozialpolitik: Eine Polemik, in: Karin Hausen und Helga Nowotny (Hg.): Wie männlich ist die Wissenschaft? Frankfurt/M.: Suhrkamp: 163–176.

Hernes, Helga Maria (1989): Wohlfahrtsstaat und Frauenmacht: Essays über die Feminisierung des Staates, Baden-Baden: Nomos.

Hobson, Barbara (1994): Solo Mothers, Social Policy Regimes, and the Logics of Gender, in: Sainsbury, Diane (Hg.): Gendering Welfare States, London/Thousand Oaks/New Dehli: Sage: 170–187.

Hobson, Barbara (1996): Frauenbewegung für Staatsbürgerrechte – Das Beispiel Schweden, in: Feministische Studien, 14/2: 18–34.

Hobson, Barbara (Hg.) (2002): Making Men into Fathers. Men, Masculinities and the Social Politics of Fatherhood, Cambridge: Cambridge University Press.

Hobson, Barbara; Lister, Ruth (2002): Citizenship, in: Barbara Hobson, Jane Lewis und Birte Siim (Hg.): Contested Concepts in Gender and Social Politics. Cheltenham: Edward Elgar: 23–54.

Hochschild, Arlie Russell (2000): The Nanny Chain, in: American Prospect, 11/4: 32–36.

Holst, Elke; Maier, Friederike (1998): Normalarbeitsverhältnis und Geschlechterordnung, in: MittAB 3/98: 506–518.

Hooghiemstra, Erna (1997): Een-en tweeverdieners?, in: Marry Niphuis-Nell (Hg.): Sociale Atlas van de Vrouw, deel 4: Veranderingen in de Primaire Leefsfeer. Rijswijk: Sociaal en Cultureel Planbureau: 53–84.

Hörburger, Hortense (1991): Europas Frauen fordern mehr. Die soziale Dimension des EG-Binnenmarktes am Beispiel der spezifischen Auswirkungen auf Frauen. Marburg: Schüren Presseverlag.

Horrell, Sara; Humphries, Jane (1997): The Origins and Expansion of the Male Breadwinner Family: The Case of Nineteenth-Century Britain, in: International Review of Social History, 42, Supplement: 25–64.

Hoskyns, Catherine (1996): Integrating Gender. Women, Law and Politics in the European Union, London/New York.

Ingrosso, Marco (1984): Strategie familiari e servizi sociali, Milano: Angeli.

Instituto Nacional de Estadística (1999): Encuesta de Población Activa, 2° Trimestre 1998.

ISTAT (1999 a): Nonni e nipoti: le principali caratteristiche. Anno 1998, Statistiche in breve, 9/11/1999: www.istat.it.

ISTAT (1999b): Vita di coppia e figli, Roma: Istat.

ISTAT (2000): Le strutture familiari, Roma: Istat.

Jacobs, Jerry (Hg.) (1995): Gender Inequality at Work, London: Sage.

Janssens, Angélique (Hg.) (1998): The Rise and Decline of the Male Breadwinner Family, Cambridge: Cambridge University Press.

Jenson, Jane; Sineau, Mariette (Hg.) (1998): Qui doit garder le jeune enfant? Modes d'accueil et travail des mères dans l'Europe en crise, Paris: LGDJ.

Johnson, Colleen L. (1983): A Cultural Analysis of the Grandmother, in: Research on Aging, 5/4: 547–567.

Jordan, Bill; Agulnik, Phil; Burbidge, Duncan (2000): Stumbling towards Basic Income, London: CISC, LSE.

Jurczyk, Karin; Rerrich, Maria S. (1993): Die Arbeit des Alltags. Beiträge zu einer Soziologie der alltäglichen Lebensführung, Freiburg: Lambertus.

Karlsson, Malene (1995): Family Day Care in Europe, Brüssel: DG V (V/5187/95).

Kaufmann, Franz-Xaver (1993): Familienpolitik in Europa, in: Bundesministerium für Familie und Senioren (Hg.): 40 Jahre Familienpolitik in der Bundesrepublik Deutschland: Rückblick/Ausblick. Festschrift. Neuwied: Luchterhand: 141–167.

Kaufmann, Franz-Xaver (1997): Herausforderungen des Sozialstaates. Frankfurt/M.: Suhrkamp.

Kaufmann, Franz-Xaver (2002): Politics and Policies towards the Family in Europe. A Framework and an Inquiry into their Differences and Convergences, in: Franz-Xaver Kaufmann u. a. (Hg.): Family Life and Family Policies in Europe. Bd. 2: Problems and Issues in Comparative Perspective. Oxford/New York: Oxford University Press: 419–490.

Kaufmann, Franz-Xaver; Kuijsten, Anton; Schulze, Hans-Joachim; Strohmeier, Klaus Peter (2002): Family Life and Family Policies in Europe. Bd. 2: Problems and Issues in Comparative Perspective. Oxford/New York: Oxford University Press.

Kessler-Harris, Alice; Lewis, Jane; Wikander, Ulla (1995): Introduction, in: Ulla Wikander, Alice Kessler-Harris und Jane Lewis (Hg.): Protecting Women. Labour Legislation in Europe, the United States, and Australia, 1880–1920. Illinois: University of Illinois Press.

Keuzenkamp, Saskia; Oudhof, Ko (2000): Emancipatiemonitor 2000, The Hague: Sociaal en Cultureel Planbureau.

Kickbusch, Ilona; Riedmüller, Barbara (1984): Die armen Frauen. Frauen und Sozialpolitik, Frankfurt/M.: Suhrkamp.

Kiernan, Kathleen (1993): Men and Women at Work and at Home, in: Roger Jowell u.a. (Hg.): British Social Attitudes, the 9th Report, 1992–1993. Aldershot: Dartmouth.

Kiernan, Kathleen; Land, Hilary; Lewis, Jane (1998): Lone Motherhood in Twentieth-Century Britain, Oxford: Oxford University Press.

Klammer, Ute (2001 a): «Flexicurity» als zukünftige Leitidee sozialer Sicherung in Europa. Eine Antwort (nicht nur) auf die neue Vielfalt weiblicher Erwerbs- und Lebenszusammenhänge, in: Katrin Andruschow (Hg.): Ganze Arbeit: feministische Spurensuche in der Non-Profit-Ökonomie, Berlin: editon sigma: 241–274.

Klammer, Ute (2001 b): Managerin gesucht. Erwerbstätige Mütter in Europa zwischen Sozialpolitik und sozialer Praxis, in: WSI-Mitteilungen 5/2001: 329–336.

Klammer, Ute; Tillmann, Katja (2002): Flexicurity – Soziale Sicherung und Flexibilisierung der Arbeits- und Lebensverhältnisse, Forschungsprojekt im Auftrag des Ministeriums für Arbeit und Soziales, Qualifikation und Technologie des Landes NRW, Düsseldorf.

Klein, Gabriele; Liebsch, Katharina (1997): Zivilisierung zur Zweigeschlechtigkeit. Zum Verhältnis von Zivilisationstheorie und feministischer Theorie, in: Gabriele Klein und Katharina Liebsch (Hg.) (1997): Die Zivilisierung des weiblichen Ich, Frankfurt/M.: Suhrkamp: 12–38.

Klein, Markus (1993): Die Rolle der Frau im geteilten Deutschland. Eine exemplarische Untersuchung über den Einfluß gesellschaftlicher Konextbedingungen auf die Einstellungen zur Rolle der Frau und die Frauenerwerbstätigkeit, in: Politische Vierteljahresschrift, 34/2: 272–297.

Knibiehler, Yvonne (1997): La révolution maternelle depuis 1945: Femmes, maternité, citoyenneté, Paris: Perrin.

Knijn, Trudie (1998): Social Care in the Netherlands, in: Jane Lewis (Hg.): Gender, Social Care and Welfare State Restructuring in Europe, Alderhot: Ashgate: 85–110.

Knijn, Trudie (2000): Marketization and the Struggling Logics of (Home) Care in the Netherlands, in: Madonna Harrington Meyer (Hg.): Care Work, Gender, Labor and the Welfare State, New York/London: Routledge: 232–248.

Knijn, Trudie (2001): Care Work: Innovations in the Netherlands, in: Mary Daly (Hg.): Care Work Security. Geneva: ILO: 159–174.

Knijn, Trudie; Kremer, Monique (1997): Gender and the Caring Dimension of Welfare States: Towards Inclusive Citizenship, in: Social Politics 4/3: 328–61.

Knijn, Trudie; Van Wel, Frits (2001 a): Does it Work? Employment Policies for Lone Mothers in the Netherlands, in: Jane Millar und Karen Rowlingson (Hg.): Lone Parents, Employment and Social Policy: Cross-National Comparisons. Bristol: Policy Press: 107–128.

Knijn, Trudie; Van Wel, Frits (2001 b): Een wankel evenwicht. Arbeid en zorg in gezinnen met jonge kinderen, Amsterdam: SWP Uitgeverij.

Knijn, Trudie; Van Wel, Frits (2002): Careful or Lenient: Welfare Reform for Lone Mothers in the Netherlands, in: Journal of European Social Policy, 11/2: 235–252.

Kolbe, Wiebke (2002): Elternschaft im Wohlfahrtsstaat. Schweden und die Bundesrepublik im Vergleich 1945–2000, Frankfurt/NewYork: Campus.

Kommission für Zukunftsfragen der Freistaaten Bayern und Sachsen (1997): Erwerbstätigkeit und Arbeitslosigkeit in Deutschland: Entwicklung – Ursachen – Maßnahmen. Leitsätze, Zusammenfassung und Schlußfolgerungen der Teile I, II und III des Kommissionsberichts. Mit einem Vorwort der Ministerpräsidenten der Freistaaten Bayern und Sachsen, Dr. Edmund Stoiber und Professor Dr. Kurt H. Biedenkopf, Bonn.

König, René (1969): Soziologie der Familie, in: ders. und Leopold Rosenmayr (Hg.): Handbuch der empirischen Sozialforschung. Band 7: Familie – Alter, Stuttgart: Enke: 172–305.

König, René (1974): Materialien zur Soziologie der Familie, Köln: Kiepenheuer & Witsch.

Kornhaber, Arthur (1996): Contemporay Grandparenting, London: Sage.

Kröger, Teppo (1997): The Dilemma of Municipalities: Scandinavian Approaches of Child Care Provision, in: Journal of Social Policy 26/4: 485–507.

Kuhrig, Herta; Speigner, Wulfram (1979): Wie emanzipiert sind die Frauen in der DDR? Beruf – Bildung – Familie, Köln: Pahl-Rugenstein.

Kuijsten, Anton (2002): Variation and Change in the Forms of Private Life in the 1980 s, in: Franz-Xaver Kaufmann, Anton Kuijsten, Hans-Joachim Schulze, Klaus Peter Strohmeier (Hg.): Family Life and Family Policies in Europe. Bd. 2: Problems and Issues in Comparative Perspective. Oxford/New York: Oxford University Press: 19–68.

Kulawik, Teresa (1999): Wohlfahrtsstaat und Mutterschaft – Schweden und Deutschland 1870–1912, Frankfurt/New York: Campus.

Land, Hilary (1980): The Family Wage, in: Feminist Review, 6: 55–77.

Land, Hilary; Lewis, Jane (1998): Gender, Care and the Changing Role of the State in the UK, in: Jane Lewis (Hg.): Gender, Care and Welfare State Restructuring in Europe, Aldershot: Ashgate: 51–84.

Land, Hilary; Rose, Hilary (1985): Compulsory Altruism for Alome or an Altruistic Society for All?, in: Philipp Bean u. a. (Hg.): In Defence of Welfare, London: Tavistock: 74–96.

Lange, Helene (1908): Die Frauenbewegung in ihren modernen Problemen, Leipzig: Quelle & Meyer.

Langer, Rose (1999): Kompetenzen in der Europäischen Union auf dem Gebiet der Gleichbehandlung, in: Zeitschrift für ausländisches und internationales Arbeits- und Sozialrecht, 13: 178–189.

Lanquetin, Marie-Thérèse; Laufer, Jaqueline; Letablier, Marie-Thérèse (1999): From Equality to Reconciliation in France?, in: Linda Hantrais (Hg.): Gendered Policies in Europe: Reconciling Employment and Family Life, London: Macmillan Press Ltd.: 68–88.

Laslett, Peter (1972): Introduction: The History of the Family, in: Peter Laslett und Richard Wall (Hg.): Household and Family in Past Time. Cambridge: Cambridge University Press: 1–89.

Leira, Arnlaug (1992): Welfare States and Working Mothers. The Scandinavian Experience, Cambridge: Cambridge University Press.

Leira, Arnlaug (1993): The «Women-Friendly» Welfare State? The Case of Norway and Sweden, in: Jane Lewis (Hg.): Women and Social Policies in Europe. Work, Family and the State, London: Edward Elgar: 25–48.

Leira, Arnlaug (1998): Childcare as Social Right: Cash for Childcare and Daddy Leave, in: Social Politics, 5/3: 362–379.

Leira, Arnlaug (2002): Working Parents and the Welfare State. Family Change and Policy Reform in Scandinavia, Cambridge: Cambridge University Press.

Leira, Arnlaug; Saraceno, Chiara (2002): Care: Actors, Relationships and Contexts, in: Barbara Hobson, Jane Lewis und Birte Siim (Hg.): Contested Concepts in Gender and Social Politics. Cheltenham: Edward Elgar: 55–83.

Lessig, Lawrence (1996): Social Meaning and Social Norms, in: University of Pennsylvania Law Review, 144: 2181–2189.

Letablier, Marie-Thérèse (2001): Work and Family Balance: New Trade-offs in France (Vortrag bei der Konferenz «Changing Work and Life Patterns in Western Industrial Societies», Berlin, 20.–21. September 2001, veranstaltet vom Wissenschaftszentrum Berlin für Sozialforschung (WZB), und dem Murray Research Center at the Radcliffe Institute for Advanced Study, Harvard University, USA).

Letablier, Marie-Thérèse; Pennec, Sophie; Büttner, Olivier (2002): Opinions, attitudes et aspirations des familles vis à vis de la politique familiale en France. Rapport de recherche, Nr. 6, Paris: Centre d'Études de l'Emploi.

Lewis, Jane (1992): Gender and the Development of Welfare Regimes, in: Journal of European Social Policy, 2/3: 159–173.

Lewis, Jane (Hg.) (1997): Lone Mothers in European Welfare Regimes, London: Jessica Kingsley.

Lewis, Jane (Hg.) (1998 a): Gender, Social Care and Welfare State Restructuring in Europe, Alderhot: Ashgate.

Lewis, Jane (1998 b): The Problem of Lone-Mother Families in Twentieth-Century Britain, in: Journal of Social Welfare and Family Law, 20/3: 251–284.

Lewis, Jane (1999): New Labour, nouvelle Grande-Bretagne? Les politiques sociales et la «troisième voie», in: Lien social et politiques – RIAC, 41: 61–70.

Lewis, Jane (2000 a): Care and Work, in: Social Policy Review, 12: 48–67.

Lewis, Jane (2000 b): Les femmes et le workfare de Tony Blair, in: Esprit, Nr. 273, März-April: 174–186.

Lewis, Jane (2000 c): Wohlfahrtsstaat und unbezahlte Betreuungsarbeit, in: L'Homme, Zeitschrift für feministische Geschichtswissenschaft, 11/2: 251–268.

Lewis, Jane (2001): The End of Marriage? Individualism and Commitment in Intimate Relationships, Cheltenham: Edward Elgar.

Lewis, Jane; Astrom, Gertrud (1992): Equality, Difference and State Welfare: Labour Market and Family Policies in Sweden, in: Feminist Studies 18/1: 59–87.

Lewis, Jane; Glennerster, Howard (1996): Implementing the New Community Care, Buckingham: Open University Press.

Lewis, Jane; Hobson, Barbara (1997): Introduction, in: Jane Lewis (Hg.): Lone Mothers in European Welfare Regimes. Shifting Policy Logics, London/Philadelphia: Jessica Kingsley Publishers: 1–20.

Lewis, Jane; Kiernan, Kathleen (1996): The Boundaries between Marriage, Non-Marriage and Parenthood. Changes in Behaviour and Policy in Post-War Britain, in: Journal of Family History, 21/3: 372–387.

Lewis, Jane; Meredith, Barbara (1988): Daughters Caring for Mothers, London: Routledge.

Lindon Jennie (2000): Early Years of Care and Education in Europe, London: Hodder & Stoughton.

Lister, Ruth (1997): Citizenship: Feminist Perspectives, Basingstoke: Macmillan.

Lister, Ruth (1998): From Equality to Social Inclusion: New Labour and the Welfare State, in: Critical Social Policy, 2: 215–225.

Lomnitz, Larissa (1977): Networks and Marginality, New York: Academic Press.

Ludwig, Isolde; Schlevogt, Vanessa; Klammer, Ute; Gerhard, Ute (2002): Managerinnen des Alltags. Strategien erwerbstätiger Mütter in Ost- und Westdeutschland, Berlin: edition sigma.

Marchbank, Jennifer (2000): Women, Power and Policy: Comparative Studies of Childcare, London: Routledge.

Marshall, Thomas H. (1992): Bürgerrechte und soziale Klassen: zur Soziologie des Wohlfahrtsstaates [1950], Frankfurt/New York: Campus.

Martin, Claude; Math, Antoine; Renaudat, Evelyne (1998): Caring for Very Young Children and Dependent Elderly People in France: Towards a Commodification of Social Care?, in: Jane Lewis (Hg.): Gender, Social Care and Welfare State Restructuring in Europe, Alderhot: Ashgate: 139–174.

Martin, Jacqueline (1998): Politique familiale et travail des mères de famille: perspective historique 1942–1982, Population, 6, Nov.-Dez.: 119–154.

Martínez Quintana, Violante, Maria (1992): Mujer, trabajo y madernidad. Problemas y alternativas de las madres que trabajan, Madrid: Instituto de la Mujer, Ministerio de Asuntos Sociales.

McLaughlin, Eithne; Trewsdale, Janet; McCay, Naomi (2001): The Rise and Fall of the UK's First Tax Credit: The Working Families Tax Credit, 1998–2000, in: Social Policy and Administration, 35/2: 163–80.

Mead, Lawrence (1986): Beyond Entitlement: The Social Obligations of Citizenship, New York: Free Press.

Meurer, Bärbel (1997): Geschlechtsfeudale «Ständegesellschaft» oder «Gesellschaft der Individuen», in: Gabriele Klein und Katharina Liebsch (Hg.): Zivilisierung des weiblichen Ich. Frankfurt/M.: Suhrkamp: 400–421.

Millar, Jane; Rowlingson, Karen (2001) (Hg.): Lone Parents, Employment and Social Policy: Cross-National Comparisons. Bristol: Policy Press.

Millar, Jane; Warman, Andrea (1996): Family Obligations in Europe, London: Family Policy Studies Centre.

Ministerio de Educación, Cultura y Deporte (2000): Estadisticas de la Educación, www.mec.es/estadistica.

Mitterauer, Michael (1989): Entwicklungstrends der Familie in der europäischen Neuzeit, in: Rosemarie Nave-Herz und Manfred Markefka (Hg.): Handbuch der Familien- und Jugendforschung. Bd. I: Familienforschung. Neuwied: Luchterhand: 179–194.

Mitterauer, Michael (1998): Europäische Familienentwicklung, Individualisierung und Ich-Identität, in: Jürgen Friedrichs (Hg.): Die Individualisierungs-These. Opladen: Leske + Budrich: 79–84.

Mitterauer, Michael; Sieder, Reinhard (1982): Historische Familienforschung, Frankfurt/M.: Suhrkamp.

Moeller, Robert G. (1993): Protecting Motherhood. Women and the Family in the Politics of Postwar West Germany, Berkely/Los Angeles/Oxford: University of California Press.

Moeller, Robert G. (1998): Forum: The «Remasculinization» of Germany in the 1950s, in: Signs. Journal of Women in Culture and Society, 24/1: 104–127.

Morgan, David (1989): Strategies and Sociologists. A Comment on Crow, in: Sociology, 23/1: 25–29.

Moss, Peter; Deven, Fred (Hg.) (1999): Parental Leave: Progress or Pitfall, Brüssel: NIDI/CBGS Publications.

Musatti, Tullia; D'Amico, Roberta (1996): Nonne e nipotini: lavoro di cura e solidarietà intergenerazionale, in: Rassegna italiana di sociologica, 37/4: 559–84.

Myrdal, Alva; Klein, Viola (1960): Die Doppelrolle der Frau in Familie und Beruf, Köln/Berlin: Kiepenheuer & Witsch.

Navarro, Manuel (1993): Tipos de empleo, in: Salustiano del Campo (Hg.): Tendencias Sociales en España 1960–1990, Fundación BBV, Vol. I: 355–369.

Nave-Herz, Rosemarie (1998): Die These über den «Zerfall der Familie», in: Jürgen Friedrichs, Rainer Lepsius und Karl Ulrich Mayer (Hg.): Die Diagnosefähigkeit der Soziologie. Sonderheft 38 der Kölner Zeitschrift für Soziologie und Sozialpsychologie. Opladen: Westdeutscher Verlag: 286–315.

Nelson, Julie (1999): Of Markets and Martyrs: Is it OK to Pay Well for Care?, in: Feminist Economics, 4/1: 43–59.

Nermo, Magnus (1994): Den ofullbordade jämlikheten, in: Johan Fritzell und Olle Lundberg (Hg.): Vardagens villkor. Levnadsförhållanden i Sverige under tre decennier.

Nickel, Hildegard Maria (1999): Erosion und Persistenz. Gegen die Ausblendung des gesellschaftlichen Transformationsprozesses in der Frauen- und Geschlechterforschung, in: Hildegard Nickel, Susanne Völker und Hasko Hüning (Hg.): Transformation – Unternehmensreorganisation – Geschlechterforschung, Opladen: Leske + Budrich: 9–33.

Nicole-Drancourt, Chantal (1989): Stratégies professionnelles et organisation des familles, in: Revue Française de Sociologie, 40/1: 57–79.

Niehuss, Merith (1997): Eheschließung im Nationalsozialismus, in: Ute Gerhard (Hg.): Frauen in der Geschichte des Rechts. München: C.H.Beck: 851–870.

Noddings, Nell (1984): Caring: A Feminine Approach to Ethics and Moral Education, Berkeley: University of California Press.

Novak, Michael; Cogan, John (1987): The New Consensus on Family and Welfare: A Community of Self-Reliance, Milwaukee: American Enterprise Institute.

Nyberg, Anita (2000): From Foster Mothers to Child Care Centers: A History of Working Mothers and Child Care in Sweden, in: Feminist Economics, 6/1: 5–20.

Odelstingsproposisjon 23 (1974–75): Om lov om barnehager.

OECD (1991): Shaping Structural Change, Paris: OECD.

OECD (1997): Statistical Compendium, Paris: OECD.

OECD (1998): OECD Full-time/Part-time database, Paris: OECD.

OECD (1999): Employment Outlook, Paris: OECD.

OECD (2000a): Economic Studies, 31/2, Paris: OECD.

OECD (2000b): OECD Country Note: Early Childhood Education and Care Policy in the United Kingdom, Paris: OECD.

OECD (2001): Employment Outlook, Paris: OECD.

Ohlander, Ann-Sofie (1989): Det osynliga barnet? Kampen om den social-demokratiska familjepolitiken, in: Klaes Misgeld u.a. (Hg.): Socialdemokratins samhälle: SAP och Sverige under 100 år, Stockholm: Tiden: 170–190.

ONS (1998): Living in Britain: Results from the 1996 General Household Survey, London: The Stationery Office.

Oppenheimer, Valerie (1994): Women's Rising Employment and the Future of the Family in Industrialised Societies, in: Population and Development Review, 20/2: 293–342.

Ostner Ilona; Lewis, Jane (1998): Geschlechterpolitik zwischen europäischer und nationalstaatlicher Regelung. In: Stephan Leibfried und Paul Pierson: Standort Europa. Europäische Sozialpolitik. Frankfurt/M.: Suhrkamp: 196–239.

Ostner, Ilona (1998): The Politics of Care Policies in Germany, in: Jane Lewis (Hg.): Gender, Social Care and Welfare State Restructuring in Europe, Alderhot: Ashgate: 110–138.

Ostner, Ilona (2000): From Equal Pay to Equal Employability: Four Decades of Gender Politics, in: Mariagrazia Rossilli (Hg.) (2000): Gender Politics in the European Union. New York: Peter Lang: 25–42.

Paci, Massimo (Hg.) (1980): Famiglia e mercato del lavoro in un'economia periferica, Milano: Angeli.

Pahl, Rymond E. (1984): Divisions of Labour, Oxford: Blackwell.

Persson, Sven (1994): Föräldrars föreställningar om barn och barnomsorg, Stockholm: Almqvist & Wiksell International.

Pfau-Effinger, Birgit (1998): Gender Cultures and the Gender Arrangement – A Theoretical Framework for Cross-National Gender Research, in: Innovation, 11/2: 147–166.

Pfau-Effinger, Birgit (1999a): Change of Family Policies in the Socio-Cultural Context of European Societies, in: Arnlaug Leira u.a. (Hg.): Family Change: Practices, Policies, and Values, Comparative Social Research, 18, Stanford, Conn.: JAI Press.

Pfau-Effinger, Birgit (1999 b): Welfare State Policies and Gender Arrangements. (Vortrag bei der Jahreskonferenz der «Social Policy Association»).

Pfau-Effinger, Birgit (2000): Kultur und Frauenerwerbstätigkeit in Europa. Theorie und Empirie des internationalen Vergleichs, Opladen: Leske + Budrich.

Pfeil, Elisabeth (1961): Die Berufstätigkeit von Müttern. Eine empirische Untersuchung von 900 Müttern aus vollständigen Familien, Tübingen: J.C.B.Mohr (Paul Siebeck).

Phillips, Melanie (1997): The Sex-Change State, London: Social Market Foundation.

Plantenga, Janneke (2000): Parental Leave and Equal Opportunities – An International Comparison, in: 4.Bericht des TSER-Netzwerkes «Working and Mothering: Social Practices and Social Policies»: Beiträge zum Seminar «Available Provisions and Policy Deficits», 23. bis 25.März 2000 in Paris: 196–206.

Popenoe, David (1993): American Family Decline, 1960–1990: A Review and Appraisal, in: Journal of Marriage and the Family, 55 (August): 527–555.

Prokop, Ulrike (1976): Weiblicher Lebenszusammenhang: Von der Beschränktheit der Strategien und der Unangemessenheit der Wünsche, Frankfurt/M.: Suhrkamp.

Rainwater, Lee; Rein, Martin; Schwartz, Joseph (1986): Income Packaging in the Welfare State, Oxford: Clarendon Press.

Rake, Katherine (2000): Gender and New Labour's Social Policies, in: Journal of Social Policy, 30/2: 209–232.

Randall, Vicky (1996): Feminism and Child Day-Care, in: Journal of Social Policy, 25/4: 485–505.

Randall, Vicky (1999): Childcare Policy in Britain (Vortrag bei der Konferenz «Labour Market and Social Policy. Gender Relations in Transition», Brüssel, 31. Mai bis 1. Juni).

Regner, Nils; Hirschfeldt, Johan (1987): Schweden, in: Helmut Coing (Hg.): Quellen und Literatur der neueren europäischen Privatrechtsgeschichte. Dritter Band: Das 19.Jahrhundert. München: C. H. Beck: 235–373.

Rein, Martin; Rainwater, Lee (1980): From Welfare State to Welfare Society, Cambridge, Massachusetts: Joint Center for Urban Studies.

Rerrich, Maria S. (1994): Zusammenfügen, was auseinanderstrebt. Lebensführung von Berufstätigen, in: Ulrich Beck und Elisabeth Beck-Gernsheim (Hg.): Riskante Freiheiten. Individualisierung in modernen Gesellschaften. Frankfurt/M.: Suhrkamp: 201–218.

Ribbens McCarthy, Jane; Edwards, Rosalind (2002): The Individual in Public and Private: The Significance of Mothers and Children, in: Alan

Carling, Simon Duncan und Rosalind Edwards (Hg.): Analysing Families. Morality and Rationality in Policy and Practice. London/NewYork: Routledge: 199–218.

Richter, Ingo (2000): La politique familiale en Allemagne (Vortrag bei einer Konferenz der Caisse Nationale des Allocations Familiales (CNAF) im Januar 2000 in Paris).

Riehl, Wilhelm H. (1855): Die Naturgeschichte des Volkes als Grundlage einer deutschen Social-Politik: Die Familie, Stuttgart/Augsburg: Cotta.

Roberts, Elisabeth (1984): A Woman's Place: An Oral History of Working Class Women, Oxford: Blackwell.

Rollet-Echallier, Catherine (1990): La politique à l'égard de la petite enfance sous la Troisième République. Travaux et documents, Nr. 127, Paris: PUF/Ined.

Rosenbaum, Heidi (1978): Formen der Familie, Frankfurt/M.: Suhrkamp.

Rossilli, Mariagrazia (Hg.) (2000): Gender Politics in the European Union. New York: Peter Lang.

Rostgaard, Tine; Fridberg, Torben (1998): Caring for Children and Older People – A Comparison of European Policies and Practicies. Social Security in Europe 6. Kopenhagen: The Danish National Institute of Social Research 98: 20.

Ruane, Frances, S.; Sutherland, Julie M. (1999): Women in the Labour Force, Dublin: Employment Equality Agency.

Rubery, Jill; Smith, Mark; Fagan, Colette (1998): National Working-Time Regimes and Equal Opportunities, in: Feminist Economics, 4/1: 71–101.

Rubery, Jill; Smith, Mark; Fagan, Colette (1999): Women's Employment in Europe: Trends and Prospects, London: Routledge.

Rubery, Jill; Smith, Mark; Fagan, Colette; Grimshaw, Damian (1996): Women and the European Employment Rate: The Causes and the Consequences of Variations in Female Activity and Employment Patterns in the European Union, Brüssel: Europäische Kommission, DG-V.

Rubery, Jill; Smith, Mark; Fagan, Colette; Grimshaw, Damian (1998). Women and European Employment, London: Routledge.

Sabbadini, Linda Laura (1994): Lavoro familiare tempo e reti di aiutio, Tutela, 1–2: 32–45.

Sabbadini, Linda Laura (2000): Reti di parentela e reti di solidarietà (Vortrag bei der Konfernz «I molteplici fili tra le generazioni», www.istat.it).

Sainsbury, Diane (Hg.) (1994): Gendering Welfare States, London: Sage.

Sainsbury, Diane (1996): Gender, Equality and Welfare States, Cambridge: Cambridge University Press.

Sainsbury, Diane (1999a): Gender and Social-Democratic Welfare States, in: dies. (Hg.): Gender and Welfare State Regimes, Oxford: Oxford University Press: 75–114.

Sainsbury, Diane (1999 b): Gender, Policy Regimes, and Politics, in: dies. (Hg.): Gender and Welfare State Regimes, Oxford: Oxford University Press: 245–275.

Saraceno, Chiara (1986): Stratagie familiari e modelli di lavoro: alcuni problemi concettuali e di metodo, in: Inchiesta, 74: 1–9.

Saraceno, Chiara (1989): The Concept of Family Strategy and its Application to the Family-Work Complex: Some Theoretical and Methodological Problems, in: Marriage and Family Review, 14: 1–18.

Saraceno, Chiara (1994): The Ambivalent Familism of the Italian Welfare State, in: Social Politics, 1/1: 32–59.

SCB (1994): Att klara av Öarbete-barn-familj. Demografi med barn och familj, Stockholm: SCAB.

SCB (2000): Children and their Families 1999, Stockholm: SCB.

Schäfgen, Katrin; Spellerberg, Annette (1998): Kulturelle Leitbilder und institutionelle Regelungen für Frauen in den USA, in West- und Ostdeutschland, in: Berliner Journal für Soziologie, 1: 73–90.

Scharpf, Fritz (1997): Balancing Positive and Negative Integration. The Regulary Options for Europe. MPIfG Working Paper, 97/8.

Scheiwe, Kirsten (1995): Family Obligations in Germany, in: Jane Millar und Andrea Warman (Hg.): Defining Family Obligations in Europe. University of Bath, Bath Social Policy Papers: 23, S. 107–128.

Schelsky, Helmut (1955): Wandlung der deutschen Familie in der Gegenwart, Stuttgart: Enke.

Schmink, Marianne (1984): Household Economic Strategies: Review and Research Agenda, in: Latin America Research Review, 19/3: 87–101.

Schroer, Markus (2000): Das Individuum der Gesellschaft. Synchrone und diachrone Theorieperspektiven, Frankfurt/M.: Suhrkamp.

Schubert, Werner (1997): Die Stellung der Frau im Familienrecht und in den familienrechtlichen Reformprojekten der NS-Zeit, in: Ute Gerhard (Hg.): Frauen in der Geschichte des Rechts. München: C. H. Beck: 790–827.

Schulze Buschoff, Karin (1999): Teilzeitarbeit im europäischen Vergleich, Düsseldorf: Hans-Böckler-Stiftung.

Schütze, Yvonne (1986): Die gute Mutter. Zur Geschichte des normativen Musters «Mutterliebe», Bielefeld: B. Kleine.

Schwab, Dieter (1979): Familie, in: Otter Brunner, Werner Conze und Reinhart Koselleck (Hg.): Geschichtliche Grundbegriffe. Historisches Lexikon zur politisch-sozialen Sprache in Deutschland. Stuttgart: Klett-Cotta: 253–301.

Schwab, Dieter (1997): Gleichberechtigung und Familienrecht im 20. Jahrhundert, in: Ute Gerhard (Hg.): Frauen in der Geschichte des Rechts. München: C. H. Beck: 790–827.

Scott, Joan W. (1994): Die Arbeiterin, in: Geneviève Fraisse und Michelle Perrot (Hg.): Geschichte der Frauen: 19. Jahrhundert. Frankfurt/New York: Campus: 451–479.

Scott, Joan W. (1997): Changing Households in Britain: Do Families Matter?, in: Sociological Review, 45/4: 591–620.

Selid, Betty (1968): Kvinner I yrke, hjem og samfunn, Oslo: Fabritius og sønners forlag.

Sevenhuijsen, Selma (1998): Citizenship and the Ethics of Care. Feminist Considerations on Justice, Morality and Politics, London/New York: Routledge.

Sevenhuijsen, Selma (2002): A Third Way? Moralities, Ethics and Families: An Approach through the Ethic of Care, in: Alan Carling, Simon Duncan und Rosalind Edwards (Hg.): Analysing Families. Morality and Rationality in Policy and Practice, London/NewYork: Routledge: 129–145.

Sgritta, Giovanbattista (1986): Strategie familiari e infanzia, in: Franca Bimbi/Vittorio Capecchi (Hg.): Strutture e strategie della vita quotidiana, Milano: Angeli: 223–238.

Siim, Birte (1987): The Scandinavian Welfare States – Towards Sexual Equality or a New Kind of Male Domination?, in: Acta Sociologica 30, 3/4: 255–70.

Siim, Birte (2000): Gender and Citizenship. Poltitics and Agency in France, Britain and Denmark, Cambridge: Cambridge University Press.

Simitis, Spiro (2000): The Case of Employment Relationship: Elements of a Comparison, in: Willibald Steinmetz (Hg.): Private Law and Social Inequality in the Industrial Age. Comparing Legal Cultures in Britain, France, Germany, and the United States. Oxford: Oxford University Press: 181–202.

Simmel, Georg (1970): Grundfragen der Soziologie. Individuum und Gesellschaft, Berlin: de Gruyter.

Simmel, Georg (1983): Philosophische Kultur. Über das Abenteuer, die Geschlechter und die Krise der Moderne, Berlin: Wagenbach.

Simmel, Georg (1992): Schriften zur Soziologie. Eine Auswahl. Herausgegeben und eingeleitet von Heinz-Jürgen Dahme und Otthein Rammstedt, Frankfurt/M.: Suhrkamp.

Skolverket (2001 a): Barnomsorg, skola och vuxenutbildning i siffror. Del 2. Barn, personal och lärare, Stockholm: Skolverket, rapport 198.

Skolverket (2001 b): Barns omsorg. Tillgång och efterfrågan för barn 1–12 år med olika social bakgrund. Stockholm: Skolverket.

Smith, Kristin (2000): Who's Minding the Kids? Childcare Arrangements. Fall 1995. Current Population Reports, P70–70. Washington, D. C.: U.S.Census Bureau.

Smith, Peter K. (1995): Grandparenthood, in: Marc Bornstein: Handbook of Parenting. Bd. 3: Status and Social Conditions of Parenting, London: Lawrence Erlbaum.

Smith, Vicki; Gottfried, Heidi (1998): Flexibility in Work and Employment: The Impact on Women, in: Birgit Geissler; Friederike Maier; Birgit Pfau-Effinger (Hg.): FrauenArbeitsMarkt. Der Beitrag der Frauenforschung zur sozio-ökonomischen Theorieentwicklung, Berlin: edition sigma: 95–125.

Sociaal en Cultureel Planbureau (2000): Nederland in Europa. Sociaal en Cultureel Rapport 2000, Den Haag: Sociaal en Cultureel Planbureau.

Solera, Cristina (2001): Women's Transitions in and out of the Labour Market in Italy and Great Britain: What Changes across Cohorts? (Vortrag bei der Konferenz «European Societies», Kerkrade, 6.–10. Oktober).

Sommerkorn, Ingrid N. (1988): Die erwerbstätige Mutter in der Bundesrepublik: Einstellungs- und Problemveränderungen, in: Rosemarie Nave-Herz (Hg.): Wandel und Kontinuität der Familie in der Bundesrepublik Deutschland. Stuttgart: Enke: 115–144.

SOU 2000: 3: Välfärd vid vägskäl, Stockholm: Socialdepartementet.

Spellerberg, Annette (1996): Frauen zwischen Familie und Beruf, in: Wolfgang Zapf und Roland Habich (Hg.): Wohlfahrtsentwicklung im vereinten Deutschland. Sozialstruktur, sozialer Wandel und Lebensqualität. Berlin: edition sigma.

Spencer, Herbert (1876): The Principles of Sociology. Vol. I. London: Williams and Norgate.

Stacey, Judith (1990): Brave New Families. Stories of Domestic Upheaval in Late Twentieth-Century America, New York: Basic Books.

Stack, Carol (1975): All Our Kin. Strategies for Survival in a Black Community, New York: Harper.

Statistisches Bundesamt: Mikrozensus, Statistisches Jahrbuch (fortlaufend).

Statistisk Sentralbyrå (1969): Ønsker om og behov for sysselsetting blant gifte kvinner, Oslo: Rapport fra en intervjuundesøkelse 1968.

Steinmetz, Willibald (2000): Introduction, in: ders. (Hg.): Private Law and Social Inequality in the Industrial Age. Comparing Legal Cultures in Britain, France, Germany and the United States, Oxford: Oxford University Press: 1–41.

Stoehr, Irene (1994): Housework and Motherhood: Debates and Policies in the Women's Movement in Imperial Germany and the Weimar Republic, in: Gisela Bock und Pat Thane (Hg.): Maternity and Gender Policies. Women and the Rise of the European Welfare States, 1880 s-1950 s. London/New York: Routledge: 213–232.

Strømsheim, Gunnar (1983): Working Hours and Segmentation in the Norwegian Labour Market. Oslo: IRS working paper.

Suchman, Mark C. (1997): On Beyond Interest: Rational, Normative and Cognitive Perspectives in the Social Scientific Study of Law, in: Wisconsin Law Review: 475–501.

Sugden, Robert (1998): Conventions, in: Peter Newman (Hg.): The New Palgrave Dictionary of Economics and the Law, Vol. 1, London: Macmillan.

Sunstein, Cass R. (1997): Free Markets and Social Justice. Oxford: Oxford University Press.

Szebehely, Maria (1998): Changing Divisions of Carework: Caring for Children and Frail Elderly People in Sweden, in: Jane Lewis (Hg.): Gender, Social Care and Welfare State Restructuring in Europe, Alderhot: Ashgate: 257–283.

Tamm, Ditlev (1987): Einführung, in: Helmut Coing (Hg.): Quellen und Literatur der neueren europäischen Privatrechtsgeschichte. Bd. 3: Das 19. Jahrhundert. München: C.H.Beck: 3–13.

Thair, Tim; Risdon, Andrew (1999): Women in the Labour Market. Results from the Spring 1998 LFS, in: Labour Market Trends (März): 103–127.

Tilly, Louise A. (1979): Individual Lives and Family Strategies in the French Proletariat, in: Journal of Family History, 4: 137–152.

Tilly, Louise A. (1987): Beyond Family Strategies, what?, in: Historical Methods, 20/3: 123–125.

Tilly, Louise A.; Scott, Joan W. (1989): Women, Work and Family, New York/London: Routledge.

Timberlake, Elizabeth; Chipingu, Sandra-Stukes (1992): Grandmother-hood: Contemporary Meaning among African American Middle-Class Grandmothers, Social Work, 37/3: S. 216–22.

Tobío, Constanza (1998): Roles de género y la relación familia-empleo, in: Asparkia, Investigació Feminista, Nr. 9: 21–44.

Tobío, Constanza (2001): En Espagne, la abuela au secours des mères actives, in: Claudine Attias-Donfut und Martine Segalen (Hg.): Le siècle des grand-parents: Une génération phare, ici et ailleurs, Paris: Editions Autrement – Collection Mutations Nr. 210: 102–115.

Tobío, Constanza (2002): Women's Strategies and the Family-Employment Relationship in Spain, in: Amy G. Mazur (Hg.): State Feminism, Women's Movement and Job Training. Making Democracies Work in a Global Economy, New York/London: Routledge: 49–64.

Tobío, Constanza; Arteta, Enriqueta; Fernandez Cordón; Juan Antonio (1996): Estrategias de compatibilización familia-empleo. España años noventa, Madrid: Departamento de Humanidades, Ciencias Politicas y Sociología, Universidad Carlos III de Madrid/Instituto de la Mujer (Forschungsbericht).

Tönnies, Ferdinand (1963): Gemeinschaft und Gesellschaft. Grundbegriffe der reinen Soziologie, Darmstadt: Wissenschaftliche Buchgesellschaft.

Treibel, Annette (1995): Einführung in soziologische Theorien der Gegenwart, Opladen: Leske + Budrich.

Trifiletti, Rossana (2003): Dare un genere all'uomo flessibile. Le misurazioni del lavoro femminile nel post-fordismo, in: Franca Bimbi (Hg.): Differenze e diseguaglianze. Prospettive per gli studi di genere in Italia, Bologna: Il Mulino.

Trnka, Silvia (2000): Family Issues between Gender and Generations, Luxembourg: European Commission.

Tronto, Joan (1993): Moral Boundaries. A Political Argument for an Ethic of Care, New York/London: Routledge.

Tronto, Joan (2000): Demokratie als fürsorgliche Praxis, in: Feministische Studien extra, 18: 25–42.

Ungerson, Clare (Hg.) (1990): Gender and Caring: Work and Welfare in Britain and Scandinavia, New York: Harvester Wheatsheaf.

Ungerson, Clare (1999): Personal Assistants and Disabled People: An Examination of a Hybrid Form of Work and Care, in: Work, Employment and Society 13/4: 583–600.

Valiente, Celia (1996): Women in Segmented Labour Markets and Continental Welfare States: the Case of Spain, in: Linda Hantrais und Marie-Thérèse Letablier (Hg.): Comparing Families and Family Policies in Europe, Cross National Research Papers, European Research Centre: Loughborough University: 86–93.

Van Drenth, Annemieke; Knijn, Trudie; Lewis, Jane (2000): Sources of Income for Lone-Mother Families: Policy Changes in Britain and the Netherlands and the Experiences of Divorced Women, in: Journal of Social Policy, 28/4: 619–642.

Vogel, Ursula (1988): Patriarchale Herrschaft, bürgerliches Recht, bürgerliche Utopie. Eigentumsrechte der Frauen in Deutschland und England, in: Jürgen Kocka (Hg.): Bürgertum und bürgerliche Gesellschaft. Stuttgart: Klett-Cotta: 406–438.

Vogel, Ursula (1990): Zwischen Privileg und Gewalt: Die Geschlechterdifferenz im englischen Common Law, in: Gerhard, Ute u. a. (Hg.): Differenz und Gleichheit. Menschenrechte haben (k)ein Geschlecht. Frankfurt/M.: Ulrike Helmer: 217–223.

Voran, Miriam; Phillips, Deborah (1993): Correlates of Grandmother Childcare Support to Adolescent Mothers: Implications for Development in Two Generations of Women, in: Children and Youth Services Review, 15/4: 321–334.

Waerness, Kari (2000): Fürsorgerationalität, in: Feministische Studien extra, 18: 54–67.

Wall, Karin (1995): Family Obligations in Portugal, in: Jane Millar; Andrea Warman (Hg.): Defining Family Obligations in Europe, University of Bath: Bath Social Policy Papers: 307–324.

Wall, Karin; Aboim, Sofia; Cunha, Vanessa; Vasconcelos, Pedro (2001): Families and Informal Support in Portugal: the Reproduction of Inequality, in: Journal of European Social Policy, 11/3: 213–33.

Weber, Marianne (1971): Ehefrau und Mutter in der Rechtsentwicklung [1907], Aalen: Scientia.

Wilkinson, Doris Y. (1984): Afro-American Women and their Families, in: Marriage and Family Review, 7/3–4: 125–142.

Wilson, Elizabeth (1977): Women and the Welfare State. London: Tavistock.

Windebank, Jan (1999): Political Motherhood and the Everyday Experience of Mothering: A Comparison of the Child Care Strategies of French and British Working Mothers, in: Journal of Social Policy, 28/1: 1–25.

Winkler, Gunnar (Hg.) (1990): Frauenreport '90, Berlin: Die Wirtschaft.

Wistow, Gerald u. a. (1996): Social Care Markets: Progress and Prospects. Buckingham u. a.: Open University Press.

Wobbe, Theresa (1995): Wahlverwandtschaften. Die Soziologie und die Frauen auf dem Weg zur Wissenschaft, Frankfurt/New York: Campus.

Wolfe, Alan (1989): Whose Keeper? Social Science and Moral Obligation, Berkeley: University of California.

Wood, Stephan; Kelly, John (1982): Taylorism, Responsible Autonomy and Management Strategy, in: Stephan Wood (Hg.): The Degradation of Work?, London: Hutchinson: 74–89.

Wurzbacher, Gerhard (1958): Leitbilder gegenwärtigen deutschen Familienlebens, Stuttgart: Enke.

Young, Iris M. (1995): Mothers, Citizenship and Independence: A Critique of Pure Family Values, in: Ethics 105: 535–556.

Zahn-Harnack, Agnes von (1928): Die Frauenbewegung. Geschichte, Probleme, Ziele, Berlin: Deutsche Buch-Gemeinschaft.

Zighera, Jacques A. (1996): How to Measure and Compare Female Activity in the European Union, in: Petra Beckmann (Hg.): Gender Specific Occupational Segregation, Nürnberg: Institut für Arbeitsmarkt und Berufsforschung der Bundesanstalt für Arbeit: 89–105.

# Die Autorinnen

*Mary Daly* ist Professorin für Soziologie an der *School of Sociology and Social Policy der Queen's University* in Belfast. Ihre Forschungsschwerpunkte sind: Geschlechterverhältnisse, Wohlfahrtsstaaten und Arbeitsmärkte in internationaler Perspektive, die Transformation europäischer Wohlfahrtsstaaten sowie Armut und soziale Exklusion.

*Ute Gerhard* ist Professorin für Soziologie mit dem Schwerpunkt Frauen- und Geschlechterforschung am Fachbereich Gesellschaftswissenschaften der Johann Wolfgang Goethe-Universität Frankfurt/M. Ihre Hauptarbeitsgebiete sind: Geschichte und Theorie des Feminismus, Sozialpolitik, Frauen und Recht, Rechtsgeschichte, Rechtssoziologie.

*Ingrid Jönsson* ist *Associate Professor* für Soziologie und *Senior Lecturer* im Fachbereich Soziologie der Universität Lund. Ihre Forschungsschwerpunkte sind das Geschlechterverhältnis in der Sozial- und Familienpolitik und im Bildungswesen sowie das Verhältnis von Beruf und Familie im Alltag erwerbstätiger schwedischer Mütter.

*Ute Klammer* ist Referatsleiterin für Sozialpolitik am Wirtschafts- und Sozialwissenschaftlichen Institut (WSI) der Hans-Böckler-Stiftung in Düsseldorf und lehrt an den Universitäten Essen, Frankfurt/M. und Köln. Ihre Forschungsinteressen sind: Sozial- und Arbeitsmarktpolitik in ländervergleichender Perspektive, die Zukunft sozialer Sicherung, Einkommensverteilung und Geschlechterforschung.

*Trudie Knijn* ist Professorin am *Department of Interdisciplinary Social Science* der Universität Utrecht. Ihr Hauptarbeitsgebiet ist die vergleichende Forschung zu Wohlfahrtsstaaten und Sozialpolitik mit den Schwerpunkten: Regelungen und Konzepte der Sozialpolitik im Bereich der Betreuung und Pflege, allein erziehende Mütter, Vereinbarkeit von Beruf und Familie, Geschlechterbeziehungen in Familie und Arbeitsmarkt.

*Arnlaug Leira* ist Professorin für Soziologie an der Universität Oslo mit dem Forschungsschwerpunkt Wohlfahrtsstaaten und Sozialpolitik. In diesem Zusammenhang gilt ihr Interesse vor allem dem Geschlechterverhältnis in der Familien- und Sozialpolitik, der Vereinbarkeit von Beruf und Familie und dem Verhältnis von Geschlecht, Fürsorgearbeit (*care*) und Staatsbürgerschaft.

*Marie-Thérèse Letablier* ist Geographin und Soziologin und arbeitet als wissenschaftliche Direktorin am *Centre d'Études de l'Emploi* in Paris. Ihre

Forschungsschwerpunkte sind: Arbeitsmärkte und Geschlechterverhältnisse in ländervergleichender Perspektive, das Geschlechterverhältnis in der Sozial- und Arbeitsmarktpolitik, Bevölkerungsentwicklung und das Verhältnis von Familie und Beruf.

*Jane Lewis* ist Professorin für Sozialpolitik an der Universität Oxford (*Barnett chair*). Ihre Forschungsinteressen gelten insbesondere dem Geschlechterverhältnis und der Sozial- und Familienpolitik, der Gesundheitspolitik und der Geschichte der Sozialpolitik. Sie hat zahlreiche Arbeiten zu privaten und öffentlichen Formen der Betreuung und Pflege (*care*), zu allein erziehenden Müttern und zur Geschlechterordnung von Wohlfahrtsregimen veröffentlicht.

*Constanza Tobío* ist Professorin für Soziologie an der Universität Carlos III in Madrid. Ihre Hauptarbeitsfelder sind: Stadtsoziologie, Untersuchungen zur Sozialstruktur und das Verhältnis von Erwerbs- und Familienarbeit. So hat sie zur sozialen Segregation und Exklusion in spanischen Städten, zu Raum und Geschlecht, Doppelverdienerhaushalten, allein erziehenden Eltern und Strategien erwerbstätiger Frauen gearbeitet.

*Rossana Trifiletti* ist *Associate Professor* für Sozialpolitik und Familiensoziologie am *Dipartimento di Scienza della Politica e Sociologia* (DISPO) der Universität Florenz. Ihre Forschungsinteressen sind: Familiensoziologie, Sozialpolitik, Geschlechterforschung, die Arbeit von Frauen und die Arrangements im Verhältnis von Familie und Beruf, qualitative Methoden der Sozialforschung und die Geschichte soziologischer Theoriebildung.

*Anja Weckwert* ist wissenschaftliche Mitarbeiterin am Fachbereich Gesellschaftswissenschaften, Schwerpunkt Frauen- und Geschlechterforschung, der Johann Wolfgang Goethe-Universität Frankfurt/M. Ihre Hauptarbeitsgebiete sind: feministische Theorien, Fürsorge (*care*) und Staatsbürgerschaft, Geschlechterverhältnisse und neue Informationstechnologien.

# Frau und Gesellschaft